DÜMMLERs MODERNE LEIBESERZIEHUNG

LEHR- UND ARBEITSBUCH SONDERTURNEN

Biologisch-medizinische Grundlagen und Lehrinhalte für gezielte Bewegungs- und Haltungserziehung

Herausgegeben von der Bundesarbeitsgemeinschaft
zur Förderung
haltungsgefährdeter Kinder und Jugendlicher e. V.
Düren.
Mit Unterstützung des Bundesministeriums
für Jugend, Familie und Gesundheit

Fünfte Auflage.
Bearbeitet von Hans Cicurs.

Mit 241 Abbildungen
Dümmlerbuch 4452

FERD. DÜMMLERs VERLAG · BONN

Dieses Buch ist von der ersten bis zur vierten Auflage erschienen unter dem Titel:

Lehrbuch des Schulsonderturnens.

Medizinische Grundlagen und praktische Übungen für gezielte Leibeserziehung.

Der neue Titel trägt der Tatsache Rechnung, daß in zunehmendem Maße auch außerhalb der Schule „Schul"-Sonderturnen systematisch betrieben wird. Deshalb wurde der etwas weitere Begriff des Sonderturnens zugrunde gelegt.

An der ersten bis vierten Auflage haben mitgewirkt:

Redaktion: Prof. Dr. med. W. Bauermeister, Bensberg
Heinz Teuber, Düren

Teil I: Min. Rat Paul Kiefer, Stuttgart
Heinz Teuber, Düren

Teil II: Dr. med. Otto Seifert, Düren
Prof. Dr. med. W. Bauermeister, Bensberg
Prof. Dr. med. K. H. Berquet, Düsseldorf
Prof. Dr. med. H. H. Matthiass, Münster

Teil III: Dr. phil. Annemarie Seybold, Nürnberg

Teil IV: Uli Bischoff, Düren
Oberreg.-Schulrat Erwin Geiger, Stuttgart
Renate Pflüger, Düren
Regina Weimann, Düren
Inge Blum, Reutlingen
Robert Braun, Nellingen
Ursula Ebert, Ludwigsburg
Irmgard Himstedt, Düren
Antje Knoop, Kiel
Rochus Reiter, Ofterschwang
Günter Rothweiler, Ludwigsburg
Peter Sabo, Düren
Sybille Stoll, Nellingen

Die fünfte Auflage wurde bearbeitet von:

Redaktion: Hans Cicurs, Bohmte

Teil I: Ltd. Min. Rat Paul Kiefer, Stuttgart

Teil II: Dr. med. Claus-Dieter Vogt, Düsseldorf
Hannelore Schulze-Köhling, Münster

Teil III: Dr. phil. Annemarie Seybold, Nürnberg

Teil IV: Hans Cicurs, Bohmte
Regina Weimann, Düren
Ute Süßer, Düren

Zeichnungen: Medizinischer Teil — Karl Weil, Frankfurt
Praktischer Teil — Karlheinz Grindler, Leinfelden

Als Ergänzung zum „Lehr- und Arbeitsbuch Sonderturnen" ersch. Sommer 1977:
Prof. Dr. Erich Fuchs, Prof. Dr. Dieter Kruber, Hans Cicurs

Arbeitskarten für das Sonderturnen

Mappe I. Haltungsschulung. Weitere Mappen in Vorb.

112 Übungen auf 56 Karten DIN A 5. Zahlreiche Abb. Mit ca. 32seitigem Lehrerbegleitheft (Aufgaben der Arbeitskarten / Inhalt von Mappe 1 / Merkmale der wichtigsten Haltungsschwächen / Übungsgrundsätze für das Sonderturnen / Einsatz der Arbeitskarten / Stundenbeispiele / Experimenteller Teil). Dümmlerbuch 4455. In einer Mappe. Ca. DM 19,80.

ISBN 3-427-44525-9

Printed in Germany by Hans Richarz Publikations-Service, 5205 Sankt Augustin

Geleitwort zur ersten Auflage

Dieses Buch wendet sich vornehmlich an Pädagogen und Mediziner. Es soll dem Lehrer als praktisches Lehrbuch für das Schulsonderturnen dienen und zugleich einen Überblick über die biologischen Grundlagen dieser Disziplin geben.

Auch dem Arzt, der in manchen Punkten vielleicht eine vertiefte Darstellung wünschen könnte, wird es von Nutzen sein. Das Lehrbuch soll ihm helfen, exaktere Diagnosen zu stellen als die bei Schul- und Vorschulkindern oft nur allgemein diagnostizierte „Haltungsschwäche". An Hand des praktischen Teils kann der Arzt auch gezielte Vorschläge für vorbeugende Übungen machen. Diese Übungen müssen, und das gerade ist wichtig, nach Alter des Kindes und Art der Haltungsschwäche individuell dosiert werden.

Immer noch fehlen überall „Spiel- und Bolzplätze", noch immer ist die seit einem Jahrhundert von Orthopäden geforderte tägliche Turnstunde nicht verwirklicht worden; diese Mängel, der Wandel der Spielarten – weniger Bewegungsspiele, mehr Sitzspiele –, und auch das Dauerfernsehen schon bei Kleinkindern haben dazu geführt, daß bereits bei 30 % aller Schulanfänger körperliche Leistungs- und Haltungsschwächen auftreten.

Gerade bei diesen haltungsgefährdeten Kindern und Jugendlichen muß daher die Freude an der Bewegung und Beherrschung des Körpers geweckt und lebendig erhalten werden. Um dieses Ziel zu erreichen, wurde in Zusammenarbeit von Ärzten und Pädagogen dieses Buch geschaffen. Möge es unseren Mitarbeitern, deren Zahl erfreulicherweise ständig zunimmt, als praktische Handreichung dienen. Änderungs- und Ergänzungsvorschläge sind den Verfassern stets willkommen.

Düren, September 1970

Geleitwort zur vierten Auflage

Die Nachfrage nach diesem Lehrbuch war so erfreulich rege, daß auch die dritte Auflage, ein unveränderter Nachdruck der zweiten Auflage, schnell vergriffen war. In der vierten Auflage wurde Teil III „Zur Didaktik und Methodik des Schulsonderturnens" überarbeitet und die entsprechenden Literaturangaben im Anhang auf den jüngsten Stand gebracht.

Pädagogen und Mediziner im In- und Ausland haben dieses „Lehrbuch des Schulsonderturnens" lebhaft begrüßt und als wertvolle Hilfe bei ihrer Arbeit mit haltungsgefährdeten Kindern und Jugendlichen dankbar aufgenommen und eingesetzt.

Die Verfasser hoffen, daß diese Auflage weiterhin dazu beiträgt, die beängstigend zunehmenden Haltungsschwächen und die daraus resultierenden organischen Schäden gezielt und auf breiter Basis zu bekämpfen.

Düren, Mai 1974

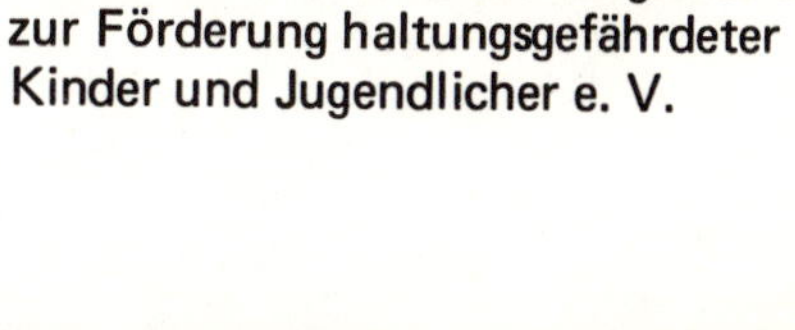

Prof. Dr. med. W. Bauermeister
Präsident der Bundesarbeitsgemeinschaft
zur Förderung haltungsgefährdeter
Kinder und Jugendlicher e. V.

Geleitwort zur fünften Auflage

Prof. Dr. med. Bauermeister, der langjährige Präsident der Bundesarbeitsgemeinschaft zur Förderung haltungsgefährdeter Kinder und Jugendlicher e.V. und Mitherausgeber des Lehrbuches des Schulsonderturnens ist im Sommer 1975 verstorben. Freunde, Kollegen und Mitarbeiter werden seiner stets gedenken.

In den sechs Jahren seit dem ersten Erscheinen dieses Buches, hat sich leider an der allgemein schlechten körperlichen Verfassung der Kinder und Jugendlichen wenig geändert.

Prof. Dr. med. Bauermeister nannte seinerzeit die Zahl von 30 % haltungsgefährdeter Kinder, diese Zahl wird heute in den meisten deutschen Bundesländern übertroffen, wie neueste Untersuchungen zeigen. Noch fehlen überall Spiel- und Bolzplätze, Sport- und Schwimmhallen und die von uns Orthopäden seit Jahrzehnten geforderte tägliche Sportstunde konnte bisher nirgends verwirklicht werden.

Die fünfte Auflage wurde gegenüber der vierten erheblich verändert. So wurde der Teil I „Entwicklung des Schulsonderturnens" ergänzt. Der medizinische Teil (II) wurde grundlegend überarbeitet. Ein neues Kapitel „Energiehaushalt des Körpers" wurde aufgenommen.

Das umstrittene Kapitel „Trainingsformen im Schulsonderturnen" entfällt. Dafür wurden zu den einzelnen Abschnitten der Praxis Trainingshinweise gegeben. Ein gesondertes Kapitel „Trainingslehre im Sonderturnen" ist für eine spätere Auflage vorgesehen.

Auch der Teil III „Die Didaktik und Methodik des Sonderturnens" wurde überarbeitet und auf den neuesten Stand gebracht.

Der praktische Teil (IV) wurde durch neue Übungen und Übungsformen ergänzt und entsprechend systematisiert.

Auch das Literatur- und Fremdwörterverzeichnis wurde überarbeitet.

Möge dieses Lehrbuch weiter eine Hilfe bei der Ausbildung der Lehrkräfte für das Sonderturnen sein, aber auch interessierten Medizinern, Erziehern und Eltern Anregungen zur Mitarbeit bieten.

Prien, im August 1976

Prof. Dr. med. K.-H. Berquet

Inhaltsverzeichnis

Teil I
Schulsonderturnen – seine Entwicklung und sein heutiger Standort

Das Schulsonderturnen, eine gezielte und planmäßige Maßnahme der Schule zugunsten des Kindes mit Haltungsmängeln und -schwächen, gewinnt in allen Ländern der Bundesrepublik mehr und mehr Bedeutung. Zwar stoßen die Meinungen über den Wert dieses zusätzlichen Unterrichts noch immer aufeinander, doch ist festzustellen, daß neuerdings die Fronten nicht mehr so hart verteidigt werden und der Weg für das Miteinander gefunden zu sein scheint. Die Schule hat erkannt, welche Grenzen ihr gesetzt sind, die Gesundheitsbehörden leisten wertvolle Amtshilfe, und die Eltern quittieren nach anfänglicher Skepsis das Bemühen der Schule mit Verständnis, Entgegenkommen und Dankbarkeit. Die Parlamente der Länder und der Gemeinden zeigen sich gegenüber dem Schulsonderturnen aufgeschlossen und stellen Mittel in ihren Haushaltsplänen bereit. Die Kultusverwaltungen haben in den letzten Jahren Ausbildungsrichtlinien und Prüfungsordnungen für solche Lehrer erlassen, die sich bereiterklären, die Berechtigung zur Erteilung des Unterrichts im Schulsonderturnen zu erwerben. Demnach kann die Forderung des Gesetzgebers erfüllt werden, wonach „das Kind ein Anrecht auf Entwicklung seiner geistigen und körperlichen Anlagen und auf Ausgleich seiner Schwächen" hat.

Noch vor einigen Jahrzehnten war das Schulsonderturnen äußerst umstritten. Mißverständnisse, falsche Einschätzung des Möglichen, verhärtete Standpunkte, der fehlende Dialog, die nicht abgegrenzten Zuständigkeiten, Kriegsereignisse u. a. m. bewirkten einmal ein Hoch, dann wieder ein Tief, ließen auf Jahre erfreulicher Entwicklung Zeitspannen vollständigen Zusammenbruchs folgen. Der Begriff „Schulsonderturnen" hat sich erst nach dem 2. Weltkrieg bei uns eingebürgert und eigentlich erst in den letzten Jahren die richtige Abgrenzung nach Inhalt und Form gefunden. Zuvor war die Rede vom orthopädischen Turnen, von vorbeugenden oder ausgleichenden Leibesübungen und vom Förderturnen. Unverkennbar ist stets die Verbindung zum medizinischen Bereich, und es ist kein Zufall, daß die Entwicklung des Schulsonderturnens eng mit der Entwicklung des Schularztsystems (Kolb) zusammenhängt.

Um die Jahrhundertwende wurde bei den allmählich planmäßig durchgeführten schulärztlichen Untersuchungen eine auffallend hohe Zahl von Skoliosen festgestellt, und man vermutete, diesen durch Sonderkurse entgegenwirken zu können. „Ausgleichende Maßnahmen" wurden als wertvolle Hilfe angesehen.

Echternach (1903, Hagen) war einer der Motoren von seiten der Schule, und bereits sieben Jahre später wurden in 32 Gemeinden solche „orthopädischen Sonderkurse" veranstaltet, von denen sich Ärzte und Lehrer beachtliche Erfolge erhofften.

Das Preußische Ministerium für geistlichen Unterricht und Medizinalangelegenheiten unterstützte diese Versuche durch Erlasse vom 13. Juni 1908 und vom 24. Januar 1910. Der erhoffte Erfolg blieb jedoch aus, da man versäumt hatte, sich des Rates der Fachärzte zu bedienen, und niemand der unsachgemäßen Behandlung der Kinder entgegentrat. Kein Wunder, daß die Orthopäden Sturm gegen diese Sonderkurse liefen. Glücklicherweise einigten sich Fachärzte, Schulärzte und Lehrer sehr rasch, wie aus den „Echternach'schen Richtlinien für das orthopädische Schulturnen" vom Jahre 1910 ersichtlich ist.

Der 1. Weltkrieg setzte einen vorläufigen Schlußpunkt, und als man später die Sonderkurse wieder einrichtete, verfiel man in den gleichen Fehler wie zu Beginn dieses an sich begrüßenswerten Unternehmens.

Der Ministerialerlaß vom 19. 9. 1924 (Preußisches Ministerium für Wissenschaft, Kunst und Volksbildung) brachte Ordnung in diese Veranstaltungen, und als am 6. 3. 1926 die „Ordnung der Prüfung für Lehrerinnen und Lehrer der vorbeugenden und ausgleichenden Leibesübungen" in Kraft gesetzt wurde, bahnte sich eine recht gesunde und vernünftige Entwicklung an. Besondere Verdienste erwarben sich in jener Zeit: Lange, Klapp, Arnold, Hinnerks und Puschert. München, Berlin, Münster und Dessau galten als Schwerpunkte der Ausbildung und des Unterrichts mit Kindern.

Im Jahre 1933 entschied man sich, die Sonderkurse für haltungsgeschwächte Kinder einzustellen, da man der Meinung war, die Erhöhung des zeitlichen Umfangs der Leibesübungen in den Schulen mache eine Art Schulsonderturnen überflüssig.

Nach dem 2. Weltkrieg waren zwar andere Probleme vordergründig, doch bald erwies es sich als notwendig, dort anzuknüpfen, wo brauchbare Ergebnisse bereits vorlagen. Es war erforderlich und auch wichtig, sich zunächst der personellen Frage zuzuwenden, um eine zeitnahe und möglichst ökonomische Aus- und Fortbildung zu erreichen. Die Entwicklung in den einzelnen Bundesländern verlief zwar recht unterschiedlich, doch darf heute mit Befriedigung festgestellt werden, daß dieses Teilgebiet der Schule vielerorts und mit beachtlichem Erfolg praktiziert wird.

Der Prozeß einer progressiven Pädagogik, in vielen Bereichen der Bildung und Erziehung bereits eingeleitet, kann und darf am Schulsonderturnen nicht vorbeigehen. Gerade die Schulsonderturnlehrer lehnen jedes normative Verfahren ab, entwickeln den Mut zum methodischen Experiment und suchen die Mitverantwortung ihrer Schüler planmäßig zu fördern.

Auch im Schulsonderturnen ist noch vieles in Bewegung und manches steckt noch im Stadium des Versuchs. Leitlinien zu erarbeiten, neue Wege zu erkunden, das Verhältnis zum Schüler zu ordnen und den eigenen Stufengang des Lehrens und Lernens immer wieder einer kritischen Beurteilung zu unterziehen, sind Aufgabe der Schulbehörde und der Lehrer. Auch für diesen Bereich gilt die Forderung: „Qualität durch Forschung und Entwicklung!"

Für die weitere Entwicklung des Schulsonderturnens wird das Jahr 1976 besonders bedeutsam sein, da die Sportkommission der KMK einer Arbeitsgruppe den Auftrag erteilte,
- eine Rahmenausbildungsordnung,
- eine Rahmenprüfungsordnung sowie
- ein Rahmencurriculum

zu erarbeiten und damit unterschiedlichen Entwicklungen im Bereich des Schulsonderturnens entgegenzuwirken. Auch auf die Frage, ob und inwieweit die staatlichen und privaten Ausbildungsstätten für Sport- bzw. Gymnastiklehrer in dieses einheitliche Ausbildungs- und Prüfungsverfahren einbezogen werden, muß in diesem Zusammenhang eine Antwort gegeben werden.

Leider haben mehrere in den letzten Jahren angestellte Repräsentativerhebungen ergeben, daß zahlreiche Lehrer mit der Befähigung zur Erteilung des Unterrichts im Schulsonderturnen in diesem kompensatorischen Feld überhaupt nicht tätig sind (nur etwa 40 % der Ausgebildeten und Geprüften). Dieser Tatbestand wurde während des vom 29.3. – 2.4.1976 in der Staatlichen Sportschule Ludwigsburg durchgeführten Symposiums „Schulsonderturnen in der Diskussion" untersucht, und es wurde festgestellt, daß die Schuld an diesem unbefriedigenden Ergebnis nicht ausschließlich bei den betreffenden Lehrern liegt, sondern daß der Mangel an Sportstätten, uneinheitliche Regelungen hinsichtlich der Anrechnung auf das Pflichtdeputat, Arbeitsüberlastung der Staatlichen Gesundheitsämter, Gleichgültigkeit mancher Eltern, der fragwürdige Wert von „Hausaufgaben" im Schulsonderturnen u.a.m. die Aktivitäten erheblich einengen. Eine weitere Aufgabe hat die Tätigkeit der Lehrer bei der Erteilung des Schulsonderturnens erschwert.

Von ihnen werden nicht nur Funktionsverständnis und Dosierungsvermögen erwartet, sie sollen sich auch um die Vermittlung gesundheitsfördernder Gewohnheiten bei den Schülern bemühen. Wir kennen zwar den vielerorts vorhandenen Mangel an Möglichkeiten, diese Gewohnheiten ständig zu praktizieren und durch gesundheitsrelevante Unterrichtsgegenstände die Bereitschaft zur Gesundheitspraxis zu wecken und zu erhalten, dennoch bietet gerade die kleine Gruppe beim Schulsonderturnen die Chance, hygienisches Verhalten zu vermitteln und damit ein Stück Lebenshilfe zu leisten.

Mehr und mehr werden die Elementar- und die Primarstufe das Hauptbetätigungsfeld des Schulsonderturnlehrers, abgesehen davon, daß ein erheblicher Teil dieser Lehrer wohl noch auf Jahre hinaus im Sonderschulbereich tätig sein wird. Für alle diese Bereiche gilt als wichtigste Forderung, „dem kindlichen Bewegungsbedürfnis gerecht zu werden und durch vielfältige Möglichkeiten im Spielen und Üben die Bewegungszeit optimal auszunutzen" (Heuser).

Ohne regelmäßige Fortbildung werden wir diese Forderung nicht erfüllen können, und was in dieser Hinsicht von den nebenberuflichen Übungsleitern sowie den Lizenzträgern der Fachverbände verlangt wird, muß erst recht für den Personenkreis gelten, der es mit Kindern zu tun hat, die unserer besonderen Hilfe bedürfen.

Die gerade im Sport so nachdrücklich geforderte Partnerschaft läßt sich im Schulsonderturnen in besonders wirksamer Weise praktizieren. Wohl liegt die „Federführung" bei der Schule, doch sollten die Staatlichen Gesundheitsämter, die Eltern, die Sportämter, aber auch die Sportwissenschaft bei den in Gang gekommenen inhaltlichen, organisatorischen und unterrichtlichen Reformen stärker als bislang zur Mitarbeit ermuntert werden. Erlasse der Schulverwaltung legen zwar die Zielrichtung fest, das „Gespräch vor Ort" ist jedoch unerläßlich, um anhand der örtlichen und regionalen Gegebenheiten realisierbare Programme zu erarbeiten. Warum soll das Schulsonderturnen nicht hin und wieder Gegenstand der Beratungen bei Elternabenden sein? Häufig fehlt es an ausreichender Information für eine fruchtbare Diskussion, die dann leicht in eine Aktion einmünden kann. In diese Gespräche sollten auch die Vereine sowie die Versehrtensportgruppen einbezogen werden, die sich in verstärktem Maße des Sports für Behinderte annehmen und die Ausbildung entsprechender Übungsleiter planen bzw. bereits eingeleitet haben.

Da sich einige Fachverbände auch dem Sonderturnen widmen, kommt es zwangsläufig zu Überschneidungen in der Frage der Zuständigkeit, was wiederum zu Unsicherheit bei Schülern und Eltern führt. Vornehmlich der Bundesarbeitsgemeinschaft zur Förderung haltungsgefährdeter Kinder und Jugendlicher stellt sich die Aufgabe, in Verhandlungen mit den Spitzengremien des außerschulischen Sports die derzeitigen Unebenheiten zu beseitigen.

Unabhängig vom Ergebnis dieser Verhandlungen ist zu erwarten, daß mit dem von der „Sportkommission" der KMK erteilten Auftrag eine Reihe noch offener Fragen geklärt wird, so daß „Theorie und Praxis der Sondermaßnahmen besser als bisher zur Deckung gebracht werden". Hierzu gehört vor allem die Erfüllung didaktisch-methodischer Forderungen. Diese Forderungen zu überdenken, neu zu formulieren, zu erproben und sodann in ein Curriculum für das Schulsonderturnen einzubringen, gehört zu unseren vordringlichsten Aufgaben.

Teil II
Medizinischer Teil

Vorbemerkung

Der Sonderturnlehrer bedarf zur Durchführung seiner Förderungsmaßnahmen grundlegender biologisch-medizinischer Kenntnisse.

Wesentliche Voraussetzung für die Erteilung eines gezielten und erfolgreichen Unterrichts ist das Verständnis für die funktionellen Zusammenhänge der Anatomie wie der Physiologie. Ebenso sind spezielle Kenntnisse der Trainingslehre für einen erfolgreichen Unterricht von entscheidender Bedeutung.

1. Haltungsschwächen

1.1. Allgemeine Anatomie und Physiologie des Halte- und Bewegungsapparates

Die Kenntnis vom Bau und von den Lebensvorgängen des menschlichen Körpers ist Grundlage und Voraussetzung für die Pflege des gesunden Körpers wie für das Verstehen der Abweichungen von der Norm (Haltungs-, Organleistungs- und Koordinationsschwächen).

Die *Anatomie* ist die Lehre vom Bau des Körpers und seiner Organe. Sie beschreibt und gliedert seine Einzelteile.

Die *Physiologie* beschäftigt sich mit den normalen Lebensvorgängen des Körpers. Die Lebensvorgänge als Ganzes äußern sich in Stoffwechsel, Wachstum, Reizempfindlichkeit, Bewegung und Fortpflanzung.

Am Aufbau des Körpers sind beteiligt:
die Zellen, die Gewebe, die Organe.

1.1.1. Die Zelle

Sie ist die *kleinste lebende Einheit beim Menschen, bei Tier und Pflanze.* Es gibt Lebewesen, die nur aus einer einzigen Zelle bestehen. Hier vereinigen sich in einer Zelle alle Lebensäußerungen, die für das Leben kennzeichnend sind: Stoffwechsel, Reizempfindlichkeit, Bewegung, Wachstum und Fortpflanzung. Beim höher entwickelten, mehr- und vielzelligen Lebewesen hat sich demgegenüber eine fortschreitende Teilung der Aufgaben eingestellt, wobei bestimmte Zellgruppen besondere Aufgaben übernommen haben (z.B. Nervensystem, Stoffwechsel).

Die Zelle setzt sich zusammen aus dem Zelleib (Protoplasma) und dem Zellkern. Beide bestehen vorwiegend aus Eiweißstoffen. Die Lebensdauer jeder Zelle ist begrenzt; ständig sterben Zellen ab, die durch neue ersetzt werden müssen. Die Neubildung geschieht durch Zellteilung, wobei aus einer Mutterzelle durch Zweiteilung lebensfähige Tochterzellen entstehen. In der Jugend überwiegt die Neubildung (Wachstum), später halten sich Neubildung und Absterben von Zellen die Waage, im Alter tritt ein allgemeines, langsam zunehmendes Absterben in den Vordergrund.

Die Ausgangszelle des Organismus ist die Eizelle. Durch das Eindringen einer Samenzelle entstehen durch fortgesetzte Teilung aus der (befruchteten) Eizelle zunächst zwei, dann vier, acht, sechszehn usw. Zellen, bis im Laufe der Weiterentwicklung der komplizierte Aufbau des Körpers mit seinen verschiedenen Geweben und Organen erfolgt.

1.1.2. Das Gewebe

Zellen gleicher Funktion und gleicher Form sind zu Zellverbänden, Geweben, zusammengeschlossen. Das Gewebe ist also die der Zelle übergeordnete Einheit, die eine bestimmte Leistung im Organismus vollbringt.

Man unterscheidet vier Gewebearten: Epithelgewebe, Stützgewebe, Muskelgewebe, Nervengewebe.

a) Das Epithelgewebe oder Deckgewebe

bedeckt die äußeren und inneren Oberflächen des Körpers. Es sind flächenhaft angeordnete Verbände von Zellen, zwischen denen fast gar keine Zwischenzellsubstanz vorkommt. Sie können einschichtig oder mehrschichtig sein.

Auch Drüsen sind aus Epithelgewebe gebildet. Sie sondern von ihnen selbst gebildete Stoffe (Sekrete) ab, nach denen die einzelnen Drüsen ihre nähere Bezeichnung erhalten, wie Schleimdrüsen, Speicheldrüsen, Talgdrüsen.

b) Das Stützgewebe

hat die Aufgabe, den Körper in seiner Gesamtheit zu stützen und zu halten; ihm kommt deshalb im Rahmen der Haltungsschwächen besondere Bedeutung zu.

Das Stützgewebe ist dadurch gekennzeichnet, daß in ihm eine von den Zellen gebildete Zwischenzellsubstanz in den Vordergrund tritt, während die Zellen selbst im Erscheinungsbild zurücktreten. Je nach Festigkeit dieser Zwischenzellsubstanz unterscheidet man das Bindegewebe, Fettgewebe, Knorpelgewebe und Knochengewebe.

Bindegewebe verbindet durch lockere oder straffe Gewebszüge die einzelnen Körperteile, wie Knochen (Gelenke), Muskeln oder Organe, und dient als Füllsubstanz zwischen Organen oder Organteilen. Seine Zwischenzellsubstanz ist durch die Einlagerung besonderer Fasern ausgezeichnet.

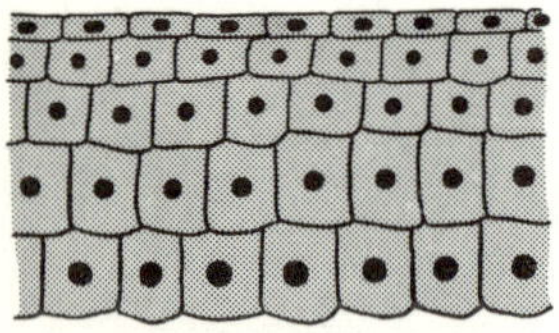

Abb. 1: Epithelgewebe (mehrschichtig)

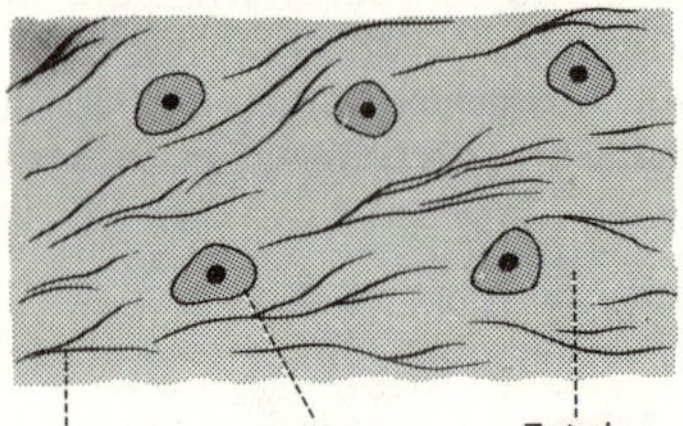

Abb. 2: Stützgewebe, Bindegewebe (schematisch)

Nach Art, Festigkeit und Anordnung dieser Fasern unterteilt man das Bindegewebe in:

- lockeres Bindegewebe (Füllsubstanz und Umhüllungen
- straffes Bindegewebe
  - Bänder (am Knochengerüst, in Gelenkkapseln, siehe Abb. 7 und 9)
  - Sehnen (Ursprung oder Ansatz der Muskeln am Knochen).

Fettgewebe stellt eine besondere Form des Bindegewebes dar, bei dem Zellen in größeren Verbänden auftreten, wobei diese Zellen die Fähigkeit zur Speicherung besitzen. Gespeichert werden insbesondere Fette und fettartige Substanzen. Das Fettgewebe dient als Füllsubstanz in Gewebslücken, außerdem hat es eine Isolier- und Pufferfunktion. Weiterhin dient das Fettgewebe als Energiereserve. Es lassen sich also von der Aufgabe her zwei Formen von Fettgewebe unterscheiden: Depot-Fett als Energiespeicher und Bau-Fett, das erst sehr spät (bei hochgradigem Hungerzustand) zur Energiegewinnung herangezogen wird.

Knorpelgewebe besteht aus Knorpelzellen, die als Zwischenzellsubstanz eine sowohl feste wie auch elastische Masse gebildet haben. Diese ist druck- und biegungsfest, jedoch noch schneidbar, also viel weicher als das Knochengewebe. Knorpelgewebe überzieht die Gelenkflächen, bildet u.a. die Rippenknorpel, die Zwischenwirbelscheiben und die Menisken des Kniegelenks.

Die Aufgabe des Knorpelgewebes liegt in der Abfederungs- (Kissen) wirkung zwischen den einzelnen Skelett-Teilen, da es durch seine elastische Widerstandsfähigkeit das starre Gewebe der Knochen gegen einseitige Druckbelastung und Abscherung schützt.

Das Skelett im fötalen Zustand besteht vorzugsweise aus Knorpel, der erst im Laufe der Entwicklung durch Knochen ersetzt wird, bis knorplige Reste nur noch an wenigen Stellen, z. B. an den Gelenkenden, zu finden sind.

Knochengewebe stellt den relativ festesten Teil des Stützgewebes dar. Durch das Knochengerüst erhält der Körper seine Form. Es besteht aus Knochenzellen, in deren Zwischenzellsubstanz Kalksalze eingelagert sind, die die Festigkeit und Härte des Knochens hervorbringen.

Nach der Form unterscheidet man platte (Schulterblatt), kurze (Wirbel) und lange Knochen oder Röhrenknochen (Oberarmknochen). In den Hohlräumen befindet sich das Knochenmark, die Bildungsstätte der roten und weißen Blutkörperchen.

c) Das Muskelgewebe

hat die Fähigkeit, sich auf einen Nervenreiz hin zu verkürzen (kontrahieren) und damit Arbeit zu leisten. Durch ihre aktive Verkürzung stellen die Muskeln das aktive Element des Bewegungsapparates dar (Bänder, Sehnen, Knorpel und Knochen = passiver Bewegungsapparat).

Man unterscheidet nach Aufbau und Funktion drei Arten von Muskelgewebe:

- die Skelettmuskulatur oder quergestreifte oder willkürliche Muskulatur,
- die Organmuskulatur oder glatte oder unwillkürliche Muskulatur und
- die Herzmuskulatur, ebenfalls quergestreift, mit eigenem Reizleitungssystem versehen.

Die Skelettmuskulatur besteht aus langen Muskelfasern mit zahlreichen an der Oberfläche gelegenen Kernen. Unter dem Mikroskop zeigen die Muskelfasern eine Querstreifung, deshalb die Bezeichnung „quergestreifte Muskulatur". Zahlreiche Muskelfasern bündelartig aneinandergelagert bilden einen Muskel, dessen Dicke von der Zahl der beteiligten Muskelfasern abhängt. Diese Skelettmuskulatur dient der Bewegungs- und Haltefunktion des Knochengerüstes. Sie setzt entweder mit kurzen oder langen Sehnenzügen, oder auch direkt am Skelett an.

Jede Muskelfaser ist durch Nervenfasern motorisch und sensibel versorgt. Die *sensiblen Nervenfasern* (Empfindungsnerven), die über den jeweiligen Spannungszustand des Muskels und seine Stellung Bericht erstatten, beginnen im Muskel mit besonderen Einrichtungen, den sog. *Muskelspindeln.* In diesen nervösen Empfangsorganen wird der Stellungs- und Spannungszustand im Muskel als Reiz aufgenommen und auf den Nervenwegen an die Zentrale weitergeleitet. Diese setzt die Empfindungen in den jeweils erforderlichen Bewegungs- (motorischen) impuls zur Steuerung und Kontrolle vieler Reaktionen um, welcher wiederum auf dem Wege *motorischer Nervenfasern* und ihrer Nervenendigungen, der *motorischen Endplatten,* den Muskel innerviert. Ähnliche nervöse Empfangseinrichtungen stellen die Sehnenspindeln, am Übergang von Muskel und Sehne gelegen, dar.

Durch einen ständigen Impulsstrom über sensible Nerven — Rückenmark — motorische Nerven erhält der Muskel seinen *Tonus,* das ist seine Eigenspannung. Dieser Muskeltonus sorgt dafür, daß der Körper stets in der richtigen Stellung bleibt, gegenüber der auf ihn einwirkenden Schwerkraft der Erde. Bei einer Überdehnung des Muskels, wie es bei einer Haltungsschwäche der Fall ist, ist der Tonus nur gering ausgebildet, weil bei einem überdehnten Muskel auch die Muskelspindeln überdehnt sind und damit ihre Reizempfindlichkeit herabgesetzt ist. Seine endgültige Ausbildung erfährt der Muskeltonus zur Zeit der Pubertät und nimmt nach dem 5. Jahrzehnt wieder ab.

Die Bedeutung des Tonus für die Arbeitsleistung liegt darin, daß der Muskel in der Lage ist, sich aus jeder beliebigen Stellung heraus sofort zu kontrahieren. Eine Tonusminderung erhöht die Erholungsfähigkeit des Muskels. Sie wird erreicht durch ein warmes Bad, Massagen, Entspannungsübungen (Autogenes Training) und Schlaf.

Die Reaktion der Muskelfaser auf einen einzelnen motorischen Nervenreiz (am isolierten Froschmuskel-Nervenpräparat) besteht – nach einer kurzen Latenzzeit – in einer Muskelzuckung, wobei sich die Muskelfaser, einmal gereizt, maximal zusammenzieht. Jeder Muskelzuckung folgt eine Refraktärzeit von einigen tausendstel Sekunden, während der die Muskelfaser auf einen erneuten Reiz nicht reagiert.

Solche isolierten Muskelzuckungen kommen jedoch bei der normalen Muskeltätigkeit nicht vor. Es folgen vielmehr viele Reize rasch aufeinander (die sog. Entladungsfrequenz beträgt zwischen 5 und 150 Entladungen pro sec), wobei jeweils der einzelnen Muskelfaser keine Zeit bleibt, zu ihrem ursprünglichen Erschlaffungszustand zurückzukehren. Es kommt daher zu einer physiologischen *Dauerkontraktion,* mit welcher die Muskelfaser und damit der Muskel insgesamt eine bestimmte gleichmäßig ablaufende Arbeitsleistung zu vollbringen vermag. Je nach motorischer Reizstärke beteiligt sich eine unterschiedliche Anzahl von Muskelfasern am Kontraktionsvorgang. Hieraus ergibt sich die verschieden starke Kontraktionsleistung des Gesamtmuskels.

Reizt man einen Muskel zu oft hintereinander (ist die Arbeitsleistung zu intensiv), so werden seine Kontraktionen schwächer. Der Muskel gerät in einen Ermüdungszustand, der in erster Linie durch die Anhäufung saurer Stoffwechselprodukte zustande kommt und nur in dem Maße zu beheben ist, als eine ausreichende Sauerstoffzufuhr zum Abbau dieser Stoffe gewährleistet ist.

Die Kraft, mit der sich ein Muskel zusammenzieht, hängt neben der Reizstärke auch von seiner Ausgangslage ab. Bei vergrößerter Anfangsspannung wird die Arbeitsleistung größer. Eine solche erhöhte Spannung wird erreicht, wenn man den Muskel passiv dehnt. Je mehr z. B. ein einzelner Muskel mit einem Gewicht belastet und zur Dehnung gebracht wird, um so größer wird der Widerstand, den er der Dehnung entgegensetzt. Wird das Gewicht weggenommen, kehrt der Muskel infolge seiner elastischen Kräfte in die Ausgangslage zurück.

Diese elastische Dehnbarkeit schützt den Muskel übrigens bei plötzlich hohen Belastungen vor Verletzungen. Sie ist im Ermüdungszustand und bei kühlen Temperaturen herabgesetzt, weshalb wir Muskelrisse vornehmlich bei ermüdeten Sportlern und niedrigen Temperaturen finden (Bedeutung der Erwärmung vor dem Wettkampf).

Die praktische Bedeutung der Erkenntnis, daß die Arbeitsleistung eines Muskels bis zu einer gewissen Grenze um so größer ist, je mehr er belastet, d. h. vorgedehnt ist, liegt darin, daß bei jeder Kontraktion eines Muskels innerhalb einer Bewegungsform gleichzeitig der Gegenspieler gedehnt und damit in den Zustand vergrößerter Anfangsspannung versetzt wird. Kontrahiert man z. B. den Beugemuskel des Oberarmes, so wird der Streckmuskel gedehnt. Damit erhöhen sich dessen Arbeitsbereitschaft und Leistung bei seiner nachfolgenden Kontraktion. Insbesondere im Sport wird von dieser Fähigkeit durch weites Ausholen (beim Kugelstoßen, Wurf, usw.) Gebrauch gemacht.

Der Gegenspieler wird bei diesem Vorgang indessen nicht nur passiv gedehnt, worauf sich seine elastischen Kräfte im Sinne einer vermehrten Anfangsspannung erhöhen, sondern bei jeder Kontraktion eines Muskels wird, infolge gleichzeitiger Innervation des Gegenspielers, auch aktiv dessen Spannung vergrößert. Diese Spannungsvermehrung dient in erster Linie dazu, eine Art Gegenhalt zu bilden, wodurch nun erst eine optimale, dosierte, abgestufte Arbeitsweise der Muskulatur innerhalb einer Gesamtbewegung – im Zusammenspiel von *Synergisten* (Mitspieler) und *Antagonisten* (Gegenspieler) – ermöglicht wird (s. Koordination in Kapitel 3.).

Die Kontraktionsleistung zeigt sich entweder in der *Halteleistung,* wobei ohne sichtbare Verkürzung des gesamten Muskels (*isometrische Kontraktion*) nur eine Spannungskraft erzeugt wird bzw. eine Kraftentfaltung entsteht, oder in der *Bewegungsleistung*, die sich meist an die zunächst gewonnene erhöhte Spannkraft anschließt und dann erst eine aktive Muskelarbeit = Bewegung hervorbringt, wobei dann die einmal erreichte Spannung des Muskels gleichbleibt (*isotonische Kontraktion*).

Als Beispiel sei das Heben eines Gewichtes angeführt. Zunächst muß die Spannung der Muskulatur gesteigert werden, so daß eine Kraft entsteht, die gleich der Schwere des Gewichtes ist. Dann erst setzt die Verkürzung des Muskels ein, und das Gewicht kann bei gleichbleibender Spannung bewegt und in die Höhe gehoben werden.

Ständiger Gebrauch kräftigt die Muskeln, wobei es zu einer Dickenzunahme der einzelnen Muskelfasern kommt (*Hypertrophie*). Bei Nichtgebrauch tritt umgekehrt eine Verkümmerung der Muskelfasern ein (*Atrophie*). Werden Ursprung und Ansatz eines Muskels ständig einander genähert,

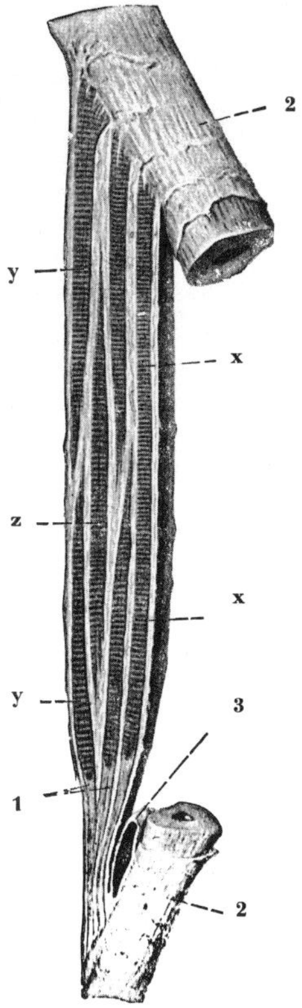

Abb. 3a: Quergestreifter Muskel (Skelettmuskel)

Muskel zwischen zwei Knochen (die Muskelfasern sind im Verhältnis zum Ganzen viel zu groß und zu wenig zahlreich dargestellt!). Faser x beginnt und endet sehnig am Knochen, y endigt im Muskel, z mit beiden Enden. 1 Sehnenfasern, 2 Knochenhaut, 3 Schleimbeutel.

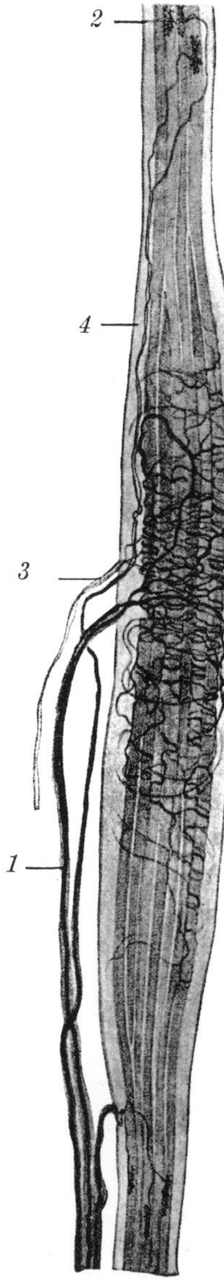

Abb. 3c: Schema einer „Muskelspindel"

Die rezeptorischen (sensiblen) Nervenfasern (1) enden auf der Muskelfaserhaut (Sarkolemm) am kernreichen Mittelstück, die effektorischen (motorischen) Endplatten (2) unter derselben an den Enden der Muskelfasern; die vegetativen marklosen Nervenfasern (3) umkreisen die Muskelfasern spiralig, (4) Bindegewebshülle. Vergrößerung 50–60 fach. (nach CLARA)

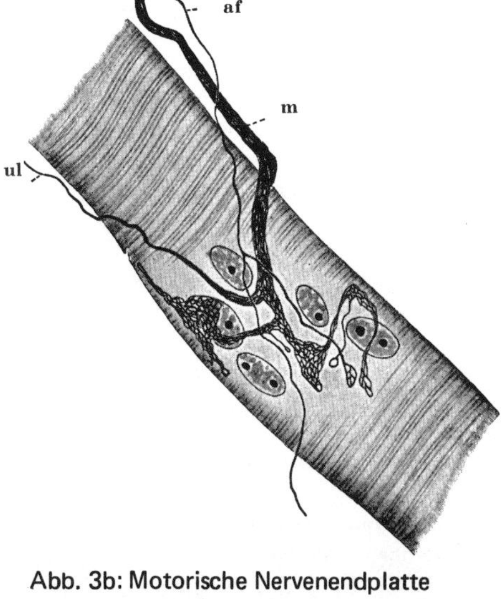

Abb. 3b: Motorische Nervenendplatte

Motorische Nervenendplatte in quergestreifter Muskelfaser. m Endast der Nerven; ul ultraterminale Faser, die zur benachbarten Muskelfaser abzweigt; af accessorische Sympathikusfaser. (nach BOEKE) wie es bei Fehlhaltungen (Haltungsschwächen, Haltungsschäden) des Skeletts der Fall ist, so schrumpft und verkürzt sich die Muskelfaser, wodurch die Fehlhaltung nun muskulär noch weiter verstärkt wird.

Die einzelnen Muskeln sind in ihren Bewegungsrichtungen nicht festgelegt. Zwar spricht man von Antagonisten und Synergisten, doch können Antagonisten bei bestimmten Bewegungsarten zu Synergisten werden und umgekehrt.

Die *Organmuskulatur* (glatte Muskulatur) bildet die flächenhafte muskuläre Wand der inneren Organe und verleiht diesen Hohlorganen die den Inhalt umschließende, notwendige Spannung (Tonus).

Ihre Zusammenziehung erfolgt in Form von Dauerverkürzungen mit nur allmählichen geringen Spannungsänderungen, durch die der wechselnde Tonus der glattmuskulären inneren Organe zustande kommt (z.B. Durchblutungsschwankungen der Blutgefäße, Darmperistaltik, Wehen der Gebärmutter, Harnblasendruck).

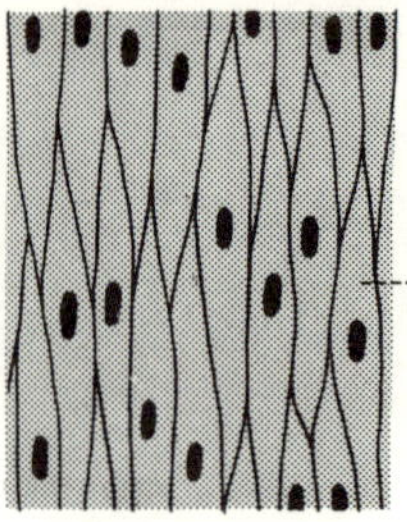

Abb. 4: Glatte Muskulatur

Die glatte Muskulatur wird nicht von den Nerven der Skelettmuskulatur versorgt, sondern vom *Sympathikus* und *Parasympathikus* des vegetativen, dem Willen entzogenen Nervensystems. Man nennt dieses Muskelsystem daher auch die unwillkürliche Muskulatur.

Bei der *Herzmuskulatur* handelt es sich um quergestreifte Muskulatur, die als einzige Ausnahme nicht dem Willen unterzogen ist und somit, wie die glatte Muskulatur, durch das vegetative Nervensystem beeinflußt wird.

Muskulatur benötigt zu ihrer Arbeit Nahrung wie jedes andere Gewebe auch. Diese Nahrung besteht zu einem großen Teil aus einem bestimmten Kohlehydrat, der *Glucose* (Traubenzucker). Die Glucose wird durch verschiedene Nahrungsmittel dem Körper zugeführt und zunächst in der Leber wie auch in der Muskulatur selbst gespeichert. Die Speicherung erfolgt in Form von Glucoseketten; diese verzweigten Ketten ergeben einen stärkeähnlichen Stoff, das *Glykogen.* Bei jeder Muskeltätigkeit wird es langsam abgebaut, d.h. wiederum in einzelne Glucosemoleküle aufgespalten, die weiterverwertet und unter Energieentwicklung in Arbeit umgesetzt werden (1. Phase). Die dabei entstehenden Zwischenprodukte sind u.a. Brenztraubensäure und Milchsäure, die nun unter Einwirkung des vom Blut herangeführten Sauerstoffes teilweise zu Kohlendioxid und Wasser verbrannt werden (2. Phase). Auch hierbei wird die zur Muskelarbeit notwendige Energie erzeugt, und zugleich entsteht Wärme (Körpertemperatur) (s. Kapitel 2.3.).

d) Das Nervengewebe

besteht aus Nervenzellen, die mit kurzen (Dendriten) und langen (Neuriten) Fortsätzen ausgestattet sind (siehe Abb. 5). Zahlreiche solcher Neuriten, bündelartig nebeneinander verlaufend, bilden einen Nerven, der entweder die Verbindung zwischen den Empfindungsorganen (Rezeptoren) und dem Gehirn herstellt oder vom Gehirn an die Erfolgsorgane (Muskulatur) führt und dort die Erregung auslöst.

Die Leitung erfolgt abschnittweise jeweils durch eine Nervenzelle mit ihren Fortsätzen. Eine solche Einheit bezeichnet man als *Neuron.* In einer Nervenbahn sind meist mehrere solcher Abschnitte hintereinander geschaltet und durch Schaltstellen (Synapsen) voneinander getrennt.

Als Nervenzentralorgane fungieren bestimmte Zentren im Gehirn und Rückenmark. Die von ihnen ausgehenden (efferenten) oder in sie einmündenden (afferenten) Leitungen sind periphere Nerven. Zentralorgane und periphere Nerven bilden zusammen das Nervensystem, das in drei sich funktionell ergänzende Hauptsysteme unterteilt werden kann:

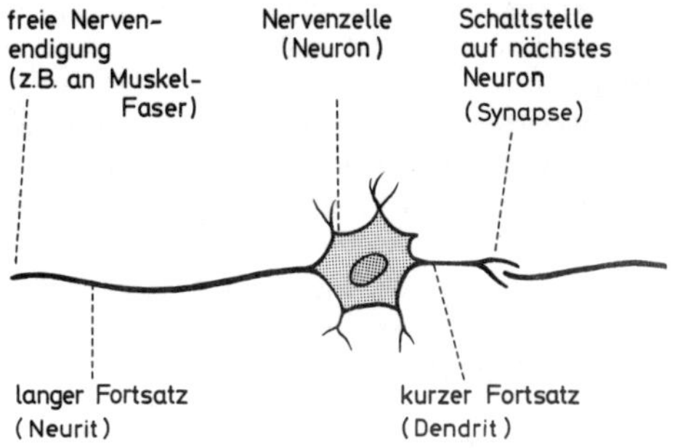

Abb. 5: Nervenfaser (schematisch)

— das Zentralnervensystem bestehend aus Gehirn und Rückenmark,
— allgemeines oder willkürliches, peripheres Nervensystem,
— das Organnervensystem oder vegetative oder unwillkürliche Nervensystem.

Das *Zentralnervensystem* versorgt über das *periphere Nervensystem* den gesamten Organismus und ist verantwortlich für Empfindung (Licht, Schall, Geruch, Druck, Schmerz, Temperatur usw.) und Bewegung. Die Zentren des Zentralnervensystems liegen in der Großhirnrinde. Die peripheren Nerven, die von den Hautrezeptoren oder den Sinnesorganen ausgehen, laufen zentralwärts zum *Empfindungszentrum.* Dort kommen also die aufgenommenen Umweltreize zur vielseitigen Weiterverarbeitung an. Die Leitung erfolgt über die *sensiblen Nerven.*

Die willkürliche Erregung der umgekehrt vom Gehirn zum Körper verlaufenden Nerven erfolgt ebenfalls in einem besonderen Zentrum, dem *„Bewegungszentrum"* des Gehirns, wobei vom Willen her ein gezielter Impuls herangebracht wird. Die dann aus dem Gehirn entspringenden Nerven ziehen teilweise über das Rückenmark zu den Skelettmuskeln und werden daher als *motorische Nerven* bezeichnet.

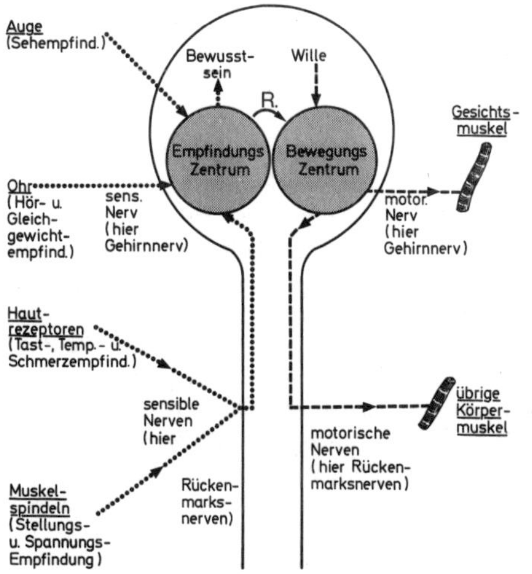

Abb. 6: Schema der Leitungen und Zentren des allgemeinen willkürlichen Nervensystems (vereinfacht)

Das Lage- und Spannungsgefühl des Körpers, die sog. *Tiefensensibilität,* beruht auf einer Reizung der in den Muskeln und Sehnen eingelagerten *Muskel- und Sehnenspindeln.* Der Verkürzungs- oder Dehnungsgrad der Muskulatur wird mit ihrer Hilfe als Reiz zentralwärts zum „Empfindungszentrum" hingeleitet. Durch reflektorische Umschaltung auf das Bewegungszentrum entstehen die zahlreichen Erregungen zur Steuerung und Regulation jedes Bewegungsablaufes, die auf dem Wege der motorischen Nerven an die Muskulatur herangeführt werden.

Gleichzeitig erfolgt über einen *peripheren* Reglerkreis eine Information an die Muskelspindeln der Antagonisten, wodurch mit jeder Innervation eines Muskels automatisch eine Tonuserhöhung auch seines Antagonisten verbunden ist.

Die Muskel- und Sehnenspindeln vermitteln also die Kraftempfindung und das Gefühl der Lage im Raum, sie regulieren die Grundspannung der Muskulatur und sind verantwortlich für das intakte Wechselspiel zwischen Synergisten und Antagonisten.

So gelingt es ohne weiteres, die Form eines Bleistiftes zu empfinden und ihn richtig zu ergreifen, ohne daß dazu das Bewußtsein oder besondere Willensimpulse für jeden der beteiligten Muskeln erforderlich sind. Darüber hinaus wird auf diese Weise der Körper durch *Eigensteuerung* der Muskulatur seiner ständigen Halteaufgabe gerecht. Die Nervenbahn ist in diesen Fällen kurz geschaltet, sie läuft reflektorisch ab – ohne Zuhilfenahme des Bewußtseins und des Willens. Es sind damit gewisse Bewegungsformen möglich, die ohne besondere geistige Anstrengungen ablaufen, die wir gewissermaßen „im Schlafe" tun, die aber entscheidend für den Gesamttonus bzw. für die Halteleistung der Muskulatur sind.

Das *vegetative Nervensystem* (*Organnervensystem*) versorgt die inneren Organe und ist verantwortlich für lebenswichtige Funktionen wie Atmung, Kreislauf, Verdauung usw. Es arbeitet unwillkürlich, aber gesteuert von subcorticalen Gehirnzentren, die vorwiegend im Zwischenhirn und verlängerten Mark liegen.

Als Nervenbahnen wirken der Sympathicus und der Parasympathicus (Vagus), die als Gegenspieler die Tätigkeit der Organe anregen oder hemmen. Hat der Sympathikus z.B. eine die Blutgefäße verengende Wirkung, so vermag der Parasympathikus sie zu erweitern, beschleunigt der Sympathikus die Herzschlagfolge, kann sie der Parasympathikus verlangsamen usw.

1.1.3. Das Organ

Schließen sich mehrere Gewebe zu einem äußerlich geschlossenen, gut abgrenzbaren Gebilde mit ganz bestimmter Funktion zusammen, so spricht man von einem Organ, z.B. Magen, Niere, Herz.

Mehrere Organe können zu einem System zusammengeschaltet sein. Wir sprechen dann von Organsystemen. So bildet die Lunge zusammen mit den zuführenden Atemwegen das Atemsystem, die Niere mit Harnleiter, Blase und Harnröhre das Harnsystem, die Knochen mit den Gelenken und Bändern das Skelettsystem.

1.2. Halte- und Bewegungsapparat des menschlichen Körpers

Der Bewegungsapparat erlaubt es dem Menschen, unmittelbar auf seine Umgebung einzuwirken. Hierzu werden Ortsveränderungen und andere mechanische Einwirkungen auf die Umwelt vorgenommen. Mit seiner Hilfe teilen wir durch Sprache, Schrift und Mimik unsere Gedanken der Umwelt mit. Gleichzeitig dient der Bewegungsapparat den Halteaufgaben des Körpers, um seine eigene Spannkraft gegenüber der Schwerkraft aufrecht zu erhalten.

Unter *aktivem* Bewegungsapparat sind die Muskeln und Sehnen zu verstehen, die das Gerüst des Körpers durch ihre Konstruktion und Kontraktionsfähigkeit in unmittelbare Bewegungen zu setzen vermögen. Vom *passiven* Bewegungsapparat sprechen wir, soweit es sich um Knochen, Knorpel und Bindegewebe (Bänder) handelt, also lediglich um das Stützgewebe unseres Körpers.

Die *aktive* Haltefunktion der Muskulatur wird unterstützt von den *passiven* Halte- und Sperrvorrichtungen der *Bänder* und *Knochen*, die die Beweglichkeit der Knochenelemente untereinander begrenzen. Da sie dabei keine aktive Arbeit leisten, benötigen sie keine Energie und sind deshalb nicht ermüdbar. Sie bedeuten also eine erhebliche Kraftersparnis für die Muskulatur.

Die *Bänder* dienen vorwiegend der Fixierung der Gelenke in anatomisch bedingten Endstellungen und verhindern einen übermäßigen Gelenkausschlag; an der Wirbelsäule halten sie durch Längszüge an Vorder- und Hinterseite der Wirbelkörperreihe sowie zwischen den Fortsätzen die Form der Wirbelsäule aufrecht (siehe Abb. 10).

Es gibt zugfeste Bänder und elastische Bänder. Die ersteren setzen einer Dehnungskraft erheblichen Widerstand entgegen; die elastischen Bänder sind dehnbar und nehmen den ursprünglichen Zustand wieder ein, wenn die dehnende Kraft nachgelassen hat.

Die Bänder können ebenso wie die Muskulatur bei erhöhter Beanspruchung an Dicke zunehmen und umgekehrt bei mangelnder Funktion verkümmern. Gleich der Muskulatur können sie sich bei ständiger Dauerbeanspruchung auf Zug dehnen (lockern) und bei ununterbrochener Annäherung der beiden Ansätze verkürzen. – Ein höherer Grad der Verkürzung wird als Fixation (Haltungsschaden) bezeichnet, sobald der aktive Ausgleich nicht mehr möglich ist und auch die orthopädische passive Dehnung bereits Schwierigkeiten bereitet.

Bei den *knöchernen Sperrvorrichtungen* spielt die Form und Gestalt des Knochens und der Gelenke eine wesentliche Rolle. Als Beispiel mag die Form des Ellenbogenfortsatzes dienen, mit der das Ellenbogengelenk in Streckstellung stabilisiert wird, zu dessen Aufrechterhaltung kein weiterer Halteapparat mehr erforderlich wird.

1.2.1. Passiver Bewegungsapparat

a) Gelenke

In ihnen sind zwei oder mehr Knochen beweglich miteinander verbunden. Die Gelenkenden der jeweils beteiligten Knochen bezeichnet man als Gelenkkopf bzw. Gelenkpfanne. Kopf und Pfanne sind zum besseren Gleiten mit Knorpelgewebe überzogen. Kommt es krankheitsbedingt zum Schwund des Gelenkknorpels, können schwerste Verbildungen bis zu Versteifungen der Gelenke die Folge sein.

Eine bindegewebige Gelenkkapsel schließt das Gelenk vollständig ab. In ihr verlaufen die *Gelenkbänder* aus festem faserigen Bindegewebe, die das Gelenk in sich zusammenhalten, ihm als Führung dienen und übermäßige Gelenkausschläge verhindern. Beim Nachlassen der Spannung, bei Lockerung dieser Bänder, kommt es, wenn die Störung einseitig ist, zu Fehlstellungen in den Gelenken (*eine der wichtigsten Ursachen der Haltungsschwächen*) und zu Schlottergelenken, wenn alle Bänder an der krankhaften Dehnung und Lockerung beteiligt sind.

Schleimbeutel haben die Aufgabe, den Druck vorüberziehender Muskelsehnen durch Unterpolsterung vom Gelenk fernzuhalten.

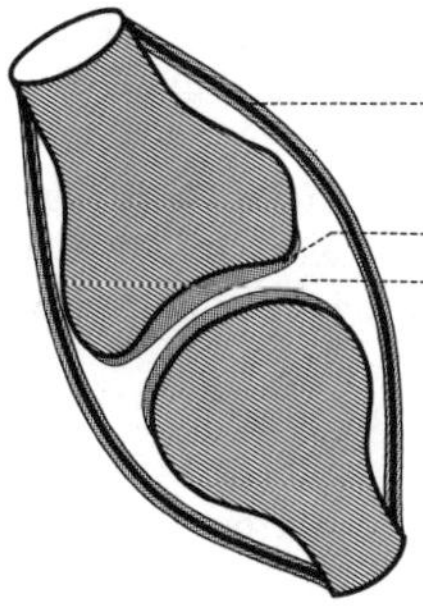

Abb. 7: Schema eines Gelenkes

Die Bewegungsform der einzelnen Gelenke ist unterschiedlich und von dem speziellen Bau der Gelenke abhängig.

Das einfachste Gelenk ist das *Scharniergelenk* (z.B. Knie- und oberes Sprunggelenk). Die Bewegung vollzieht sich nur um eine Achse im Sinne der Beugung und Streckung (bzw. am Fuß: Hebung und Senkung).

Das *Eigelenk* besitzt zwei zueinander senkrecht stehende Bewegungsachsen, wodurch eine Beweglichkeit zusätzlich im Sinne des An- und Abspreizens (Abwinkelns) möglich wird (z. B. Handgelenk).

Den größten Bewegungsraum erlaubt das *Kugelgelenk:* hier sind darüber hinaus in einer dritten Achse, die wiederum senkrecht zu den beiden andern steht, Drehungen im Sinne der Rotation (Kreisbewegung) durchführbar. Mithin kann sich z.B. der Oberschenkel im Hüftgelenk beugen, strecken, abspreizen, heranziehen, einwärts drehen und auswärts drehen. Beispiele für das Kugelgelenk sind Schultergelenk und Hüftgelenk. Die Kombination der Bewegungen in drei Achsen erlaubt im Kugelgelenk die freie Beweglichkeit nach allen Richtungen.

Neben diesen einfachen Gelenken, an denen zwei Knochen beteiligt sind, gibt es zusammengesetzte Gelenke, bei denen mehrere knöcherne Elemente gelenkig miteinander verbunden sind. So hat z.B. das Ellenbogengelenk einen Scharniergelenkanteil (zwischen Oberarm und Unterarm) und einen als *Radgelenk* bezeichneten Anteil, der eine Rotationsbewegung zwischen Elle und Speiche zuläßt (Ein- und Auswärtsdrehung des Unterarmes und der Hand).

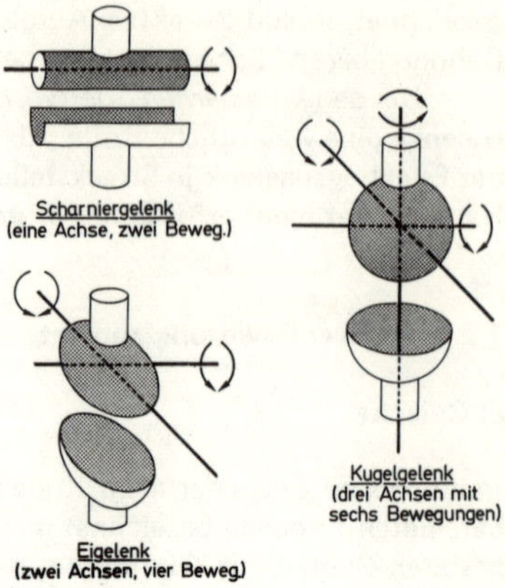

Abb. 8: Gelenkmodelle mit Achsen und Bewegungsmöglichkeiten

Eine weitere Besonderheit stellt das Handwurzel-Mittelhand-Gelenk des Daumens dar. Als typisches *Sattelgelenk* läßt es grundsätzlich zwei Bewegungsfreiheiten zu; infolge der sehr weiten, aber doch festen Kapsel kann es sich funktionell beinahe wie ein Kugelgelenk bewegen: – Abspreizen/Anziehen –, – Gegenüberstellung/Rückstellung – und die Kombination von beiden – Kreisen –.

b) Skelett

Der *Schädel* birgt das Gehirn (Hirnschädel), die Sinnesorgane (Seh-, Hör- und Geruchsorgane) und den Anfang des Verdauungsapparates (Gesichtsschädel). Das Hinterhauptsbein, das die knöcherne Verbindung mit der Wirbelsäule vermittelt, zeigt am Schädelgrund eine große runde Öffnung, das Hinterhauptsloch, in dem das Gehirn in das Rückenmark übergeht.

Die *Wirbelsäule* ist ein in 24 einzelne Wirbel sowie in Kreuzbein und Steißbein gegliederter, mehrfach gebogener, knöcherner Stab. Zwischen den Wirbelkörpern liegen 23 Zwischenwirbelscheiben, die aus einem faserigen Knorpelgewebe mit weichem gallertartigem Kern bestehen. An jeden Wirbelkörper schließt sich nach hinten ein knöcherner Ring, der Wirbelbogen, an, wodurch das Wirbelloch entsteht. Die Summe der Wirbellöcher bildet den Wirbelkanal, in dem das Rückenmark verläuft. Jeder Wirbelbogen besitzt mehrere Fortsätze, die dem Ansatz von Muskeln und Bändern dienen (Querfortsätze und Dornfortsatz) oder die gelenkige Verbindung mit den Nachbarwirbeln (Gelenkfortsätze) herstellen.

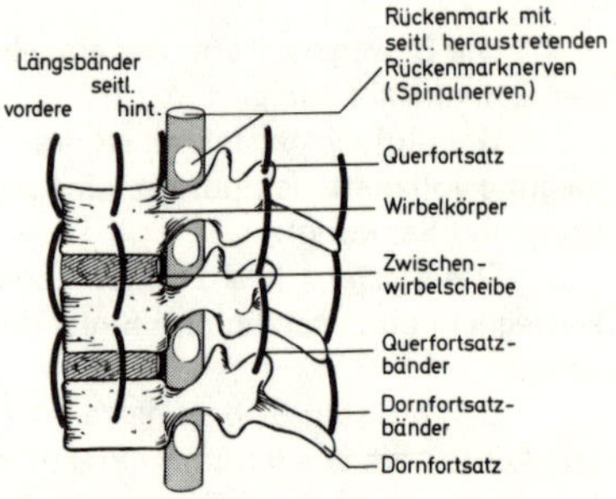

Abb. 9: Wirbel von der Seite gesehen

Die Wirbelsäule ist die Achse des Körpers. Sie trägt oben den Kopf und mittelbar den Schultergürtel mit den oberen Gliedmaßen. Gemeinsam mit den Rippen und dem Brustbein bildet sie den Brustkorb. Unten steht sie in nahezu fester Verbindung mit dem Beckengürtel, an den die unteren Gliedmaßen gelenkig angesetzt sind. Gleichzeitig dient sie in Form des Wirbelkanals dem Schutz des Rückenmarks.

Die Wirbelsäule ist aber nicht nur Stützgerüst und Schutz für das Rückenmark, sondern gleichzeitig ein wichtiger Teil des passiven Bewegungsapparates. An ihr setzen zahlreiche kurze und lange

Rückenmuskeln als Halte- und aktive Bewegungsvorrichtungen an. Neben den aktiven Kräften der Muskeln sind noch passive Haltevorrichtungen, kurze und längere Bänder, vorhanden, die zwischen den einzelnen Wirbeln sowie der gesamten Wirbelsäule ausgespannt sind. Die Bänder- und Muskelverbindungen sichern der aus 24 Einzelgliedern bestehenden Wirbelsäule eine gewisse Beständigkeit der Form bei gleichzeitig weitgehender Beweglichkeit in ihrer Gesamtheit.

Die Form der Wirbelsäule, die nur beim Menschen aufrecht steht, ist ein von vorn nach hinten doppelt gebogenes S: der Halsteil bildet einen nach vorn gewölbten Bogen (Halslordose), der Brustteil umgekehrt einen nach hinten gewölbten Bogen (Brustkyphose) und der Lendenteil wiederum einen nach vorn gewölbten Bogen (Lendenlordose). Zusammen mit dem nach hinten gewölbten starren Kreuzbein kommt das *Doppel-S* zustande.

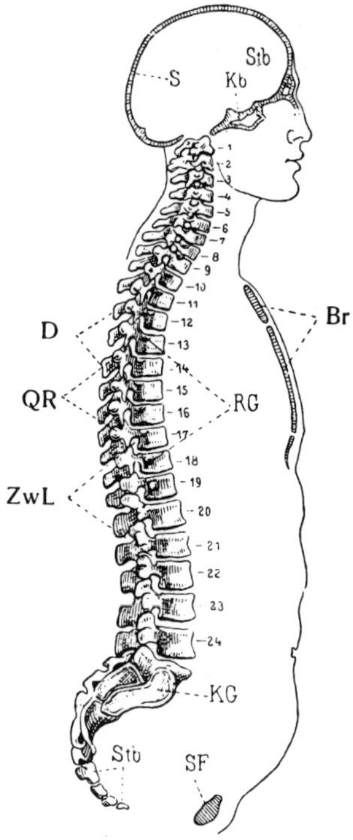

Abb. 10: Die Wirbelsäule als Ganzes

S Schädeldecke
Stb Stirnbein
Kb Keilbein
D Dornfortsätze
QR Querfortsätze
RG Gelenkflächen für die Rippen
ZwL Zwischenwirbellöcher (für Nervenaustritte aus dem Rückenmark)
KG Gelenkfläche des Kreuzbeins für das Hüftbein des Beckens
Stb Steißbein
SF Schamfuge
Br Brustbein
(nach F. A. SCHMIDT)

Im einzelnen werden 7 Halswirbel, 12 Brustwirbel, 5 Lendenwirbel unterschieden. Das mit dem Becken verbundene Kreuzbein besteht aus 5 miteinander verschmolzenen Wirbeln, an das sich 3 bis 4 kleine, mehr oder weniger miteinander verknöcherte Steißwirbel anschließen (Steißbein).

Der *Brustkorb* wird von den 12 Brustwirbeln, dem Brustbein und den Rippen gebildet. Er ist faßförmig gestaltet und umschließt die Brusthöhle. Diese wird nach unten durch das gewölbte Zwerchfell abgegrenzt.

Das Brustbein ist ein platter, länglicher Knochen an der Vorderwand des Brustkorbs, an dessen oberem Ende der knöcherne Schultergürtel gelenkig befestigt ist.

Die reifenartig gekrümmten Rippen setzen beiderseits an den 12 Brustwirbeln an und verlaufen in einem Bogen nach vorne, wobei sie sich gleichzeitig abwärts senken. Werden sie gehoben, wird der Brustkorb nach vorne und nach beiden Seiten erweitert. Die 10 oberen Rippen greifen mit Knorpelverbindungen auf das Brustbein über, die beiden letzten Rippen enden frei.

Der *Schultergürtel*, bestehend aus den beiden Schlüsselbeinen und Schulterblättern, ruht auf dem Brustkorb als horizontal verlaufender, hinten offener knöcherner Ring.

Das leicht s-förmig gekrümmte *Schlüsselbein* steht mit dem Brustbein gelenkig in Verbindung. Dieses Gelenk, das am unteren Halsansatz unter der Haut als knöcherner Vorsprung deutlich fühlbar ist, stellt die einzige gelenkige Verbindung des gesamten Schultergürtels mit dem Rumpf dar.

1 Sprunggelenk
2 Kniegelenk
3 Sitzbein
4 Schamfuge
5 Hüftgelenk
6 Handgelenk
7 Leistenband
8 Kreuzbein
9 Darmbein
10 Lendenwirbelsäule
11 Ellenbogengelenk
12 Falsche Rippen
13 Schwertfortsatz
14 Rippenknochen
15 Rippenknorpel
16 Schultergelenk
17 Brustbein
18 Kieferwinkel
19/27 Unterkiefer
20 Oberkiefer
21 Jochbein
22 Nasenbein
23 Stirnbein
24 Augenhöhle
25 Nasenhöhle
26 Zähne
28 Halswirbel
29 Erste Rippe
30 Schlüsselbein
31 Schulterhöhe
32 Rabenschnabelfortsatz
33 Oberarmkopf
34 Oberarmschaft
35 Oberarmknorren
36 Gelenkrolle u. Köpfchen des Oberarmbeins
37 Speichenköpfchen
38 Gelenkende der Elle
39 u. *40* Speichen- u. Ellenschaft
41 Handwurzel
42 Mittelhand
43 Fingerknochen
44 Darmbeinkamm
45 Großer Rollhügel
46 Oberschenkelkopf
47 Schambein
48 Oberschenkelschaft
49 u. *51* Oberschenkelknorren
50 Kniescheibe
52 Wadenbeinköpfchen
53 Rauhigkeit des Schienbeins
54 Gelenkende des Schienbeins
55 u. *57* Wadenbein- und Schienbeinschaft
56 Vord. Schienbeinkante
58 Fußwurzel, *59* Mittelfuß
60 Zehenknochen

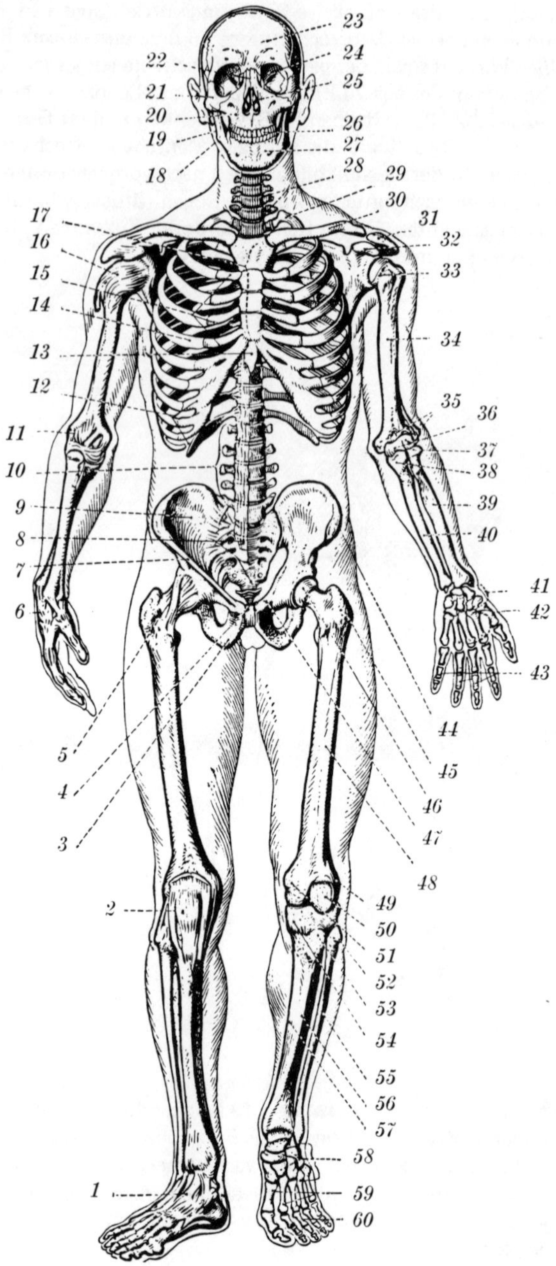

Abb. 11: Skelett von vorn gesehen (nach SOLÉ-SPRANGER)

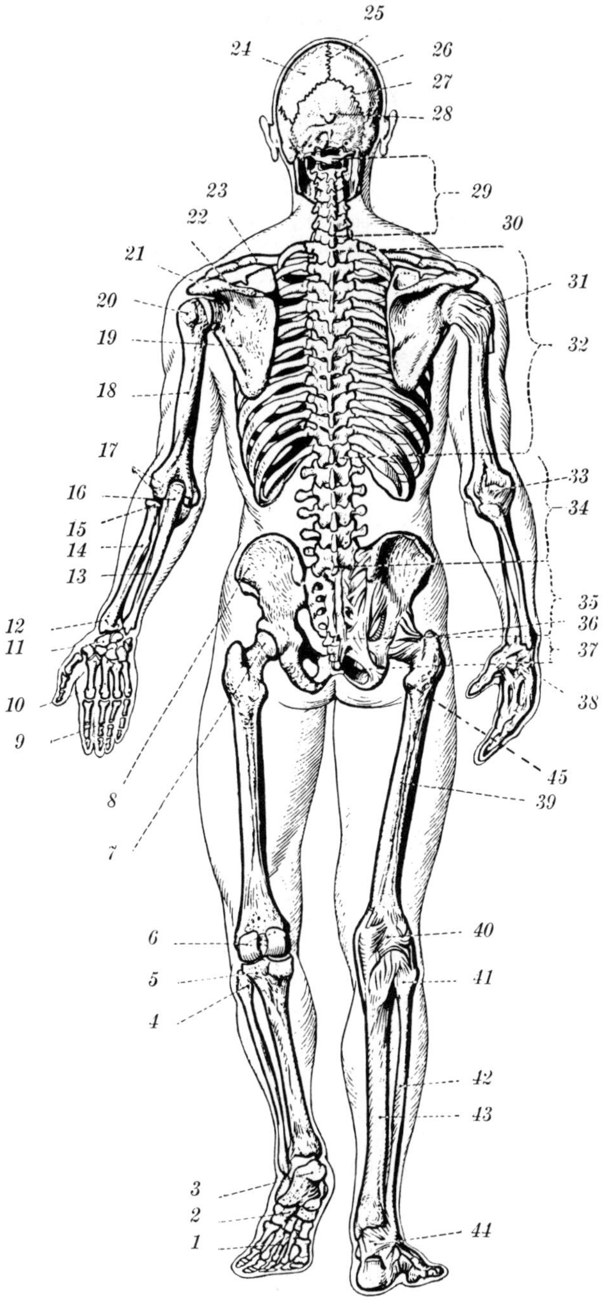

1 Mittelfußknochen
2 Fußwurzel
3 Fersenbeinhöcker
4 Wadenbeinköpfchen
5 Gelenkende des Schienbeins
6 Oberschenkelknorren
7 Oberschenkelkopf
8 Darmbein des Beckens
9 Fingerglieder
10 Mittelhandknochen
11 Handwurzel
12 Handgelenkende der Speiche
13 Elle
14 Speiche
15 Speichenköpfchen
16 Hakenfortsatz der Elle
17 Oberarmknorren
18 Oberarmschaft
19 Schulterblatt
20 Oberarmkopf
21 Schulterhöhe
22 Schulterblattgräte
23 Schlüsselbein
24/26 Scheitelbeine
25 Pfeilnaht
27 Lambdanaht
28 Hinterhauptsbein
29 Sieben Halswirbel
30 Erster Brustwirbel
31 Schultergelenk
32 Zwölf Brustwirbel
33 Ellenbogengelenk
34 Fünf Lendenwirbel
35 Kreuzbein
36 Hüftgelenk
37 Steißbein
38 Handgelenk
39 Oberschenkelschaft
40 Kniegelenkkapsel
41 Wadenbeinköpfchen
42 u. *43* Waden- und Schienbeinschaft
44 Sprunggelenk
45 Kleiner Rollhügel

Abb. 12: Skelett von hinten (aus SOLÉ-SPRANGER)

Das flache, dreieckige *Schulterblatt* zeigt an seiner Hinterfläche eine stark vorspringende, quer verlaufende Leiste, die Schulterblattgräte, die nach außen zur Schulter zieht und hier mit dem Schlüsselbein zusammentrifft. Dicht unterhalb dieser Verbindungsstelle, am oberen äußeren Winkel des Schulterblattes, befindet sich die Gelenkpfanne für den Oberarmkopf. Die an Schulterblatt und Schlüsselbein ansetzende Muskulatur ermöglicht eine beträchtliche Beweglichkeit des Schultergürtels auf den beiden Brustkorbhälften nach allen Richtungen.

Der *Beckengürtel* besteht aus dem Kreuzbein und den beiden Hüftbeinen und verbindet den Rumpf mit den unteren Gliedmaßen. Die beiden bogenförmigen Hüftbeine, die hinten mit straffen Bändern am Kreuzbein ansetzen, vereinigen sich vorne in der Schambeinfuge. So entsteht ein fast senkrecht auf die Kante gestellter knöcherner Ring, der die Belastung der Wirbelsäule auf die Beine überträgt. Dieser Beckenring kann seine Neigung nach vorne oder rückwärts verändern, wobei das Kreuzbein und die anschließenden Wirbelkörper in die Neigung einbezogen werden. Der Oberkörper müßte sich mit dieser Bewegung vor- oder rückwärts beugen, wenn nicht eine Veränderung der darüberliegenden Lendenkrümmung den biegsamen Stab der Wirbelsäule wieder in die aufrechte Haltung korrigierte (Entstehung z. B. der verstärkten Lendenlordose).

Im einzelnen bestehen die beiden Hüftbeine aus drei bis zum Ausgang der Pubertät knorplig getrennten Einzelknochen: dem Darmbein, dem Sitzbein und dem Schambein. In der Hüftgelenkspfanne treffen sie in kaum mehr sichtbaren Knochenfugen aufeinander. Jedes Sitzbein zeigt einen Sitzbeinhöcker als knöchernen Stützpunkt des Körpers beim Sitzen. Das schaufelförmige Darmbein bildet die Seitenwand des Beckengürtels, dessen oberer Rand, der Darmbeinkamm, in einem vorderen und hinteren Darmbeinstachel endet.

Die *oberen Gliedmaßen* sind beim Menschen zum Greiforgan ausgebildet. Die einzelnen Knochen sind: Oberarmbein, die beiden Unterarmbeine, die Handwurzel, Mittelhand- und Fingerknochen.

Das lange, röhrenförmige Oberarmbein wölbt sich an seinem oberen Ende zu einem halbkugeligen Gelenkkopf, der mit der Gelenkpfanne des Schulterblattes das Schultergelenk (Kugelgelenk) bildet. Sein unteres Ende verdickt sich zu dem inneren und äußeren Gelenkknorren. Mit den Unterarmbeinen bildet das Oberarmbein das Ellenbogengelenk, in welchem der Unterarm gegen den Oberarm gebeugt und gestreckt wird.

Die beiden röhrenförmigen Unterarmbeine sind: die kleinfingerwärts gelegene Elle und die daumenwärts gelegene Speiche. Am oberen Ende der Elle ragt hinten ein starker Knochenhöcker, der Ellenbogenfortsatz, über die Gelenkfläche hervor. An der der Speiche zugekehrten Seite besitzt das obere Ende der Elle außerdem eine kleine Gelenkfläche für das entsprechende Ende der Speiche. In diesem Gelenk, im Ellenbogenbereich, dreht sich die Speiche um die Elle (Radgelenk). Da das Handgelenk hauptsächlich von der Speiche und den Handwurzelknochen gebildet wird, wird bei dieser Drehbewegung die Hand mitgenommen (Einwärts- und Auswärtsdrehung). Bei der Einwärtsdrehung überkreuzt die Speiche die Elle (zusätzliche Greiffunktion in allen Stellungen). Im Handgelenk kann die Hand gebeugt, gestreckt und daumen- oder kleinfingerwärts abgewinkelt werden (Eigelenk).

Die 7 Knochen der Handwurzel sind in zwei Reihen angeordnet, so daß der Unterarm nur in Verbindung mit der oberen Reihe der Handwurzelknochen tritt. Die untere Reihe der Handwurzelknochen ist mit dem zweiten bis fünften Mittelhandknochen durch straffe, unbewegliche Gelenke verbunden. Dagegen ist das für sich abgeschlossene Gelenk mit dem ersten Mittelhandknochen (Daumenstrahl) beweglich, wodurch die wichtigste Greiffunktion der Hand — durch Opposition des Daumens — zustande kommt (Sattelgelenk).

Die Fingerknochen zeigen am Daumen zwei, an den übrigen Fingern drei Abschnitte: Grund-, Mittel- und Endglied (Nagelglied). Das Gelenk zwischen Mittelhand und Grundglied des Daumens gestattet nur Beugung und Streckung, während die übrigen Mittelhand-Fingergelenke (Grundgelenke) ausgedehntere Bewegungen ermöglichen. In den Mittel- und Endgelenken der Finger findet nur Beugung und Streckung statt.

Die *unteren Gliedmaßen* bestehen wie die oberen aus mehreren Abschnitten: dem Oberschenkel, den beiden Unterschenkelknochen, den Fußwurzelknochen, den Mittelfuß- und Zehenknochen.

Die Unterschiede im Bau der unteren gegenüber dem der oberen Gliedmaßen ergeben sich aus der Verschiedenheit der Aufgaben: das Bein ist ausschließlich zum Stützorgan, zum Tragen und Vorwärtsbewegen des aufrechten Körpers ausgebildet. Zugunsten der größeren Stabilität ist die Beweglichkeit im Kniegelenk und vor allem im Fußgelenk gegenüber den entsprechenden Gelenken des Armes geringer. Die Drehbewegung im Unterschenkel ist gänzlich weggefallen.

Das lange, röhrenförmige Oberschenkelbein trägt an seinem oberen Ende, am winklig abgebogenen Schenkelhals, den kugeligen Oberschenkelkopf, der mit der Gelenkpfanne des Hüftbeines das Hüftgelenk bildet. Am Halsansatz springen zwei Knochenhöcker, ein äußerer (großer) und ein innerer (kleiner) Rollhügel, vor. Der äußere ist durch die Haut deutlich zu fühlen; beide dienen dem Ansatz wichtiger Muskeln. Das untere verstärkte Ende des Oberschenkelbeines zeigt zwei seitliche Gelenkknorren und bildet die obere Gelenkfläche des Kniegelenkes, dessen untere Gelenkfläche nur vom Schienbein gebildet wird. Zwischen den Gelenkflächen sind zwei Knorpelscheiben, der innere und äußere Meniskus, eingelagert. Vor dem Kniegelenk liegt die knöcherne Kniescheibe, eingefügt in die Sehne des Streckmuskels.

Das innen gelegene stärkere Schienbein und das nach außen gelegene wesentlich dünnere Wadenbein sind durch Bänderzüge und eine dazwischen ausgespannte Bindegewebsmembran fest miteinander verbunden (Rahmenkonstruktion). Beide zeigen je einen nach unten vorspringenden Fortsatz: das Schienbein den inneren Knöchel, das Wadenbein den äußeren Knöchel. Die beiden Knöchel umfassen gabelförmig das obere Sprunggelenk.

Schienbein und darunter gelegenes Sprungbein (der oberste der Fußwurzelknochen) bilden zusammen das *obere Sprunggelenk* (Scharniergelenk), in dem der Fuß um eine querliegende Gelenkachse gehoben und gesenkt werden kann.

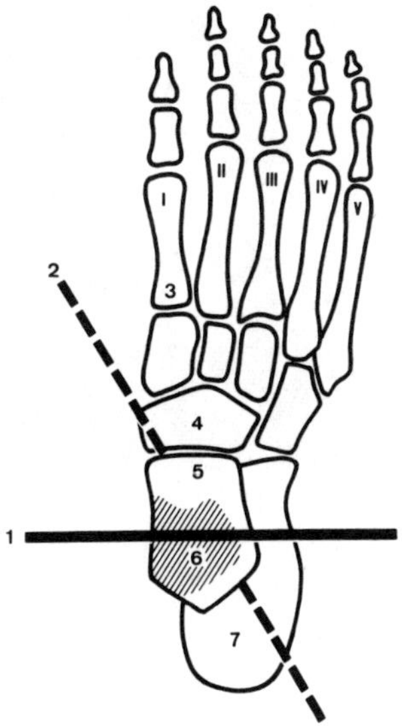

1 Quere Achse des oberen Sprunggelenkes

2 Schräge Längsachse des unteren Sprunggelenkes

3 Mittelfußknochen I—V (I = sog. Großzehenstrahl)

4 Kahnbein

5 Sprungbein

6 Sprungbeingelenkfläche mit dem Schienbein

7 Fersenbein

Abb. 13: Rechtes Fuß-Skelett von oben (mit eingezeichneten Sprunggelenkachsen)

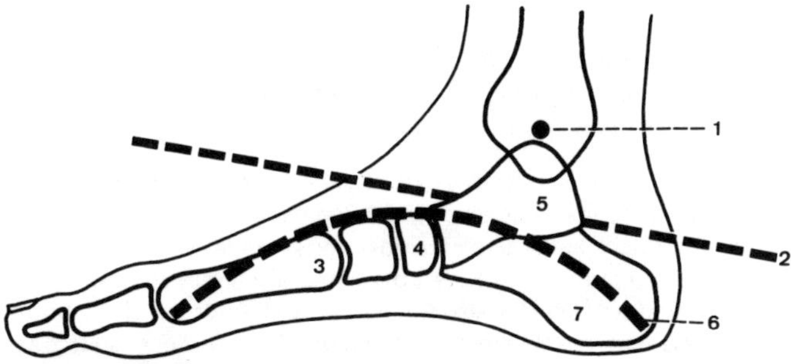

1 Quere Achse des oberen Sprunggelenkes
2 Schräge Längsachse des unteren Sprunggelenkes
3 Mittelfussknochen (Grosszehenstrahl)
4 Kahnbein
5 Sprungbein
6 Längswölbung des Fusses
7 Fersenbein

Abb. 14: Rechtes Fuß-Skelett von innen (mit eingezeichneten Sprunggelenksachsen und Längswölbung des Fußes)

Zwischen Sprungbein und dem darunter sitzenden Fersenbein (bzw. zwischen Sprungbein und Kahnbein) liegt das *untere Sprunggelenk.* Es gestattet die Einwärts- oder Auswärtskantung des Fußes

Einwärtskantung = Hebung des inneren Fußrandes = Supination

Auswärtskantung = Senkung des inneren Fußrandes = Pronation

um eine schräg von vorne oben innen nach hinten unten außen verlaufende Gelenkachse.

In den Gelenken zwischen den bereits genannten und den übrigen vier Fußwurzelknochen vollzieht sich die Abwicklungsbewegung des Fußes beim Gehen, während die Gelenke zwischen Fußwurzel- und Mittelfußknochen straff und kaum beweglich sind.

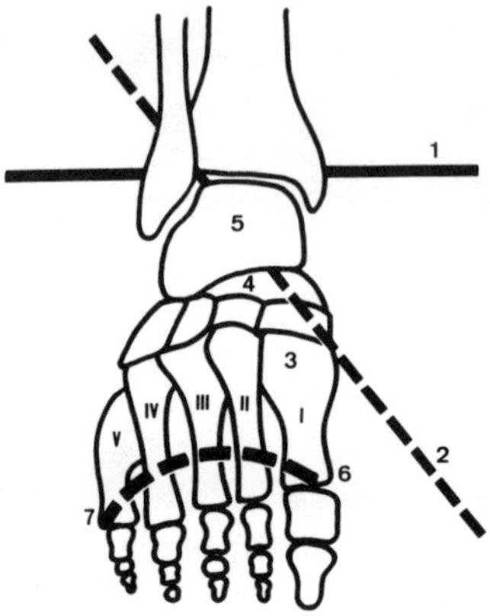

Abb. 15: Rechtes Fuß-Skelett von vorne (mit eingezeichneten Sprunggelenksachsen und Quergewölbe des Fußes)

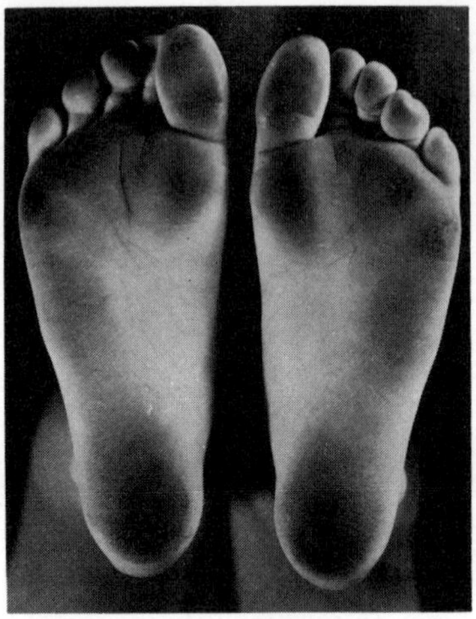

Abb. 16: Druckbild der Fußsohle

Die Großzehe besteht aus zwei, die zweite bis fünfte Zehe aus drei Gliedern: Grund-, Mittel- und Endglied. Während die Grundgelenke zwischen Mittelfuß und Zehen ausgedehntere Bewegungen zulassen, findet in den eigentlichen Zehengelenken nur Beugung und Streckung statt.

Der normale Fuß weist an seiner Innenseite eine längs verlaufende, vom Köpfchen des ersten Mittelfußknochens bis zum Höcker des Fersenbeines reichende Wölbung nach oben auf (*Längsgewölbe*). Im Gebiet der Mittelfußknochen besteht außerdem eine quer verlaufende Wölbung nach oben (*Quergewölbe*), so daß nur drei Knochenpunkte des Fußes die Unterlage berühren: der Fersenbeinhöcker und die Köpfchen des ersten und fünften Mittelfußknochens. Der Abdruck eines normalen Fußes zeigt dementsprechend die Ferse und den Ballen der großen und kleinen Zehe, außerdem durch die Weichteilpolsterung bedingt den äußeren Sohlenrand und die Zehenköpfchen.

Die Gewölbebögen des Fußes werden von seinem knöchernen Gerüst geformt, wenn dieses allein auch nicht in der Lage ist, die von oben drückende Last des Körpers aufzufangen.

Erst durch Muskeln *und* Bänder werden das Fuß-Skelett und seine Gewölbe gehalten und mit Hilfe aktiver Muskelarbeit verspannt.

1.2.2. Aktiver Bewegungsapparat

Muskeln

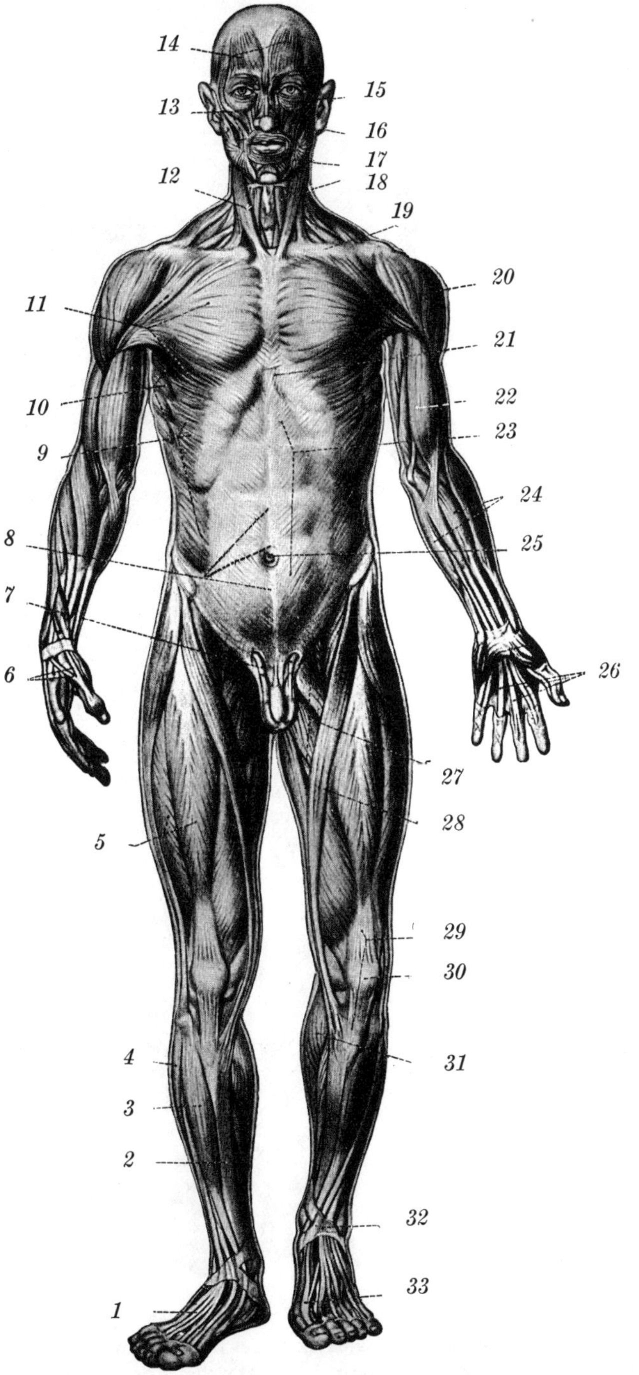

1 Sehnen der Zehenstrecker
2 Schienbein
3 Vorderer Schienbeinmuskel
4 Wadenbeinmuskeln
5 Vierköpfiger Kniestrecker
6 Sehnen der Daumenstrecker
7 Samenstrang
8 Weiße Bauchlinie
9 Äußerer schräger Bauchmuskel
10 Vorderer Sägemuskel
11 Großer Brustmuskel
12 Kopfwender
13 Gesichtsmuskeln
14 Stirnmuskel
15 Augenmuskel
16 Wangenmuskel
17 Mundmuskel
18 Kehlkopf
19 Schlüsselbein
20 Deltamuskel
21 Schwertfortsatz
22 Zweiköpfiger Armbeuger (Bizeps)
23 Gerader Bauchmuskel
24 Unterarmmuskeln (Beugegruppe)
25 Nabel
26 Sehnen der Fingerbeuger
27 Anzieher
28 Schneidermuskel
29 Sehne des vierköpfigen Kniestreckers
30 Kniescheibe
31 Wadenmuskeln
32 Kreuzband
33 Sehne des Großzehenstreckers

Abb. 17: Muskulatur, Vorderansicht (nach SOLÉ-SPRANGER)

1 Sehnen der Fingerstrecker

2 Gemeinsamer Fingerstrecker

3 Streckmuskeln am Unterarm

4 Breitester Rückenmuskel

5 Kopfwender

6 Hinterhauptsmuskel

7 Warzenfortsatz

8 Kapuzen- oder Trapezmuskel

9 Schulterblattgräte

10 Deltamuskel

11 Dreiköpfiger Unterarmstrecker

12 Hakenfortsatz der Elle

13 Äußerer Oberarmknorren

14 Darmbeinkamm

15 Großer Gesäßmuskel

16 Kurze Handmuskeln

17 Unterschenkelbeuger

18 Zwillingsmuskel der Wade

19 Achillessehne

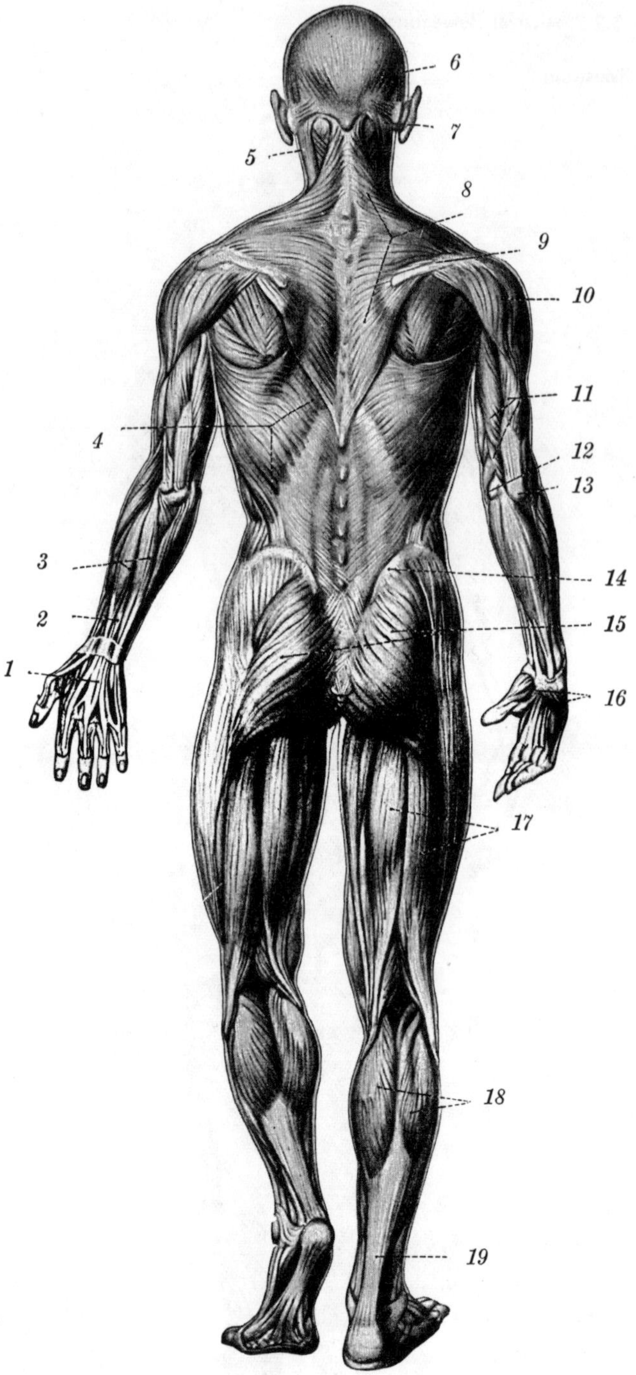

Abb. 18: Muskulatur, Rückansicht (nach SOLÉ-SPRANGER)

Als *Ursprung* bezeichnet man die unbeweglichere Befestigung des Muskels am Knochen, an den Gliedern auch die kopfwärts gelegene Befestigung. Der *Ansatz* befindet sich am beweglicheren Skelettteil. Zwischen Ansatz und Ursprung liegt der Muskelbauch.

Die Zahl der Muskeln ist sehr groß (über 500); nur die für die Haltungsschulung wichtigsten sollen nachfolgend aufgeführt werden

(1) Rückenmuskulatur

- Lange Rückenmuskeln
  Ursprung und Ansatz: als tiefste Muskelschicht des Rückens mit langen Zügen von Wirbeln und Rippen bis Kreuzbein und Hinterhauptsbein. Die unteren Enden setzen teilweise auch am Beckengürtel (Darmbeinkamm) an.
  Funktion: aufrechte Haltung, Streckung und Rückbeugung über größere Abschnitte der Wirbelsäule, Nach-Vorneneigen des Beckengürtels. Wenn einseitig innerviert: seitliche Bewegungen der Wirbelsäule
- Kurze Rückenmuskeln
  Ursprung und Ansatz: mit kurzen Zügen beiderseits der Wirbelsäule von Wirbel zu Wirbel oder von Wirbel zu Rippen ziehend
  Funktion: aufrechte Haltung, Streckung der Wirbelsäule über kurze Abschnitte, seitliche Beugung

(2) Brustkorbmuskulatur

- Zwischenrippenmuskeln
  Ursprung und Ansatz: vom unteren Rand der Rippe abwärts bis zum oberen Rand der nächsten Rippe
  Funktion: äußere Zwischenrippenmuskeln heben die Rippen bei der Einatmung; innere Zwischenrippenmuskeln senken die Rippen bei der Ausatmung.
- Zwerchfell
  Ursprung: Innenrand der unteren Brustkorböffnung
  Ansatz: Sehnenzentrum zwischen den beiden Zwerchfellkuppeln
  Funktion: Erweiterung des Brustkorbes nach unten bei der Einatmung

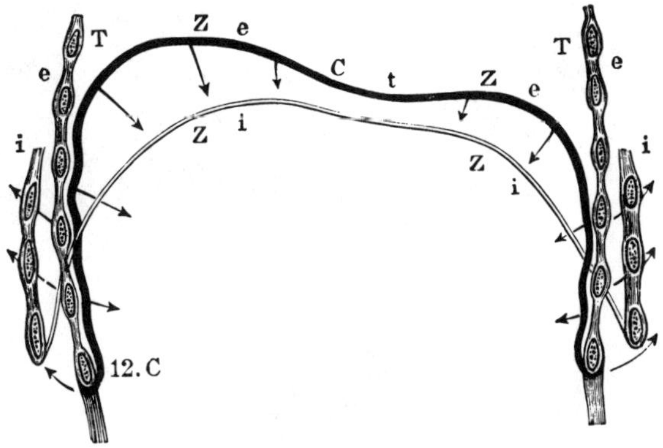

Abb. 19: Beweglichkeit des Zwerchfells bei der Atmung
Das Schema eines Schnittes durch Zwerchfell und Brustkorb in der Stirnebene zeigt Senkung des Zwerchfells (Ze → Zi) und Verbreiterung sowie Hebung des Brustkorbs (Te → Ti) bei Einatmung und den dadurch bedingten Raumgewinn für die Entfaltung der Lungen vor allem auch in den Spalt zwischen Zwerchfell und Brustwand hinein (nach THÖRNER).

(3) Bauchmuskulatur

- Gerader Bauchmuskel
  Ursprung: Vorderfläche der fünften bis siebten Rippe
  Ansatz: Schambein
  Funktion: Rumpfbeugung nach vorne bzw. Aufrichten des Rumpfes aus der Rückenlage, Aufrichtung und Rückneigung des Beckengürtels

– Äußerer schräger Bauchmuskel
  Ursprung: fünfte bis zwölfte Rippe seitlich
  Ansatz: Darmbeinkamm, Leistenband und weiße Bauchlinie
  Funktion: beide Seiten: Rumpfbeugung, eine Seite: Neigung und Drehung des Rumpfes nach der Seite.
– Innerer schräger Bauchmuskel
  Ursprung: Darmbeinkamm, Leistenband
  Ansatz: 10.–12. Rippe, weiße Bauchlinie
  Funktion: Vor- und Seitbeugung des Rumpfes
– Querer Bauchmuskel
  Ursprung: Rippen, Darmbeinkamm
  Ansatz: weiße Bauchlinie
  Funktion: Bauchpresse

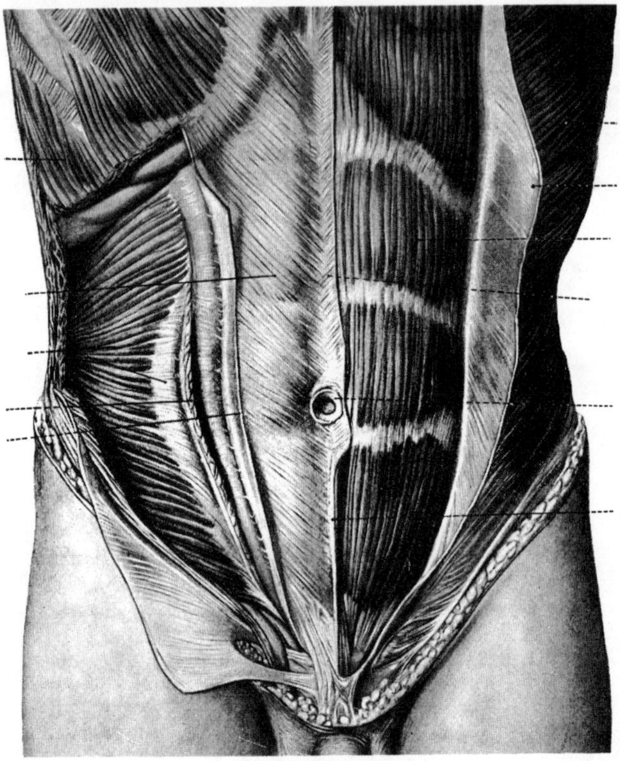

Abb. 20: Bauchmuskeln

1 Sehnenblatt des (weggeschnittenen) äußeren schrägen Bauchmuskels am Übergang in die Sehnenscheide (4), 2 Innerer schräger Bauchmuskel (durchschnitten), 3 Querer Bauchmuskel, 4 Vorderes Blatt der Sehnenscheide des geraden Bauchmuskels, 5 Rippenansatz des äußeren schrägen Bauchmuskels, 6 Äußerer schräger Bauchmuskel, 7 und 11 Äußeres Blatt der Sehnenscheide des 8 Geraden Bauchmuskels mit seinen drei sehnigen Inschriften, 9 Weiße Linie, 10 Nabel. (aus SCHULTZE-LUBOSCH)

(4) Schultergürtelmuskulatur

– Kapuzenmuskel (Trapezmuskel) (siehe Abb. 18)
  Ursprung: Dornfortsätze der Halswirbel und Brustwirbel
  Ansatz: Schlüsselbein - Schulterblattgräte
  Funktion oberer Teil: Heben des Schultergürtels. Halten bei Belastung (Tragen)
  mittlerer Teil: Schulterblattzug zur Wirbelsäule, „Aufrichtung" der Schultern

unterer Teil: Halten des Schulterblattes beim Aufstützen (Stützsprung, Barrenstütz), wodurch Hochstoßen des Schultergürtels verhindert wird.

– Deltamuskel (siehe Abb. 17 u. 18)
  Ursprung: Schlüsselbein - Schulterblattgräte
  Ansatz: oberes Drittel des Oberarmknochens
  Funktion. Heben des Armes nach vorne, nach der Seite und nach hinten bis zur Horizontale
– Rautenmuskel
  Ursprung: Dornfortsätze der unteren Hals– und oberen Brustwirbel
  Ansatz: oberes Drittel des Oberarmknochens
  Funktion: Heben des Armes nach vorne, nach der Seite und nach hinten bis zur Horizontale
  Tragen, Drehen des unteren Schulterblattwinkels nach hinten oben

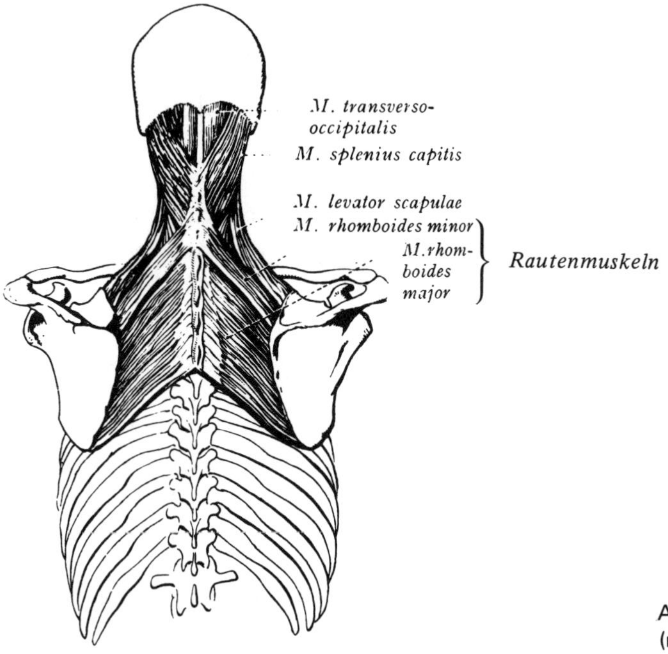

Abb. 21: Rautenmuskeln (nach BENNINGHOFF)

– Sägemuskel
  Ursprung: erste bis neunte Rippe vorne und seitlich
  Ansatz: unter dem Schulterblatt hindurch am inneren Längsrand und unteren Winkel des Schulterblattes
  Funktion: Gegenspieler der Rautenmuskeln, Ziehen des Schulterblattes nach vorne, Halten gegen Widerstand von vorn (beim Schieben oder Liegestütz), Drehen des unteren Schulterblattwinkels nach vorne oben, wodurch Schultergelenk aufwärts gestellt und Heben des Armes über die Horizontale ermöglicht wird.
– Brustmuskel (Pectoralismuskel) (siehe Abb. 17)
  Ursprung: Schlüsselbein und Brustbein
  Ansatz: oberes Drittel des Oberarmknochens
  Funktion: Bewegen des Armes nach vorne (Werfen, Schlagen, Boxen, Schwimmen), Heranziehen des Armes an den Körper, mit breitestem Rückenmuskel zusammen Abwärtsführen des Armes aus erhobener Stellung (Holzhacken), Halten des Rumpfes beim Aufstützen, Reckhang, Barrenstütz
– Breitester Rückenmuskel (siehe Abb. 18)
  Ursprung: Dornfortsätze der unteren Brustwirbel sowie der Lendenwirbel
  Ansatz: oberes Drittel des Oberarmknochens
  Funktion: Bewegen des Armes nach rückwärts, mit Brustmuskel zusammen Herabziehen des erhobenen Armes mit großer Gewalt, Halten des Rumpfes beim Reckhang und Barrenstütz

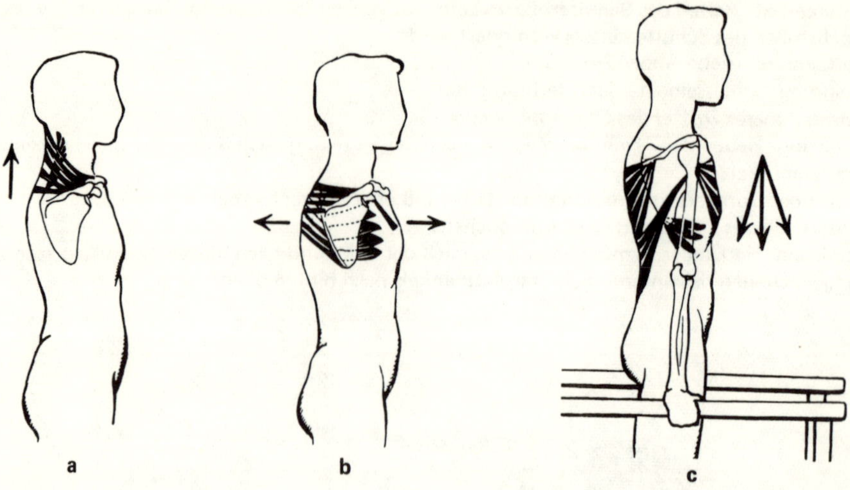

Abb. 22: Schema der wichtigsten Muskelzüge für den Schultergürtel (nach BENNINGHOFF)

a Tragmuskeln, die ihn heben (Trapezmuskel, Heber und oberer Rautenmuskel),
b Horizontale Züge von und zur Wirbelsäule (Säge- und großer Brustmuskel sowie Trapez- und Rautenmuskel),
c Muskelzüge, die das Hochstoßen des Schulterblattes verhindern (vorn: kleiner und großer Brustmuskel und unterer Sägemuskelteil, hinten: unterer Trapezmuskelteil und breitester Rückenmuskel).

(5) Armmuskulatur

– Ellenbogenbeuger
  Ursprung: Schulterblatt oberhalb der Schultergelenkspfanne
  Ansatz: Speiche unterhalb des Ellenbogengelenks
  Funktion: Beugung des Unterarmes, dabei Supination (Führen der Hohlhand zum Munde beim Essen)
– Ellenbogenstrecker
  Ursprung: Schulterblatt unterhalb der Schultergelenkspfanne und des Oberarmknochens
  Ansatz: Ellenbogen
  Funktion: Streckung des Unterarmes
– Hand- und Finger-Beuger und -Strecker
  Die Beuger entspringen und verlaufen größtenteils an der inneren (Ellen-)Seite. Ihre langen Sehnen reichen teilweise bis zu den Fingerspitzen. Sie werden in der Gegend des Handgelenkes durch das starke *Hohlhandquerband* geführt und gehalten. – Die Muskeln der Streckseite liegen zumeist an der Speichenseite des Unterarmes. Die langen Sehnen werden durch das *Handrückenquerband* gehalten und zum Handrücken bzw. ebenfalls zu den Fingern geleitet.

(6) Beckengürtelmuskulatur

– Hüftlendenmuskel (Ilio-Psoasmuskel)
  Ursprung: Vorderfläche der Lendenwirbel und Vorderfläche des Darmbeins im Bereich des Darmbeinkammes
  Ansatz: kleiner (innerer) Rollhügel des Oberschenkelknochens
  Funktion: Beugung im Hüftgelenk (Beugen des Oberschenkels), Aufrichten des Rumpfes aus der Rückenlage (zusammen mit den Bauchmuskeln), bei festgestellten Beinen (im Stand) Nach-Vornekippen des Beckengürtels

– Gesäßmuskel
Ursprung: Hinterfläche des Darmbeinkammes und Kreuzbein
Ansatz: großer (äußerer Rollhügel des Oberschenkelknochens
Funktion: Streckung im Hüftgelenk (Strecken des Oberschenkels), Aufrichtung und Rückneigung des Beckengürtels, Halten des Oberkörpers bei Rumpfbeuge (zusammen mit der Rückenmuskulatur)

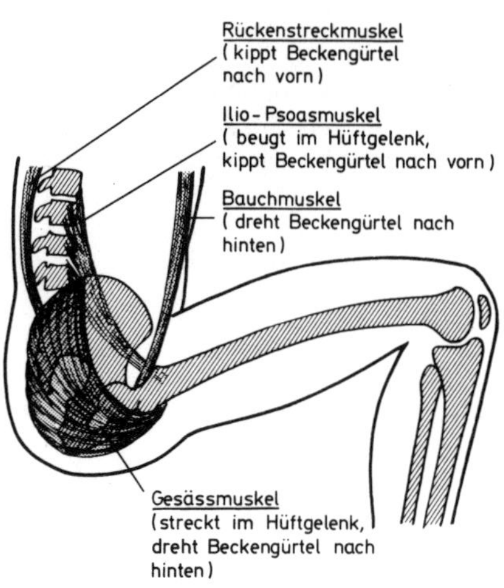

Abb. 23: Beckengürtelmuskulatur (schematisch)

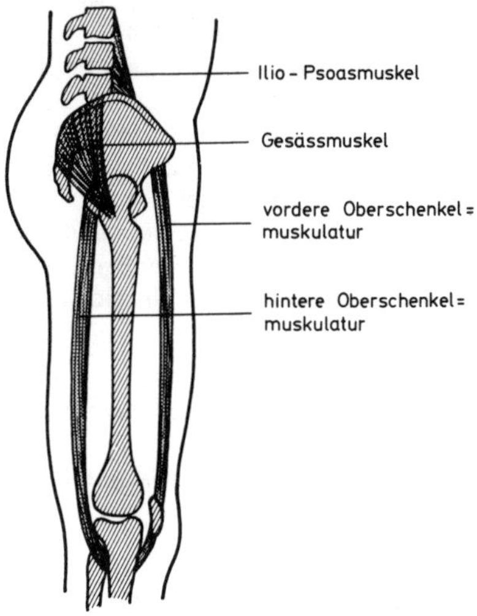

Abb. 24: Beinmuskulatur (schematisch)

(7) Oberschenkelmuskeln

– Vordere Oberschenkelmuskeln (Schenkelgradmuskel)
Ursprung: Darmbeinhöcker an der Vorderkante des Darmbeines
Ansatz: mit anderen Oberschenkelmuskeln zusammen am oberen Schienbeindrittel vorne (unter Einschluß der Kniescheibe)
Funktion: Beugung des Oberschenkels im Hüftgelenk, Nach-Vornekippen des Beckengürtels, Streckung des Unterschenkels im Kniegelenk
– Hintere Oberschenkelmuskeln
Ursprung: Sitzbeinhöcker
Ansatz: oberes Schienbeindrittel hinten
Funktion: Streckung des Oberschenkels im Hüftgelenk, Nach-Hintendrehen des Beckengürtels, Beugung des Unterschenkels im Kniegelenk

(8) Unterschenkelmuskeln

vordere Gruppe:
– Vorderer Schienbeinmuskel
Ursprung: oberes Drittel der Schienbeinvorderseite
Ansatz: Fußinnenrand, Kahnbein, 1. Keilbein
Funktion: Heben des Fußes, Supination, Halten des Fußgewölbes („Antiplattfußmuskel").
– Lange Zehenstrecker
Ursprung: Vorderseite des Wadenbeines
Ansatz: Streckseite der Zehen, aufgeteilt in lange Sehnen
Funktion: Heben des Fußes und der Zehen
seitliche Gruppe:
– Wadenbeinmuskel
Ursprung: obere Hälfte des Wadenbeines

Ansatz: die lange Sehne zieht hinter dem Außenknöchel zunächst zum äußeren Fußrand, dann schräg durch das Fußgewölbe zur Unterseite des ersten Mittelfußknochens, die kurze Sehne endet am äußeren Fußrand
Funktion: Senkung des Fußes, Pronation des Vorfußes, Verwringung des Fußes. Bildet mit vorderem Schienbeinmuskel die „Muskelschlinge" der Fußsohle zur Stützung des Fußgewölbes

hintere Gruppe:

- Wadenmuskel (Zwillingswadenmuskel u. Schollenmuskel)
  Ursprung: Gegend der Kniekehle
  Ansatz: mit der Achillessehne am Fersenbeinhöcker
  Funktion: im oberen Sprunggelenk Senkung (Plantarflexion), im unteren Sprunggelenk Supination des Fußes (Maulschellenbewegung), Abstoßen des Fußes bei Lauf- und Sprungbewegung, Anheben des Körpers zum Zehenstand, in geringem Ausmaß auch Beuger im Kniegelenk
- Hinterer Schienbeinmuskel
  Ursprung: Rückseite des Schien- und Wadenbeines
  Ansatz: die Sehne zieht hinter dem Innenknöchel zur Mitte des Fußinnenrandes
  Funktion: Senkung und Supination des Fußes
- Lange Zehenbeuger
  Ursprung: Hinterseite des Waden- und Schienbeines
  Ansatz: die Sehnen ziehen hinter dem Innenknöchel zur Fußsohle und teilen sich dort auf in Sehnenzüge für jede Zehe.
  Funktion: Senkung des Fußes und der Zehen

(9) Fußmuskeln

- Kurze Zehenbeuger (Sohlenspanner)
  Ursprung: Fersenbein
  Ansatz: Zehen
  Funktion: Zehensenkung (Beugung), Verspannung des Fuß-Längsgewölbes

Somit besitzt der Fuß neben anderen vier kräftige Muskeln, die ihn um die quere Gelenkachse des oberen Sprunggelenkes *senken* (*beugen*), da sie mit ihren langen Sehnen hinter der Gelenkachse zu ihren Ansatzpunkten verlaufen:

- den Wadenmuskel
- den Wadenbeinmuskel
- den hinteren Schienbeinmuskel
- die langen Zehenbeuger

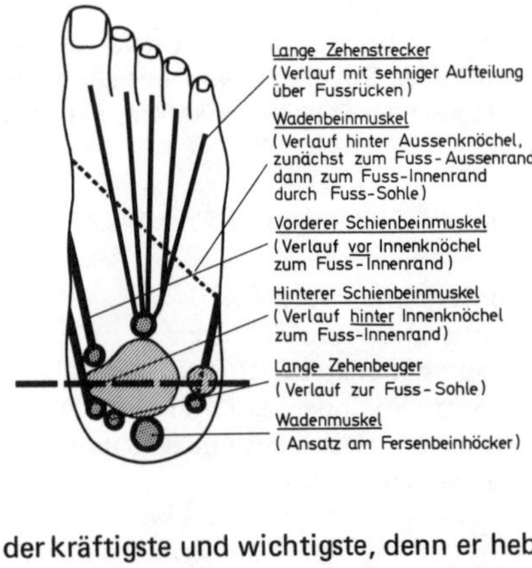

Abb. 25: Fußmuskulatur (schematischer Querschnitt durch den rechten Unterschenkel in Höhe des oberen Sprunggelenks mit Lagebezeichnung der Sehnen der Fußmuskeln einschließlich der Achse des oberen Sprunggelenks)

Von diesen vier Fußmuskeln ist der *Wadenmuskel* der kräftigste und wichtigste, denn er hebt den Körper entgegen der Schwerkraft beim Gehen und beim Sprung vom Boden ab. Da er gleichzeitig den Fuß um die schräg von vorn nach hinten verlaufende Gelenkachse des unteren Sprunggelenkes bewegt und dabei eine Supination des Fußes, d. h. Hebung des inneren Fußrandes bewirkt, ist er maßgeblich an der Aufrechterhaltung des Fußlängsgewölbes beteiligt.

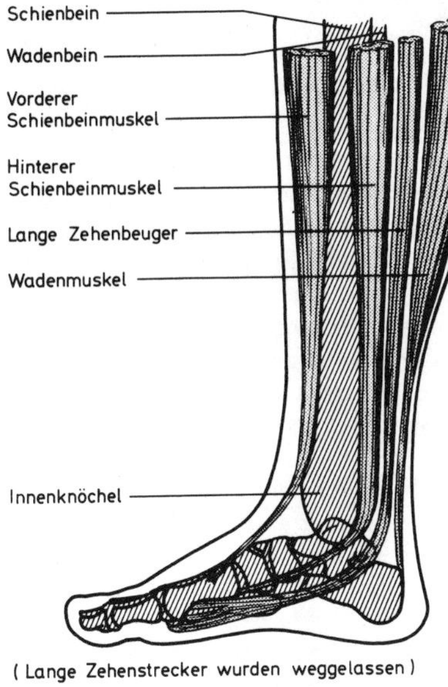

Abb. 26: Rechter Fuß von innen (mit Darstellung der Muskel- bzw. Sehnenzüge des Fußes)

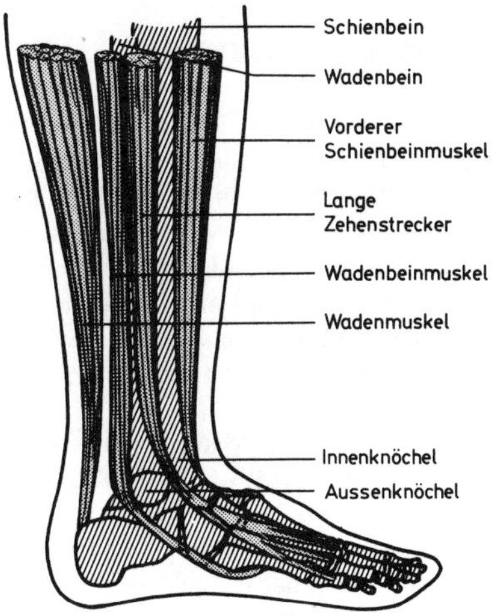

Abb. 27: Rechter Fuß von außen (mit Darstellung der Muskel- bzw. Sehnenzüge des Fußes)

Der *Wadenbeinmuskel* hat neben der Senkung des Fußes eine zweite wichtige Funktion: Infolge seines Verlaufes quer durch das Fußgewölbe und seines Ansatzpunktes an der Unterseite des inneren Fußrandes im Mittelfußbereich ist er in der Lage, den Vor- und Mittelfuß zu pronieren, d. h. den inneren Fußrand vorne zu senken und damit eine der Supinationsbewegung des übrigen Fußes entgegengesetzte Drehung im Vorfuß auszuführen.

Man bezeichnet diesen Vorgang der Supination im Rückfuß (durch Wadenmuskel) und Pronation im Vorfuß (durch Wadenbeinmuskel) als *Verwringung* des Fußes.

Hierdurch wird gewährleistet, daß der Rückfuß mit dem außenliegenden Fersenbein und der Vorfuß mit dem Köpfchen des ersten, innersten Mittelfußknochens der Unterlage fest aufliegt.

Zwei Muskeln des Fußes sind wesentlich an der *Hebung (Streckung)* des Fußes beteiligt:

- der vordere Schienbeinmuskel
- die langen Zehenstrecker.

Der vordere Schienbeinmuskel bewirkt infolge seines Ansatzes am inneren Fußrand gleichzeitig die Aufrechterhaltung des Fußlängsgewölbes und wird daher bezeichnenderweise als „Antiplattfußmuskel" angesehen. Zusammen mit dem Wadenbeinmuskel bildet er die sog. Muskelschlinge der Fußsohle, in der diese wie in einem Steigbügel ruht. Dadurch wird die Stützung des Fußlängsgewölbes vervollständigt.

Die Fußsohle wird überspannt von einer teils aus Muskeln, teils aus Sehnen (darunter Sehnen der langen Zehenbeuger) zusammengesetzten breiten Sohlenplatte, die vom Fersenbein entspringt und mit Zipfeln gegen die Zehen hin ausstrahlt (kurze Zehenbeuger oder Sohlenspanner). Sie dient der Verspannung des Längsgewölbes des Fußes und schützt zusammen mit Binde- und Fettgewebe die Weichteile des Fußes vor Druck und Belastung. Gleichzeitig beugen ihre Muskelanteile Zehen und Mittelfuß und unterstützen damit die Aufrechterhaltung des Fußgewölbes.

1.3. Störungen am Halte- und Bewegungsapparat

1.3.1. Einführung in die Thematik

Das Vorhandensein und die Zunahme von Haltungsschwächen bei zahlreichen Kindern und Jugendlichen ist der Öffentlichkeit in den letzten Jahren in steigendem Maße bewußt geworden. Die Tatsache, daß diese Erscheinungen bzw. ihre ersten Anzeichen immer häufiger schon vor Schulbeginn — im Kleinkindalter — auftreten, muß als bedrohlich und bedenklich angesehen werden.

Haltungsschwächen lösen oft eine ganze Kette von weiteren Entwicklungs- und Leistungsstörungen aus, die nachweisbar zu erheblichen Beeinträchtigungen der Gesundheit führen können. Unsere Aufgabe muß daher ebenso in einer Vorbeugung wie in der Besserung bereits vorhandener Schwächen liegen, um einer unheilvollen Entwicklung beim wachsenden Organismus rasch und wirksam entgegenzutreten.

Problematisch ist, daß bei der Begriffsbestimmung „Haltungsschwäche" erhebliche Schwierigkeiten aufgetaucht sind. Bei ihrer Abgrenzung gegenüber den krankhaften Erscheinungen des „Haltungsschadens" und der Formveränderungen des Skeletts wird immer wieder auf die Möglichkeit der Fehldiagnose hingewiesen, besonders wenn es darum geht, vom Laien eine Beurteilung zu erwarten, wie es ja in der Praxis häufig genug der Fall sein wird. Die exakte Begriffsbestimmung ist daher eine vorrangige Aufgabe. Sie muß rasch gelöst werden, um die recht unterschiedlichen Häufigkeitsangaben beim Vorliegen von Haltungsschwächen, wie sie uns im Augenblick noch irritieren, zugunsten genauerer Zahlen zu beseitigen.

Zum Verständnis der Haltungsschwäche, ihrer Erkennung und Beseitigung, zunächst einiges zu ihrer Bedeutung und Entstehung:

Mit der Entwicklung zum heutigen Menschen wurde die Harmonie zwischen Organismus und seiner Umwelt aufgelöst, eine ursprüngliche Ausgewogenheit, die in langdauernden Wandlungen entwickelt wurde und jedem Lebewesen, jeder Art, eine optimale Entfaltung in seinem Lebensraum ermöglichte.

Als einziges Lebewesen schuf sich der Mensch seine Umwelt selbst, die mangelhaft bleiben mußte, weil ihr vielfach Bedingungen zugrunde lagen, die die natürlichen Entwicklungsreize nicht zur vollen Entfaltung kommen ließen. Vor allem in den letzten 50 Jahren unserer technisierten Zivilisation nahmen Maschinen in wachsendem Ausmaß schon dem jungen Menschen nahezu jede körperliche Arbeit ab, weitgehend sogar die eigene Fortbewegung. Mangelhafte funktionelle Beanspruchung aber führte im Laufe der Zeit zur Verkümmerung und Leistungsschwäche einzelner Organe.

Gleichzeitig stellte das Hauptkriterium des Menschen, der aufrechte Gang — im Zusammenhang mit der Fortentwicklung des Gehirnes — Aufgaben an den menschlichen Organismus, die in seiner Entwicklungsgeschichte eine Umstrukturierung der Körperform und Aufgabe erforderten.

Von den vielen Umgestaltungen sollen hier nur einige — die für die Haltungsschwächen verantwortlichen — erwähnt werden:

- die Entwicklung des Fußgewölbes
- die natürlichen Krümmungen der Wirbelsäule, als Folge der Belastung durch den aufrechten Gang, mit dem Zweck der besseren Abfederung.

Diese Umgestaltungen aber wurden zugleich zu besonderen Gefahrenpunkten. Solange die menschliche Lebensweise auch nur annähernd natürliche Bedingungen bot und die Umwelt in der körperlichen Entwicklung allmählich und angepaßt gesteigerte Reize setzte (Barfußlaufen auf federndem Untergrund, unmittelbare Anpassung an die natürlichen Gegebenheiten, genügend Licht, Luft, Bewegung), die zur Ausbildung eines intakten Stütz- und Bewegungsorganes führten, waren Schwächen und Schäden dieses Gewebes kaum oder nur in ganz geringem Umfange zu beobachten.

Mit fortschreitender Zivilisation kam es hier jedoch allmählich zu entscheidenden Veränderungen:

Aus der Fortbewegung auf dem harten, unnachgiebigen Boden unserer Städte resultierte eine Überbelastung des Fußes, dem er seinem Bau nach nicht gewachsen war. Und im Zusammenhang mit dem zwangsweisen Tragen von oftmals völlig ungeeignetem Schuhwerk geriet die Muskulatur des Fußes in einen Verkümmerungszustand, der ihre Leistungsfähigkeit erheblich herabminderte.

Noch verhängnisvoller wirkten sich die Zivilisationseinflüsse auf die Wirbelsäule aus. Der allgemeine Bewegungsmangel bei häufig sitzender und nicht mehr die intensive Muskelarbeit beanspruchender Tätigkeit ließ die so notwendigen Entwicklungs- und Erhaltungsreize des Stütz- und Bewegungsapparates zurücktreten. Gerade an der Wirbelsäule wird die zunehmende Bewegungsarmut durch Nichtgebrauch dafür verantwortlich gemacht werden müssen, daß der Band- und Muskelapparat verkümmerte und Belastungen nun nicht mehr in ausreichendem Maße gewachsen ist. Die Wirbelsäule wurde damit zum bevorzugten Ort der Haltungsstörung, die sich zunächst als *Haltungsschwäche* zeigt und sich später als *Haltungsschaden* irreparabel verstärken kann.

Die durch Gebrauchsschwäche entstandene Haltungsschwäche scheint sich im Laufe mehrerer Generationen als Minusvariante manifestiert zu haben, so daß das Auftreten ererbter Dispositionen zur Entstehung von Fehlhaltungen bei einem Teil der Jugendlichen nicht von der Hand gewiesen werden kann. Bei ihnen kommen dann zusätzlich Bewegungsmangel, unzureichender Schlaf, ständige Reizüberflutung unphysiologischer Art und andere negative Zivilisationseinflüsse hinzu mit der Folge, daß die vorhandenen Schwächen sich erneut verstärken und weiter manifestieren werden.

Als weiterer Gesichtspunkt für die Belastungen durch die Umwelt darf nicht unerwähnt bleiben, daß wir die Kinder gerade zu einem Zeitpunkt in die Schule zwingen, wo eine ungestörte natürliche Entwicklung am notwendigsten wäre: zur Zeit der Wachstumskrise des ersten Gestaltwandels. In dieser, für die körperliche Entfaltung so entscheidenden Phase halten wir die Kinder aber über Stunden in unnatürlicher, sitzender Dauerhaltung fest, ohne wirklich ausreichende Pausen, die zum körperlichen Ausgleich unerläßlich wären. Es gibt allerdings bereits Schulmodelle in der Erprobung, bei denen Gymnastikpausen während des Unterrichts vorgesehen sind.

Die zahlreichen anderen negativen Zivilisationseinwirkungen unseres technisierten Zeitalters, für die der menschliche Organismus und vor allem der kindliche und jugendliche Körper gar nicht angelegt ist und dem er sich offensichtlich auch nicht in genügendem Maße anpassen kann, wirken zusätzlich auf dieses Geschehen der Schwächung des Stütz- und Halteapparates ein.

Wenn es uns in dieser Situation nicht gelingt, die unnatürlichen und schädlichen Gewohnheiten einzuschränken, die Freude an der Bewegung und an der Körperbeherrschung zu fördern, dann geraten unsere Jugendlichen mit Sicherheit in einen Massenschaden, aus dem es dann kaum mehr ein Zurück gibt.

Schon jetzt zeigen sich bei den Musterungen der Geburtsjahrgänge 1941 bis 1945 bei rund 35 % Formveränderungen der Wirbelsäule und bei rund 71 % Schäden an den Füßen.

Es kommt hinzu, daß unmittelbare Korrelationen zwischen Haltungsschwächen und Organleistungsschwächen bestehen, insbesondere auf dem Gebiet der Herztätigkeit, des Kreislaufes und der Atmung. Auf diese Wechselwirkungen — und hier vor allem auf die ursächliche Bedeutung von Rumpfschwächen mit ihren Beweglichkeitseinschränkungen für Atembreite und Durchblutungsverhältnisse — wird an anderer Stelle eingegangen werden.

Hier nur einige vorweggenommene Gesichtspunkte:

Die häufigsten Formen der Rumpfschwäche sind der Totalrund- bzw. Hohlrundrücken. Meist sind diese Formen noch kombiniert mit der nach vorne hängenden Schulter; somit wird der Brustkorb allmählich in eine Ausatmungsstellung hineingepreßt, bei der eine genügende Einatmung unmöglich ist, die Atembreite sinkt und der Organismus bei Belastung zur unzweckmäßigen, schnellen und flachen Form der Atmung gezwungen wird. Das aber bedeutet mangelhafte Sauerstoffsättigung des Blutes und zunehmende Leistungsminderung.

Oder: eine mangelhafte Kapillarisierung der Muskulatur des Haltungsschwächlings mit seinem Bewegungsmangel wird die rasch entstehende erhöhte Sauerstoffschuld im Muskel nicht ausreichend genug abtragen können. Es werden sogenannte Ermüdungsstoffe entstehen, die sich im ganzen Organismus anreichern. Diese Belastung des Organismus macht sich z.B. durch Atemnot, Herzklopfen und Muskelschmerzen bemerkbar und zwingt den Körper, die Arbeitsleistung vorzeitig zu beenden.

Es ergeben sich aus solchen Beispielen die unmittelbaren Zusammenhänge zwischen Muskel- und Organleistung und damit auch zwischen Muskel- (Haltungs-) schwäche und Organleistungsschwäche. Beide können nebeneinander bestehen und eins das andere bedingen. Sie sind oftmals im Gesamtbild gar nicht mehr zu trennen, und in dieser Kombination treten sie uns heute bei vielen Kindern in bedenklichem Ausmaß vor Augen. Es handelt sich dabei um einen Komplex von Leistungs- und Funktionsschwächen, die nahezu alle Bereiche des Organismus umfassen und damit das Kind zum allgemeinen Leistungsschwächling werden lassen, das den Anforderungen nicht mehr gewachsen ist und damit in seiner späteren Entfaltung schwer behindert sein wird.

Wir müssen uns ferner vergegenwärtigen, daß beim Heranwachsenden oftmals noch nervöse und psychische Störungen hinzukommen, die von vornherein als solche bestehen oder aber als Folge körperlicher Schwäche in Erscheinung treten. Daß die geschilderten negativen Zivilisationseinflüsse, wie sie heute den Jugendlichen treffen, direkte Auswirkungen auf Nervensystem und psychische Verfassung haben, steht außer Frage. Zunahme von nervösen Störungen allgemein und Koordinationsschwächen im besonderen legen dazu ein allzu deutliches Zeugnis ab.

Psychische Störungen lassen sich jedoch auch aus schon bestehenden Haltungsschwächen ableiten, denn „Haltung" in ihrer Endausprägung ist ja nicht nur ein Zeichen für die körperliche Intaktheit sondern im Gesamterscheinungsbild dann zumeist auch zum Spiegel der inneren Verfassung geworden. Wenn das Kind nicht mehr in der Lage ist, bei vorliegenden Haltungsschwächen seinen Körper zu beherrschen, wird es zwangsläufig in seiner Gemeinschaft zum Außenseiter werden, der sich nicht mehr mit den anderen messen kann und darum abseits steht, so daß zur körperlichen Schwäche nun noch die psychische Hemmung und die Furcht vor dem Versagen hinzutritt (Erfolgszwang). Das Unvermögen wird damit zur Kapitulation vor sich selbst und vor der Umgebung und legt die Grundlagen für jene Fehlverhaltensweisen und Erziehungsschwierigkeiten, mit denen wir es in wachsendem Ausmaß bei Kindern und Jugendlichen zu tun haben.

Berücksichtigt man diese Erkenntnisse und Erfahrungen, so erhebt sich die Frage, wie diesen Schwächen — und hier zunächst den Haltungsschwächen als mutmaßlich negativer Ausgangsfaktor — am besten entgegenzuwirken sei.

Mit Ermahnungen der Eltern ist es nicht getan, denn so wichtig auch die Mitwirkung des Elternhauses bei der Haltungserziehung sein mag, so bedarf es doch noch weiterer Helfer, um den wachsenden Fehlentwicklungen wirksam entgegentreten zu können.

Kindergärten und Schulen erwiesen sich dabei naturgemäß als die geeignetsten Institutionen, da hier alle Kinder und Jugendlichen zu planmäßiger Erziehung zusammengefaßt sind und nur auf diese Weise die notwendige Breitenarbeit gewährleistet sein kann.

Dies aber erfordert eine entsprechend gründliche Unterrichtung, Ausbildung und Bereitstellung von verantwortungsbewußten Lehrkräften, die in der Lage sind, solche Schwächen rechtzeitig zu erkennen und ihnen richtig entgegenzutreten.

Schon die Abgrenzung der Begriffe „Haltungsschwäche" — „Haltungsschaden" birgt ja einige Schwierigkeiten, die nur durch sorgfältiges Erlernen und Beobachten der ihnen zugrunde liegenden körperlichen Vorgänge ausgeräumt werden können.

1.3.2. Begriff der Haltung

Als „Haltung" bezeichnet man die vom Organismus selbst gehaltene Stellung. *Die gute Haltung ist die Ausgewogenheit zwischen der eigenen Spannkraft und der auf den Körper einwirkenden Schwerkraft.*

Überwiegt die Schwerkraft, dann sinkt der Körper — grob gesagt — in sich zusammen, es kommt zur schlechten Haltung und als weitere Folge zur Haltungsschwäche.

Der gesamte aktive und passive Bewegungsapparat (Muskel, Bänder, Sehnen, Knorpel, Knochen) kann bei diesem Vorgang mehr oder weniger betroffen sein.

Dabei ist zu beachten, daß die Haltung nicht etwa nur ein statischer Begriff ist, d. h. die Form des Körpers in der aufgerichteten Stellung, sondern *die Körperhaltung steht in engster Beziehung zur Bewegung*. Schon die Einnahme der aufgerichteten Haltung ist Bewegung, und in jeder einzelnen Phase dieser Aufrichtung ist eine ständige Auseinandersetzung mit der auf den Körper in wechselnder Weise einwirkenden Schwerkraft notwendig. Es gibt deshalb nicht nur *eine* bestimmte Haltung, sondern zahlreiche Haltungsmöglichkeiten ein und desselben Körpers, die entgegen der Schwerkraft in verschiedenen Bewegungsphasen jeweils eingenommen werden können.

Die aufgerichtete Stellung des Menschen bringt es mit sich, daß die gelenkige Gliederkette des Körpers sich in einem ständig labilen Gleichgewicht befindet, wobei der *Körperschwerpunkt* dicht oberhalb der durch beide Hüftgelenke gedachten Querachse, der *Schwerpunkt des Oberkörpers* dicht vor der Wirbelsäule in Höhe der Brustwarzen gelegen ist. Der Körper hat damit die Tendenz, mit seinen einzelnen Gliedern abzukippen und muß deshalb ununterbrochen muskuläre Ausgleichsbewegungen vornehmen, die den Schwerpunkt über der Unterstützungsfläche (beide Füße) sichern und das Gleichgewicht einstellen.

Die Haltung muß darüberhinaus von Zeit zu Zeit geändert werden, weil ein Verharren in ein und derselben Stellung sehr bald zur Ermüdung des Halteapparates führt und ein Wechsel der Haltung

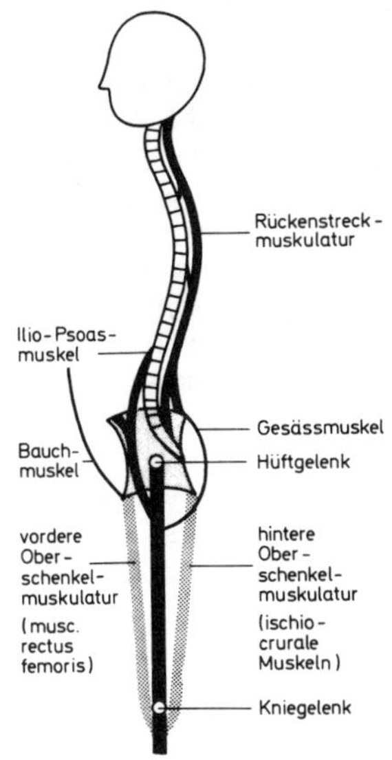

Abb. 28: Haltemuskulatur der Gliederkette Oberschenkel – Beckengürtel – Rumpf

auch aus diesem Grunde erforderlich wird. Bei längerem Verharren in aufrechter Stellung ermüdet zuerst die Rückenstreckmuskulatur. Wenn diese aktive Haltearbeit nachläßt, sinkt der Rumpf in kyphotischer Stellung leicht zusammen, d.h. die Krümmung im Brustbereich der Wirbelsäule verstärkt sich, wodurch der Rumpfschwerpunkt nach vorne verlagert wird. Der Körper würde nach vorne fallen, wenn nicht die Bänder der Wirbelsäule, vor allem ihre hinteren Längsbänder, passiv die Haltearbeit mitübernehmen würden. Im Laufe der Zeit zeigen sich jedoch auch an den Bändern Lockerungserscheinungen, sie dehnen sich stärker, so daß jetzt der Halteapparat durch eine regelrechte Verlagerung der Wirbelsäule entlastet werden muß (siehe unter Ruhehaltung).

Die für die Haltung notwendigen aktiven muskulären Leistungen werden in Gang gesetzt und gesteuert durch im einzelnen sehr komplizierte nervöse Vorgänge der Erregungsbildung und Koordination, wobei teils willkürliche, teils unwillkürliche Bewegungsmechanismen eingreifen und in ihrer Summe die Motorik und Haltung des Menschen bestimmen. Näheres auch im Kapitel 3 (Koordination). Sie gelangen in der Regel nicht in unser Bewußtsein, sondern werden relfektorisch gesteuert, obwohl uns auch ein Teil der Vorgänge bewußt werden kann und wir damit nicht gänzlich unverantwortlich für das Gesamtbild der Haltung sind, mit der wir der Umwelt bewußt gegenübertreten. Insbesondere sind wir in der Lage, innerhalb eines gewissen gegebenen Spielraumes die Haltung willkürlich anzuspannen (aktive Haltung) oder zu entspannen (Ruhehaltung).

Weiterhin ist die Haltung beeinflußbar von psychischen Vorgängen. Wenn wir im allgemeinen Sprachgebrauch von einem Menschen sagen: „Er hat Haltung" oder „Er ist haltlos", so meinen wir damit nicht seine körperlichen, sondern vielmehr seine seelischen, ja charakterlichen Eigenschaften. Es liegt darin ein Doppelsinn des Wortes „Haltung", der insofern berechtigt ist, als zumeist der innere Zustand dem äußeren gleicht; jedoch sind die Zusammenhänge oftmals sehr schwierig zu erkennen und durchaus auch nicht die Regel. Unmittelbare Einwirkungen sind nicht von der Hand zu weisen, denn freudige Ereignisse und fröhliche Stimmung wirken sich in positivem Sinne auf die Haltung aus, während Trauer und Depression sie eher niederdrücken und ein Absinken des Muskeltonus und eine Verschlechterung der Haltung hervorbringen. Das Ausmaß dieser Einwirkungen aber ist sehr stark vom Willen und der charakterlichen Veranlagung des Menschen abhängig.

1.3.3. Entwicklung der aufrechten Haltung

Die aufrechte Haltung des Menschen und ebenso die physiologischen Krümmungen der Wirbelsäule sind bei der Geburt noch nicht vorhanden. Vor allem fehlen noch die lordotischen Krümmungen im Hals- und Lendenbereich, die Wirbelsäule ist zunächst nahezu gestreckt oder läßt eine nur leichte

Kyphose im Brustteil erkennen. Dazu kommt eine ausgeprägte Beugung in den Hüft- und Kniegelenken und im Ellenbogengelenk.

Erst im Laufe der Entwicklung vom Kinde zum Erwachsenen vollzieht sich in aufeinanderfolgenden Wachstumsphasen die volle Aufrichtung des Körpers. Dabei entsteht die endgültige Form der Wirbelsäule mit ihren individuellen Krümmungsschwankungen, die Streckung in den Hüft- und Kniegelenken und ebenso die charakteristische Haltung des Menschen als aktive Leistung seines Bewegungsapparates. Diese Entwicklung geht in bestimmten, zeitlich getrennten Wachstumsschüben vor sich, die von jedem Menschen, mehr oder weniger stark ausgeprägt, durchlaufen werden. Die Wachstums- bzw. Reifungsphasen stellen zugleich Zeitabschnitte erhöhter Reizempfindlichkeit auf äußere und innere Lebensbedingungen dar, die gerade für die Haltungsentwicklung von entscheidender Bedeutung sind. Viele Störungen der Ausbildung und Stabilisierung der Haltung haben ihren Ursprung in einer mangelhaften Regulierung oder in einer Fehlbelastung während der krisenhaften Wachstumsphasen mit ihren biologischen Umstellungsvorgängen im gesamten Organismus.

Nach *Zeller* lassen sich folgende Entwicklungsphasen unterscheiden:

- die Kleinkindphase (bis 5. Lebensjahr)
- die Phase des ersten Gestaltwandels (5.–7. Lebensjahr)
- die vorpuberale Phase (7.–11. Lebensjahr)
- die Phase des zweiten Gestaltwandels (11.–13. Lebensjahr)
- die Pubertätsphase.

In der *Kleinkindphase*, die den Zeitraum bis etwa zum fünften Lebensjahr umfaßt, beginnt der Vorgang der Aufrichtung des Körpers, worunter zunächst die Entwicklung vom bewegungsmäßig hilflosen Körper zum allmählich sich aufrichtenden, stehenden und gehenden Kind zu verstehen ist. Sie ist charakterisiert durch eine Streckung in den Hüftgelenken und durch eine Aufrichtung des Beckens, das bis dahin nach vorne gekippt war und in dieser Stellung durch eine ständige Anspannung der Gesäßmuskulatur gehalten wurde. Mit der Aufrichtung des Beckengürtels und damit der Wirbelsäule ist die allmähliche Herausbildung der physiologischen Krümmungen der Wirbelsäule eng verbunden.

In der *Phase des ersten Gestaltwandels,* die sich um das fünfte bis siebte Lebensjahr abspielt, vollzieht sich infolge beschleunigten Wachstums der Gliedmaßen und des knöchernen Rumpfes eine Streckung der gesamten Gestalt. Das Dickenwachstum des Körpers tritt demgegenüber vorübergehend zurück. Die Aufrichtung des Beckens und die Bildung der normalen Wirbelsäulen-Krümmungen wird vollendet. Erst von diesem Zeitpunkt an ist der Körper in der Lage, eine Ruhehaltung mit Entlastung der Muskulatur durch entsprechende Verlagerung der Wirbelsäule einzunehmen. Wenn der Vorgang der vollen Streckung in den Hüftgelenken sich nur mangelhaft vollzieht, bleibt die Entwicklung zur harmonischen Krümmung der Wirbelsäule unvollkommen; es resultieren eine stärkere Lordosierung der Lendenwirbelsäule und als Kompensation die vermehrte Kyphose der oberen Rumpfhälfte, woraus bereits anatomisch der Keim zum Entstehen von Haltungsschwächen gegeben ist. Schon das Ausbleiben der Aufrichtung beinhaltet eine Minderung der Qualität und Verzögerung der Reifungsentwicklung der Muskulatur des Rumpfes. Tritt nun in der Zeit des ersten Gestaltwandels eine Diskrepanz zwischen Knochenwachstum und Muskelwachstum zuungunsten der Muskulatur hinzu, so wird verständlich, daß gerade diese Wachstumsperiode eine krisenhafte Phase der Haltungsentwicklung darstellt und sich Haltungsschwächen besonders jetzt einstellen oder bemerkbar machen.

Im Anschluß an den ersten Gestaltwandel, in der Phase des wiedereintretenden Dickenwachstums, die sich an die „erste Streckung" anschließt, kommt es zu keiner wesentlichen Beeinflussung der Haltung. Diese Phase liegt vor der Pubertät und wird daher als *vorpuberale Phase* bezeichnet. Die Entwicklung verläuft ruhiger und weniger störungsanfällig, das Wachstum geht mit einer stetigen Kräftigung des Halte- und Bewegungsapparates einher, und es kommt zu keinen auffälligen Verschiebungen der Körperproportionen. Eine Zunahme von Haltungsschwächen wird daher in diesem Zeitabschnitt kaum beobachtet.

Eine erhebliche Änderung der Verhältnisse tritt erneut in der *Phase des zweiten Gestaltwandels, mit Beginn der Pubertät* (bei Jungen zwischen 11 1/2 und 13 Jahren, bei Mädchen zwischen 10 1/2 und 12 Jahren) ein. Durch ein ausgeprägtes Längenwachstum der Extremitäten, dem der Rumpf nicht in gleichem Maße nachkommt, entstehen, ähnlich wie in der Zeit des ersten Gestaltwandels, Disproportionen der Gestalt, die sich unmittelbar auch auf den Haltungsaufbau auswirken. Das Mißverhältnis zwischen dem Wachstum der verschiedenen Gewebearten führt vor allem zu einer Überlastung des Stütz- und Bewegungsapparates, wodurch sich auch in dieser Phase wieder vermehrt Schwächen im Haltesystem ausbilden können.

Der Beginn der Pubertät liegt bei Mädchen früher. Ihr Wachstumsschub setzt bereits mit 10 1/2 Jahren ein. Er verläuft wesentlich stetiger und anscheinend auch kürzer als bei Jungen. Die Skelettreifung wird früher abgeschlossen, Längenwachstum und Breitenwachstum laufen nebeneinander her, so daß sich Disproportionen in der Gestalt in geringerem Maße bemerkbar machen.

Mit dem Eintreten des *2. Stadiums der Pubertät,* gekennzeichnet durch das Einsetzen von Pollutionen und Menstruation, läßt das Wachstum wieder erheblich nach, und die Gefahren für das Entstehen von Haltungsschwächen gehen zurück. Die Disharmonien der Gestalt schwinden, die Wachstumsfugen des Skeletts schließen sich allmählich, die Muskulatur wird kräftiger, der Halteapparat stabilisiert sich. Mit etwa 17 Jahren ist die Ausbildung des Gesamttypus beendet.

Von außerordentlicher Bedeutung für die Beurteilung der Entwicklungsvorgänge und zugleich des Leistungsvermögens des Kindes und Jugendlichen ist das Phänomen der *Akzeleration.* Seit einigen Jahrzehnten kann festgestellt werden, daß das Wachstum, einschließlich der geschlechtlichen Reifung, bei nahezu der gesamten Jugend beschleunigt verläuft und sich gegenüber früher eine Vorverlegung des Reifungsgeschehens vollzogen hat. Schon das Neugeborene ist heute größer und schwerer, der beschleunigte Entwicklungsverlauf setzt sich im Kleinkindalter fort, um in der Pubertätsphase besonders deutlich hervorzutreten.

Die Ursachen dieser Akzeleration sind sehr mannigfaltig und keinesfalls schon eindeutig geklärt. Die wesentlichen Gründe scheinen in der Reizüberflutung, Verstädterung, Änderung der Ernährungsweise (Zunahme des Eiweißverbrauches) sowie der sozialen und wirtschaftlichen Verhältnisse zu liegen.

Die umgekehrte Erscheinung, die verzögerte Entwicklung, bezeichnet man als *Retardation.* Sie macht sich in Notzeiten generell bemerkbar, kann aber auch bei einzelnen Kindern und Jugendlichen, etwa infolge psychischer Verarmung durch Hospitalisation oder auf Grund anderer immaterieller Faktoren, individuell auftreten.

Die hier nur kurz skizzierten Entwicklungserscheinungen — Gestaltwandel und Akzeleration — schwanken in Zeit und Form erheblich, so daß eine große Variationsbreite des Entwicklungstempos innerhalb einer Altersstufe zustandekommt. Sie muß berücksichtigt werden, um Gestalt, Haltung und Leistungsvermögen von Früh- oder Spätentwicklern innerhalb einer Altersgruppe richtig beurteilen zu können.

1.3.4. Begriff der Haltungsschwäche

Aufgabe des aktiven und passiven Halteapparates ist es, der Wirkung der Schwerkraft entgegenzuarbeiten. Gelingt das nicht in ausreichendem Maße, kommt es im Erscheinungsbild zur schlechten (Ermüdungs-, Erschöpfungs-) Haltung und in ihrer dauernden Auswirkung zur Haltungsschwäche.

Voraussetzung für den Begriff der Haltungsschwäche ist, daß keine Formveränderung oder Erkrankung des Knochens und keine krankhafte Einschränkung der Gelenkbeweglichkeit besteht, denn dann würde die Haltungsstörung sich weit stärker bemerkbar machen und vor allem nicht mehr ohne weiteres ausgleichbar sein.

Bei der Haltungsschwäche handelt es sich allein um eine Funktionsschwäche des Halteapparates, die hinsichtlich der Haltung noch voll ausgleichbar ist und nicht um eine bereits organische, strukturelle, nicht mehr aktiv aufrichtbare Veränderung mit echtem Krankheitswert.

Diese weitverbreitete Schwäche des aktiven und passiven Halteapparates wird hervorgerufen durch den Mangel an natürlichen Entwicklungsreizen, wie Licht, Luft, Bewegung, innerhalb der negativen Zivilisationseinflüsse. Dazu kommt allerdings in vielen Fällen eine ererbte Disposition.

Unsere Aufgabe muß es also sein, diese ungünstigen Einwirkungen soweit wie möglich zu verhindern und bei der Gruppe von Kindern und Jugendlichen, die zur Haltungsschwäche neigen und bereits Anzeichen dazu aufweisen, durch gezielte Übungen und vermehrtes Training einem Fortschreiten des Prozesses Einhalt zu gebieten.

Die reine Haltungsschwäche ist erkennbar daran, daß diese Kinder zwar aus ihrer fehlerhaften Haltung aufrichtbar sind, die Aufrichtung aber nicht längere Zeit durchhalten können und bald wieder in ihre sog. Ruhehaltung, als Dauerhaltung, zurücksinken.

Als Test hierfür läßt man in Verdachtsfällen eine aktive Haltung einnehmen und dazu beide Arme in die Vorhalte bringen. Kann diese Stellung nicht länger als 25 bis 30 sec aufrechterhalten werden und sinkt der Körper bereits vorher wieder in die Ruhehaltung zurück, so ist die Annahme berechtigt, daß es sich um eine Haltungsschwäche handelt (Haltungsleistungstest nach MATTHIASS).

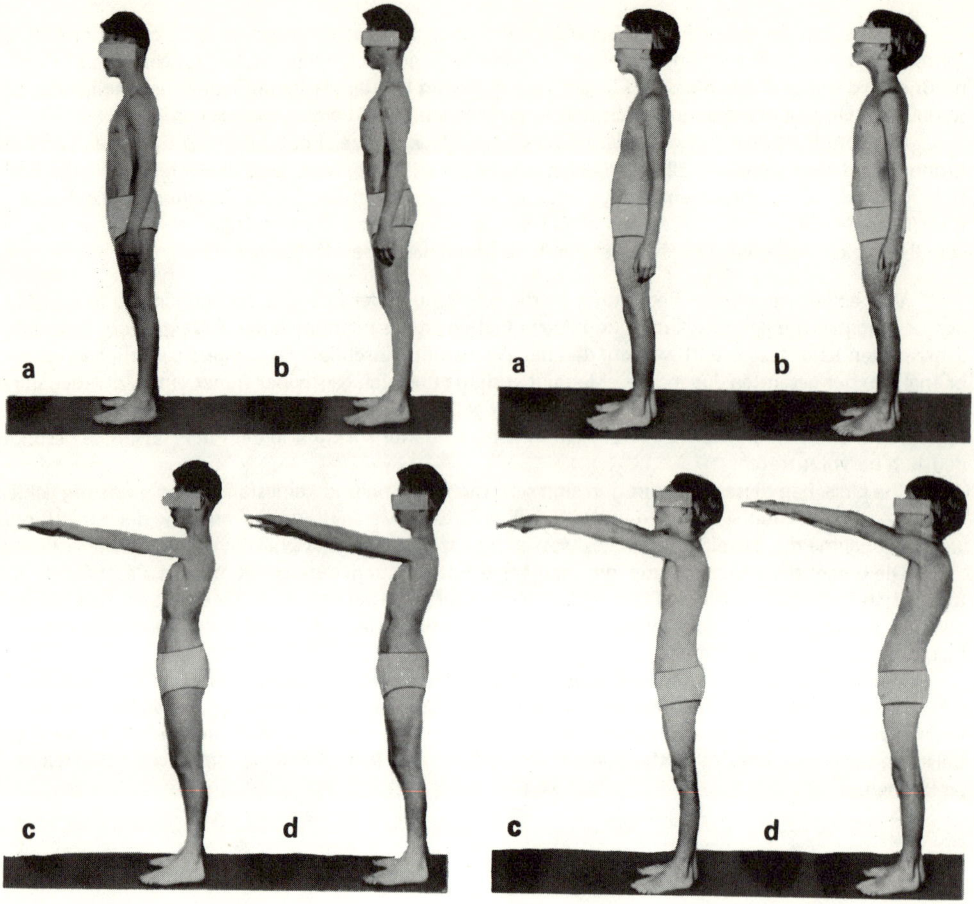

Abb. 29: Haltungsleistungstest (nach MATTHIASS)

a: habituelle Haltung
b: aktive, aufgerichtete Haltung
c: Beginn der Armvorhalte
d: nach 30 Sekunden

1.3.5. Begriff des Haltungsschadens

Zu einem Fortschreiten des Prozesses kann es kommen, wenn durch zunehmende Fehlbelastung und Schwerpunktverschiebung, durch stärkere Verkürzung und Dehnung des Halteapparates (Muskeln und Bänder) der ursprünglich noch aktiv ausgleichbare Zustand nur noch passiv zu beheben ist bzw. sich gänzlich fixiert. Es werden dann *dauernde* Fehlstellungen des Skeletts die Folge sein, die vor allem beim wachsenden Organismus den *nicht mehr aktiv aufrichtbaren Haltungsschaden* mit seinen strukturellen Veränderungen des Stütz- und Bewegungsapparates entstehen lassen.

Diese Kinder bedürfen dann ebenso wie die primär durch knöchnerne Wirbelerkrankung entstandenen *Formveränderungen* der Wirbelsäule (z.B. Scheuermann'sche Krankheit) der medizinisch orthopädischen Behandlung. Jedoch *muß* eine krankhafte Formveränderung des Knochens nicht unbedingt mit einer Haltungsschwache oder einem Haltungsschaden einhergehen, wenn es auch zumeist der Fall sein wird. Wenn bei einer echten krankhaften Kyphose der Brustwirbelsäule ein kräftiger Brustkorb und eine leistungsfähige Rumpf- und Bauchmuskulatur vorhanden ist, so handelt es sich um eine Formveränderung der Wirbelsäule, ohne daß man hierbei von einer Haltungsschwäche oder einem Haltungsschaden sprechen kann. Die Begriffe Formveränderung der Wirbelsäule und Haltungsschwäche bzw. -schaden sind also sorgfältig voneinander zu trennen, Form und Leistung deutlich zu unterscheiden.

1.3.6. Körperformen und Rückenformen

Bei den bisherigen Darlegungen wurde stets die sog. aufrechte Haltung des Körpers als Maßstab zugrunde gelegt. Für sie gilt als eine Art Richtschnur die Körperhaltung des gesunden, erwachsenen Menschen, die wir im allgemeinen als die „normale Haltung" bezeichnen.

Innerhalb dieser Norm weist die Körperhaltung die beschriebenen graduellen Unterschiede auf. Je nach der gerade vorhandenen Schwerpunktlage, je nach der im Augenblick stattfindenden Auseinandersetzung mit der Schwerkraft, gibt es darin einen Bereich, der von einer Art entspannter Haltung (Ruhehaltung) bis zur vollen Straffung des Körpers (aktive Haltung) reicht. Innerhalb dieses Bereiches wird man die Haltung als normal bezeichnen können.

Eine solche Abgrenzung des Normalbereiches nach oben oder unten bezieht die anlagebedingte konstitutionelle Verfassung mit ein, die u.a. das äußere Bild des Körpers bestimmt. Als solche konstitutionelle Gegebenheiten verstehen wir:

(1) die *anlagebedingte Körperform* des Menschen, wie sie sich in drei wichtigen Typen (nach Kretschmer) dokumentiert:
- im muskulären Typ (athletischer Typ) mit kräftigem, harmonischem Körperbau und gut entwickelter Muskulatur,
- im leptosomen (asthenischen) Typ, dem schlanken hageren Menschen, der zu Magerkeit infolge Fehlens des Muskel- und Fettpolsters neigt,
- im pyknischen Typ mit seinem gedrungenen, zur Fülle neigenden Körperbau und seinen kurzen, muskelschwachen, rundlichen Gliedmaßen.

Innerhalb dieser drei Typen gibt es zahlreiche Überlagerungen und für jeden dieser Typen den Normalbereich der Haltung zwischen Entspannung und Straffung.

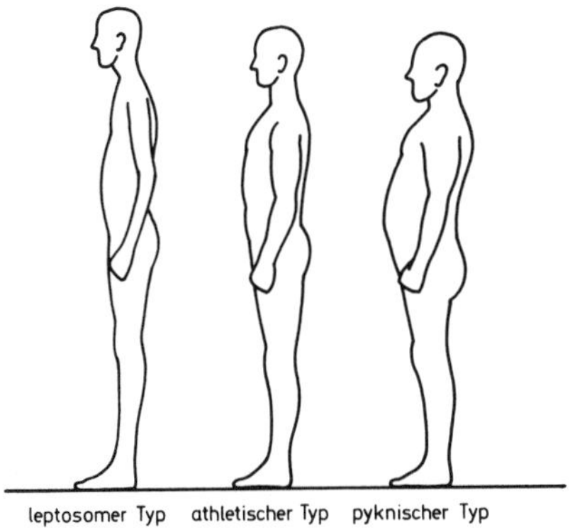

Abb. 30: Körperformen als Konstitutionsvarianten

(2) die *anlagebedingte Rückenform,* deren Entstehung in enger Beziehung zur Ausreifung des Skeletts steht und sich erst vom vierten bis sechsten Lebensjahr an mit der Entstehung der physiologischen Krümmungen der Wirbelsäule herauszubilden beginnt. Hier kennen wir folgende Einteilung (nach Staffel):
- den *harmonischen (normalrunden) Rücken* mit normaler Brustkyphose und Lendenlordose,
- den *totalrunden Rücken* mit großbogiger Brustkyphose, die die Lendenwirbelsäule mit einbezieht,
- den *hohlrunden Rücken* mit verstärkter Brustkyphose und verstärkter Lendenlordose,
- den *flachen Rücken* mit keinen oder nur angedeuteten Krümmungen.

Alle diese Rückenformen sind Varianten der knöchernen Ausbildung der Wirbelsäule, also Wandlungen des Normalen und keine unnormalen oder gar krankhaften Rückenformen. *Sie sagen zunächst nichts aus über das etwaige Vorliegen einer begleitenden Haltungsschwäche,* und auch bei jeder dieser Formen kennen wir den Normalbereich der Haltung zwischen voller Straffung und Entspannung. Damit aber kommen wir zurück auf das Wechselspiel der Haltung.

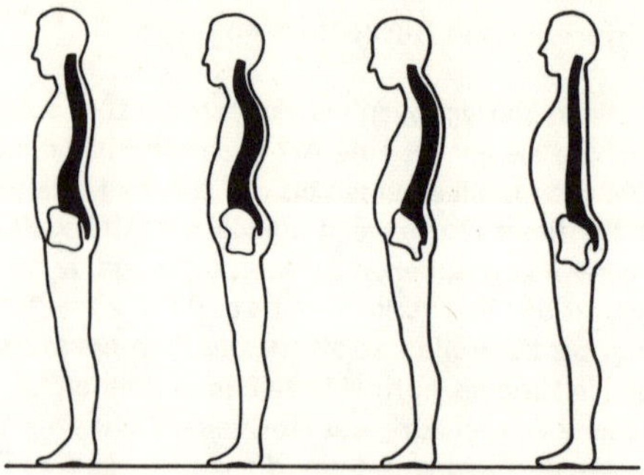

Abb. 31: Rückenformen als Konstitutionsvarianten

1.3.7. Normale Haltungsformen

Die normale Haltung des Menschen ist, wie bereits beschrieben, durch einen stetigen Haltungswechsel gekennzeichnet. Im wesentlichen können wir dabei drei Haltungsformen unterscheiden, die jeder von uns einnimmt **unter jeweiligem Wechsel seiner Spannkraft:**

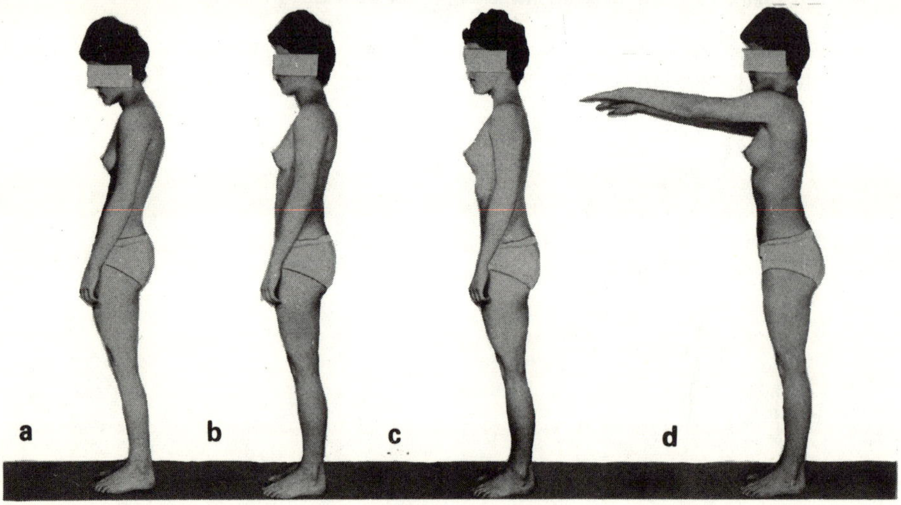

Abb. 32: Normale Haltungsformen (Haltungswechsel bei einem 16-jährigen Mädchen)
a: Ruhehaltung c: aktive Haltung
b: habituelle Haltung d: aktive Haltung mit Armvorhalte

a) Die Ruhehaltung

Hierbei ist die Muskulatur (bei noch aufrechter Stellung des Körpers) weitgehend erschlafft, jeder Körperabschnitt in eine mechanisch so ausgeglichene Schwerpunktstellung gebracht, daß der Halteapparat mit einem Minimum an Spannkraft auszukommen vermag.

Die Brustwirbelsäule weist eine verstärkte physiologische Krümmung auf, die Rückenmuskulatur ist weitgehend erschlafft. Der Schultergürtel wird nach vorne geschoben, die Schulterblätter stehen etwas ab. Der Rumpf ist mehr oder weniger stark nach hinten verlagert, um zur Schwerpunktsicherung den notwendigen Ausgleich zu schaffen. Die Atmung wird vornehmlich vom Zwerchfell unterhalten (abdomineller Typ der Atmung, Bauchatmung).

Die Ruhehaltung wird unwillkürlich im Ermüdungszustand, aber auch bewußt beim willkürlichen Nachlassen der Spannkraft eingenommen. Auch können psychische Einwirkungen bei niedergedrückter, depressiver Stimmung eine Rolle spielen.

Die Hauptkennzeichen der Ruhehaltung sind:
- Erschlaffung der Rückenmuskulatur,
- vermehrte Kyphose der Brustwirbelsäule,
- kompensatorische Rückneigung des Rumpfes.

Die *kompensatorische Rückneigung des Rumpfes* zur Schwerpunktsicherung kann auf zweierlei Art erfolgen:

Einmal geschieht es durch eine *Verstärkung der Lendenlordose,* wodurch ein hohlrunder Verlauf der Wirbelsäule zustandekommt und das Becken in eine leichte Kippstellung nach vorn gerät.

Oder die Rückneigung des Rumpfes spielt sich tiefer ab, indem der gesamte Rumpf samt dem Becken *in den Hüftgelenken zurückgeneigt wird.* Das Becken ist hier also aufgerichtet, und die Wirbelsäule weist eine durchgehend kyphotische Stellung auf. Der Verlauf der Wirbelsäule ist dabei totalrund und leitet über zum Totalrundrücken des Haltungsschwächlings, sofern diese Art der Ruhehaltung ständig eingenommen wird.

Abb. 33: Ruhehaltung (zwei Möglichkeiten der kompensatorischen Rückneigung des Rumpfes)

Diese beiden Varianten der Ruhehaltung sind charakteristisch für die individuelle Haltungsform des einzelnen Menschen. Ihre Entstehung richtet sich zum Teil nach der schon vorgegebenen konstitutionellen Rückenform (wobei sie diese verstärkt), zum Teil aber auch nach der Qualität bestimmter Muskelgruppen, die – wie wir sehen werden – maßgeblich auch an der Herausbildung einzelner Haltungsschwächenformen beteiligt sind.

Zu beachten ist, daß das *Kleinkind* noch keine echte Ruhehaltung kennt, da die physiologischen Krümmungen der Wirbelsäule noch nicht ausgebildet sind; insbesondere ist es ihm nicht möglich, eine Streckung in den Hüftgelenken vorzunehmen. Es kann also die kompensatorische Rückneigung des Rumpfes in dieser Form nicht durchführen. Das Kleinkind nimmt als Dauerstellung eine aktive Haltung ein, d.h. es steht nach vorne geneigt unter ständiger Halteanspannung seiner Gesäßmuskeln und der Streckmuskulatur der Hüftgelenke. Läßt diese Anspannung nach, fällt das Kind nach vorne oder es kommt zu dem charakteristischen vorschießenden Kleinkindgang.

Säugling und Kleinkind besitzen eine nur leichte Kyphose der Brustwirbelsäule. Der im ganzen nach vorne geneigte Rumpf kommt in erster Linie durch die noch vorhandene Beugung in den Hüftgelenken zustande. Erst bei der Aufrichtung des Rumpfes entstehen Hüftstreckung und physiologische Krümmungen der Wirbelsäule. Die Entwicklung dieser Aufrichtung beginnt gegen Ende des ersten Lebensjahres und ist zwischen dem sechsten bis achten Lebensjahre abgeschlossen.

b) Habituelle Haltung

Zwischen den beiden Extremen, der aktiven und der Ruhehaltung, steht die habituelle Haltung, die dann eingenommen wird, wenn man unter gewöhnlichen Alltagsbedingungen „bequem" steht. Auch in dieser Haltung sind die physiologischen Krümmungen der Wirbelsäule etwas verstärkt, die Schultern nehmen eine Mittelstellung ein, die Muskulatur des Körpers ist nur teilweise und auf das Notwendigste gestrafft. Die Atmung wird halb vom Zwerchfell, halb von der übrigen Brustkorbmuskulatur unterhalten und ist insgesamt eher flach.

In ihrer unterschiedlichen Ausprägung ist diese Haltungsform *typisch* für den einzelnen Menschen, denn in ihr zeigen sich am deutlichsten das Vorhandensein oder Fehlen des seelischen Merkmals der „Haltung", soweit es sich im somatischen Bereich niederschlägt.

c) Die aktive, aufgerichtete Haltung

Hierbei streckt sich der ganze Körper. Er wird insgesamt gestrafft und leicht nach vorne gelegt. Brustkyphose und Lendenlordose flachen sich ab, das Becken wird aufgerichtet, der Schultergürtel nach hinten verlagert und gestrafft.

Diese aufgerichtete Haltung wird beim Strammstehen willkürlich eingenommen, aber sie ist auch eine Begleiterscheinung unbewußter psychischer Vorgänge, wenn wir etwa unter dem Einfluß freudiger, erregter Gemütsbewegungen stehen.

Sie kann auch vom leistungsfähigen Organismus nicht ständig eingenommen werden, da sich hierbei die Muskulatur in einem aktiven Spannungszustand befindet und nach einiger Zeit ermüden wird. Beim Haltungsschwächling sinkt der Körper schon nach kürzerer Zeit in die Ruhehaltung zurück (obere Grenze, als Test verwendbar: 30 sec).

Zu beachten ist, daß sich bei vorhandenen Formveränderungen der Wirbelsäule die volle Aufrichtung aus anatomischen Gründen nicht erreichen läßt.

1.3.8. Sitzhaltung

Die Haltung im Sitzen weist besonders zahlreiche Variationen auf, je nach Form und Höhe des Sitzgerätes und je nach Art der Tätigkeit, die im Sitzen vorgenommen wird. Im allgemeinen unterscheidet man eine *vordere, eine mittlere und eine hintere Sitzhaltung.* In allen Fällen wird der Rumpf auf den beiden knöchernen Sitzbeinhöckern im Becken gestützt und im Gleichgewicht gehalten. Bei der vorderen Sitzhaltung liegt die Schwerpunktlinie (Verbindung zwischen Rumpfschwerpunkt und Sitzfläche) vor den Sitzbeinhöckern, bei der mittleren Sitzhaltung über und bei der hinteren Sitzhaltung hinter ihnen. Jede der drei Sitzhaltungen kann durch Änderungen der Wirbelsäulen- oder Beckenstellung in sich noch variiert werden.

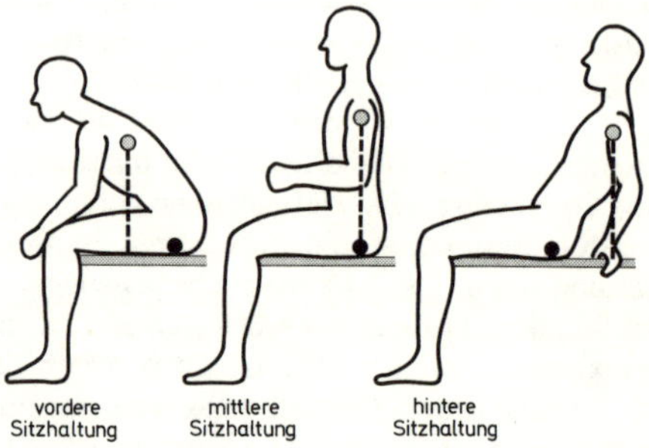

Abb. 34: Sitzhaltungen (mit Einzeichnung der Oberkörper-Schwerpunktlinien und des Aufstützpunktes beim Sitzen = Sitzbeinhöcker)

Alle Sitzstellungen erfordern eine erhebliche Haltearbeit der Muskulatur des Rumpfes, die um so stärker wird, je weiter die Schwerpunktlinie von den Sitzbeinhöckern nach vorne oder hinten entfernt ist. Ermüden die Haltemuskeln (in erster Linie die Rückenstreckmuskeln) bei einseitiger Überbeanspruchung im Sitzen, so sinkt der Rumpf in sich zusammen, bis der Bandapparat der Wirbelsäule zunächst die weitere Krümmung verhindert. Im Laufe der Zeit zeigen sich jedoch auch an den Bändern (auf der Konvexseite der Wirbelsäulenkrümmung) Überdehnungen, so daß jetzt die gewohnheitsmäßige schlechte Sitzhaltung (als Ruhehaltung) mit den gleichen Auswirkungen auf Stütz- und Halteapparat entsteht, wie sie bei der Entstehung der Haltungsschwächen bereits geschildert wurden.

Um die Wirbelsäule zu entlasten, versucht der Sitzende bei vorderer und mittlerer Sitzhaltung die Arme aufzustützen und bei der hinteren Sitzhaltung sich mit dem Rücken anzulehnen. Vordere Unterstützungsfläche und Rückenlehne sind daher zum längeren Sitzen unentbehrlich, jedoch nur dann zweckerfüllend, wenn sie der variablen Entspannungs- oder Arbeitshaltung im Sitzen, die je nach Erfordernis tatsächlich ständig wechselt, jederzeit angepaßt werden können. Da das aber zumeist nicht der Fall ist, werden alle Sitzstellungen die Haltemuskulatur über längere Zeit einseitig beanspruchen. Vor allem bei der vorderen Sitzhaltung wird der Rumpf bei zunehmender Ermüdung der Haltemuskulatur mehr und mehr in sich zusammensinken. Durch diesen Vorgang und zugleich auch durch die ständige Beugung in den Hüftgelenken werden Brust- und Bauchhöhle zusammengepreßt, die Atmung eingeengt und die Darmtätigkeit behindert. Aus Erfahrung ist bekannt, wie entspannend das Aufstehen, Umherlaufen und tiefe Atmen nach längerem Sitzen ist.

Aus diesen Darlegungen ergibt sich aber auch, daß das Sitzen die große Gefahr der Auslösung von Haltungsschwächen in sich birgt, wenn dabei durch falsche Gewohnheiten eine einseitige Dauerhaltung eingenommen wird, die den Halteapparat überbeansprucht und zum Leistungsversagen bringt. Die unheilvolle Rolle schlecht konstruierter Schulbänke und ihr Einfluß auf die schlechten Haltungsgewohnheiten im Sitzen ist bekannt. Es gehört darum zu den Aufgaben des Lehrers, die Form und Größe der Sitzmöbel zu kontrollieren und sie der Belastung und Belastbarkeit der Schüler anzupassen. Näheres über die Auswahl geeigneter Schulmöbel kann dem Heft „Sitzschaden — Haltungsschaden" von Prof. Dr. K. H. Berquet, herausgegeben von der Arbeitsgemeinschaft zur Förderung haltungsgefährdeter Kinder und Jugendlicher e.V. in Düren, sowie dem folgenden Buch entnommen werden: K.H. Berquet, Schulmöbel, Geschichte — Auswahl — Anpassung. Bonn: Dümmler Verlag 1971.

1.3.9. Allgemeine Vorgänge bei der Haltungsschwäche

Wird *ständig* und gewohnheitsmäßig eine Ruhehaltung als Dauerstellung eingenommen, läßt also die eigene Spannkraft *dauernd* in einer Weise nach, daß eine aktive Haltung kaum mehr praktiziert wird, dann entsteht zwangsläufig die echte Störungsform der *Haltungsschwäche.*

Die elastischen Bänder und Muskeln, z.B. an der Wirbelsäule, geraten mit zunehmend ausgeprägten Krümmungen einerseits in einen Dehnungszustand, auf der anderen (konkaven) Seite der Krümmung in einen Verkürzungszustand (Spannungsverkürzung), der den noch aktiv vornehmbaren Ausgleich nur unter subjektiven Beschwerden und rascher Ermüdung zuläßt und ihn daher vermeidet.

Erst das mißbräuchliche, ständige Einnehmen der Ruhehaltung führt also zur schlechten Haltung und in ihrer weiteren Ausprägung zur Haltungsschwäche.

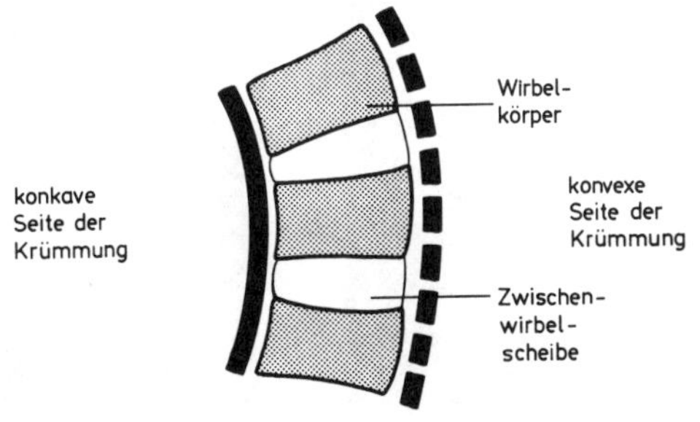

Abb. 35: Spannungsverkürzung und Dehnung des Muskel- und Bandapparates bei Haltungsschwäche im Bereich der Krümmungen (noch ausgleichbar)

Auf jeden Fall wird man das Vorliegen einer Haltungsschwäche und ihres Typs am ehesten in der tiefen Ruhehaltung erkennen können.

Die reine Schwäche der Haltung ist, und das sei auch hier betont, aktiv noch ausgleichbar und mit Hilfe einer zielgerichteten Haltungsschulung noch reparabel.

1.3.10. Allgemeine Vorgänge beim Haltungsschaden

Beim Haltungsschaden hat sich dagegen eine nicht mehr nur durch Training und Übung behebbare strukturelle Veränderung des Stütz- und Halteapparates vollzogen, die ausschließlich durch ärztliche Maßnahmen zu bessern sein wird.

An solchen strukturellen Veränderungen beim Haltungsschaden, die freilich in der Regel erst nach längerem Bestehen einer Haltungsschwäche auftreten werden, sind zu nennen:

- die erheblichen Bänderschrumpfungen bzw. -dehnungen durch Nichtgebrauch bzw. Überbeanspruchung ihrer elastischen und straffen Elemente im Krümmungsbereich, die die Fehlstellung fixieren,
- und die bleibenden, nicht mehr ausgleichbaren Verkürzungen und echten Schrumpfungen der Muskelfasern, die auftreten, wenn sich Ursprung und Ansatz eines Muskels durch Fehlstellung dauernd einander nähern, und von einem bestimmten Stadium an als *Muskelkontrakturen* bezeichnet werden.

1.3.11. Haltungsschwächen des Rumpfes

a) Totalrundrücken

Voraussetzung für sein Entstehen ist eine Bänder- und Muskelschwäche, vor allem der gesamten Rückenstreckmuskulatur. Die Wirbelsäule weist eine verstärkte Brustkyphose auf, der Schultergürtel ist nach vorn verlagert. Bei der Aufrichtung gelingt die Streckung der Wirbelsäule im Brustbereich nicht mehr für längere Zeit, sondern der gesamte Rumpf einschließlich der Lendenwirbelsäule wird allmählich nach rückwärts verlagert. Diese Rückneigung erfolgt durch eine vermehrte Aufrichtung bis Nach-Hintendrehung des Beckengürtels und wird unter anderem vom Gesäßmuskel vollzogen (kompensatorische Rückneigung). Die Lendenlordose flacht sich ab (siehe Vorgänge Ruhehaltung).

Die Abknickung zur senkrechten Achse der unteren Körperhälfte liegt hierbei im äußeren Bild verhältnismäßig tief, die Lendenlordose steht also unmittelbar über dem Gesäß.

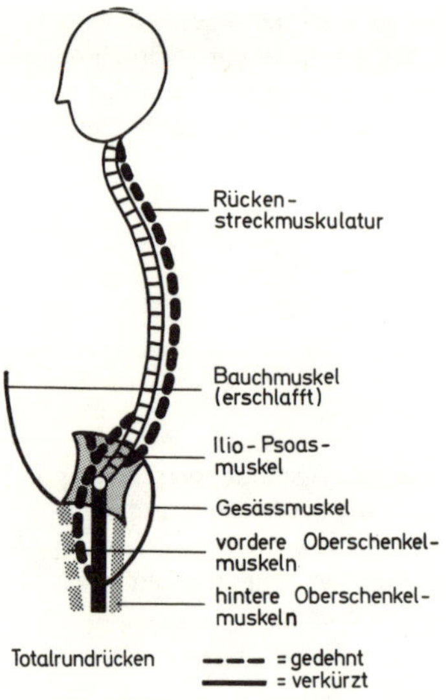

Abb. 36: Haltungsschwäche (schematisch)

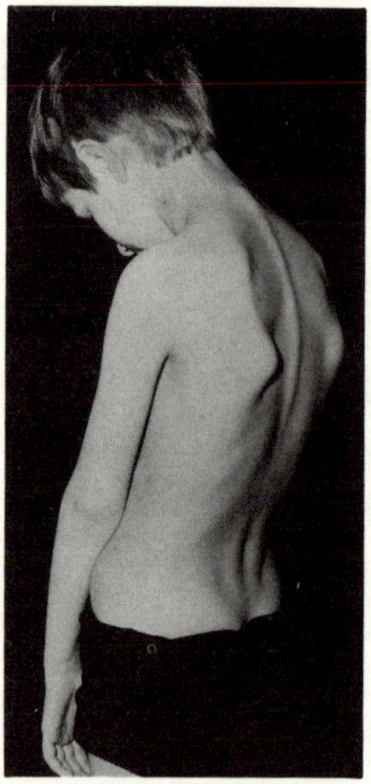

Abb. 37: Haltungsschwäche (Totalrundrücken)

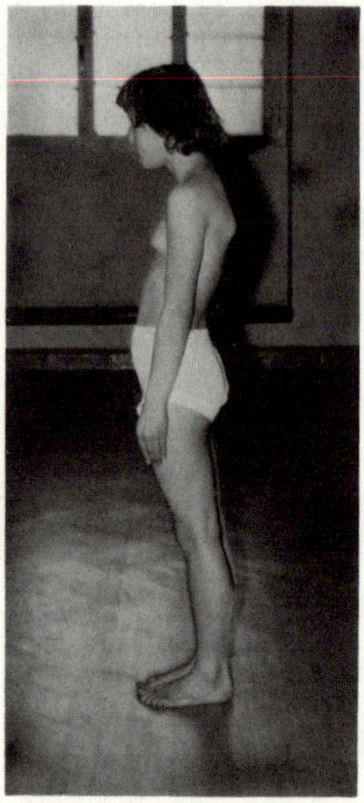

Abb. 38: Haltungsschwäche (Totalrundrücken)

Durch die Drehung des knöchernen Beckens nach rückwärts werden Ansatz- und Ursprungsstellen des Gesäßmuskels und der hinteren Oberschenkelmuskulatur einander genähert, wodurch sich die einzelnen Muskelfasern im Laufe der Zeit verkürzen und damit die Fehlstellung des Beckengürtels allmählich noch verstärken. Die gesamte Rückenmuskulatur ist hingegen ständig gedehnt.

Das gleiche gilt für die hinten gelegene Schultermuskulatur, insbesondere für den Trapez- und Rautenmuskel. Durch die Vorverlagerung des Schultergürtels werden diese Muskeln gedehnt und andererseits die vorn gelegene Brustmuskulatur, insbesondere der Brust- und Sägemuskel, verkürzt. Die Rückverlagerung der Schulter wird mit der Zeit nicht mehr durchführbar sein, die Schulterblätter stehen am Rücken als „Flügelschultern" ab.

Der Brustkorb ist der Schwere nach und mangels muskulärer Haltekraft zusammengedrückt, in einer Ausatmungsstellung, aus der die Einatmung nicht mehr maximal möglich ist. Die hierbei entstehenden Leistungsschwächen der Atmung, wie der Herz- und Kreislauftätigkeit, sollen an anderer Stelle näher besprochen werden.

Der Bauchraum wird infolge der gekrümmten Haltung ebenfalls zusammengepreßt, die vordere Bauchwand wölbt sich nach vorne; ihre Muskulatur ist ohnehin durch dauernden Mangelgebrauch funktionsuntüchtig geworden. Die Bauchmuskulatur hat aber normalerweise großen Einfluß auf die Atmung, so daß auch von dieser Seite zusätzliche negative Auswirkungen bei dieser Haltungsschwäche einzutreten pflegen.

Zu seiner Behebung ist in erster Linie eine Kräftigung der gedehnten und funktionsuntüchtigen Rücken- und hinteren Schultergürtelmuskulatur erforderlich. Mithin geht es

- um gezielte Kräftigungsübungen an Rückenmuskulatur sowie an Trapez- und Rautenmuskel zur Aufrichtung der Schulter und Wirbelsäule,
- um eine Dehnung der verkürzten Muskeln der Rumpfvorderseite, wie Brustmuskel, Sägemuskel und Zwischenrippenmuskeln, zur Ermöglichung dieser Aufrichtung und
- um eine Dehnung der verkürzten Muskeln an der Rückseite des Beckengürtels, nämlich des Gesäßmuskels und der hinteren Oberschenkelmuskulatur zur Wiedergradstellung des nach rückwärts gedrehten Beckens. — Zu dieser notwendigen Beckenkippung nach vorne ist aktiv die
- Kräftigung der vorderen Oberschenkelmuskeln und des Ilio-Psoasmuskels erforderlich.

Mit den Übungen an der Muskulatur wird gleichzeitig eine Lockerung des verspannten Bandapparates, das Beweglichmachen der Wirbelsäule und ein Weiten des Brustkorbes erreicht.

Als besondere Standardübungen hierfür bieten sich an: die Aufrichtung des Rumpfes aus der Bauchlage, die Rutschhalte mit tief durchhängendem Rumpf, Arm- und Rumpfschwünge und Ballspiele. Die zahlreichen Übungsformen werden im praktischen Teil näher beschrieben werden.

b) Hohlrundrücken

Hier liegt ebenfalls eine verstärkte Brustkyphose durch Bänder- und Muskelschwäche der Rückenstreckmuskulatur vor. Damit sich der besondere Typ des Hohlrundrückens aber ausbildet, ist eine zweite Voraussetzung erforderlich: eine gleichzeitige, ursprüngliche Schwäche der Bauch- und Gesäßmuskulatur (zumeist infolge Bewegungsmangels).

Auch hier wird beim notwendigen Vorgang der Aufrichtung der Wirbelsäule zwecks Schwerpunktsicherung der Rumpf nach hinten verlagert (kompensatorische Rückneigung) durch eine Verstärkung der Lendenlordose. Bewerkstelligt wird dies mit Hilfe der Anspannung der unteren Rückenstreckmuskeln, teilweise auch des Ilio-Psoasmuskels.

Infolge gleichzeitiger Schwäche der Bauch- und Gesäßmuskulatur ist das Becken bereits nach vorne gekippt, die Wirbelsäule folgte dieser Neigung aufgrund der straffen Bandverbindungen zum Becken, und die Entstehung der verstärkten Lendenlordose war damit auch von dieser Seite her ermöglicht worden. Diese vermehrte Lordosierung der Lendenwirbelsäule einschließlich der Vorneigung des Beckens hat schon äußerlich das Erscheinungsbild des „Hohlrückens" zur Folge, der höher steht, als das „Hohlkreuz" des Totalrundrückens.

Selbstverständlich spielt für die Entstehung dieses Typs der Haltungsschwäche ein eventuell schon vorhandener hohlrunder Rücken als anlagebedingte Rückenform (Normvariante) eine ebenfalls wesentliche Rolle.

Es bildet sich hier also die vermehrte Lendenlordose als Ausgleich der Brustkyphose heraus. Sie kann sich allmählich verstärken, teils durch Verkürzung der unteren Rückenstreckmuskulatur, teils durch Verkürzung des Ilio-Psoasmuskels. Auch der gerade Oberschenkelmuskel an der Vorderseite des Oberschenkels kann sich verkürzen und ebenso wie der Ilio-Psoasmuskel die Aufrichtung des Beckens hemmen. Gleichzeitig werden Bauch- und Gesäßmuskeln sowie die hinteren Oberschenkelmuskeln, die vom Sitzbein entspringen und an der Hinterseite des Oberschenkels verlaufen, gedehnt.

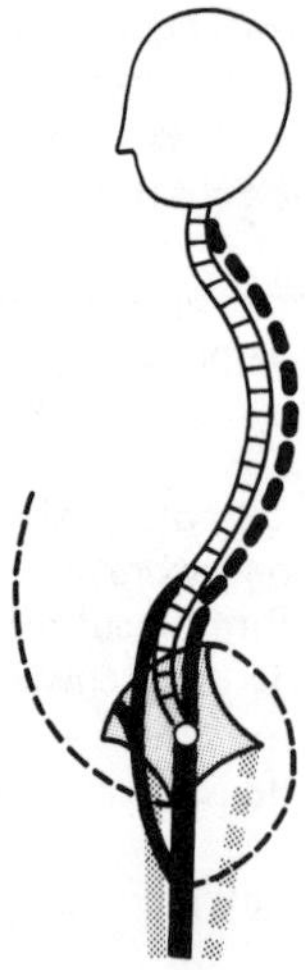

Abb. 39: Haltungsschwäche (schematisch)

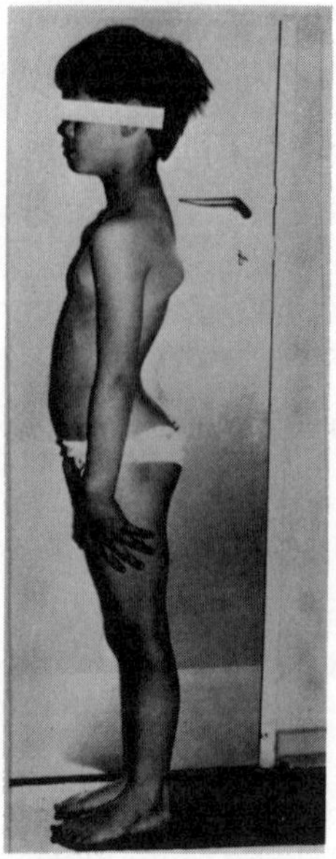

Abb. 40: Haltungsschwäche (Hohlrundrücken)

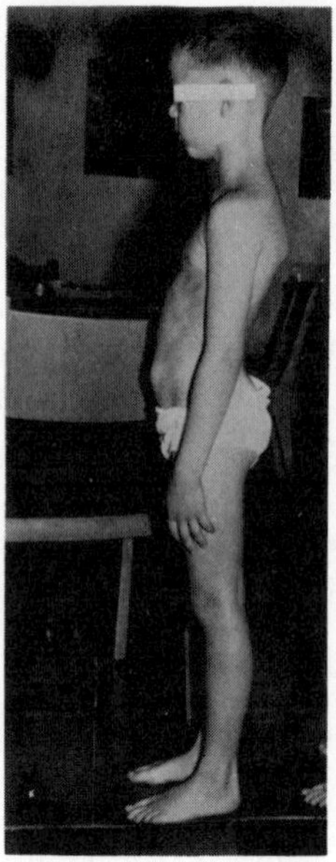

Abb. 41: Haltungsschwäche (Hohlrundrücken)

Die Erschlaffung der Bauchmuskulatur ist besonders charakteristisch in Form des Hängebauches zu erkennen, da hier durch die verstärkte Lendenlordose und der damit verbundenen Beckenkippung die Baucheingeweide zusätzlich nach vorne verlagert werden und somit das Vorwölben der vorderen Bauchwand begünstigen.

Im oberen Bereich des Rumpfes liegen demgegenüber die gleichen Verhältnisse vor, wie schon beim Totalrundrücken dargelegt: Dehnung der oberen Rückenmuskulatur und Verkürzung der Brustmuskulatur.

Die Einwirkungsmöglichkeiten bestehen einmal – wie auch beim Totalrundrücken – in einer Kräftigung der gedehnten oberen Rückenstreckmuskulatur und zugleich in einer Dehnung des Brustmuskels, zusätzlich aber in einer Dehnung auch der unteren Rückenstrecker. Denn hier sind selbstverständlich alle Übungen zu vermeiden, die bei dieser Behandlung eine *Lendenlordose verstärken* könnten. Dazu gehören unter anderem der Nesthang, das Rumpfrückwärtsbeugen und die sog. bogenliegende Haltung.

Diese Übungen sind nicht nur schädlich, sie haben auch keinerlei Einfluß auf den zu bekämpfenden Rundrücken im *Brustbereich.* Denn solange die Lendenlordose nicht beseitigt ist, wird keine ausreichende Möglichkeit bestehen, die Brustkyphose zu beeinflussen. Der Träger dieser Verlaufsform der Haltungsschwäche wird, wenn er sich gerade halten soll, seinen Oberkörper immer unter Beibehaltung der Brustkyphose zurückwerfen. Er biegt dazu eben seine Lendenwirbelsäule ab, und die Brustkyphose bleibt bestehen.

Um die Lendenlordose zu beseitigen bzw. eine Aufrichtung des Beckens zu erreichen, ist daher eine Kräftigung des Bauchmuskels, Gesäßmuskels und der hinteren Oberschenkelmuskulatur erforderlich, ebenso eine Dehnung des Ilio-Psoasmuskels, der vorderen Oberschenkelmuskulatur und der unteren Rückenstrecker.

Zur Kräftigung des Bauchmuskels gibt es ganz spezielle Übungsformen, wie beispielsweise das Aufrichten des Rumpfes aus der Rückenlage; zur Kräftigung des Gesäßmuskels etwa das leichte Anheben der Beine aus der Bauchlage oder das Aufrichten aus dem Fersensitz zum Kniestand.

c) Der Hohlrücken

Er zeigt in seiner typischen Ausprägung im wesentlichen nichts anderes als eine Verstärkung der Lendenlordose ohne stärkere Abweichungen im Brustbereich der Wirbelsäule.

Seine Ursache liegt in einer bereits vorhandenen Hohlrückenform der Wirbelsäule als konstitutionelle Rückenform mit hinzutretender muskulärer Schwäche oder gelegentlich auch in Formveränderungen der Hüftgelenke, die eine Verminderung ihrer Streckfähigkeit zur Folge haben. Meist ist er jedoch allein hervorgerufen durch eine auf Bewegungsmangel beruhende Schwäche der Bauch- und Gesäßmuskulatur, wodurch die Aufrichtung des Beckens von vornherein mangelhaft ist oder das Becken später in eine Kippstellung nach vorn gerät. In beiden Fällen wird die kompensatorische Rückneigung des Rumpfes durch eine Verstärkung der Lendenlordose erreicht.

Von der Entstehungsweise her liegen also die umgekehrten Verhältnisse vor wie bei der durch die hohlrunde Verlaufsform entstandenen Lordose. Dort lag die primäre Störung im oberen, hier im unteren Bereich der Wirbelsäule.

Die größte Bedeutung wird — wie bei der hohlrunden Verlaufsform — der Stellung des Beckens zugemessen. Es ist nach vorn geneigt und wird in dieser Stellung unterstützt

- durch das Gewicht des nach vorn verlagerten, abwärts hängenden Bauches,
- durch die schwachen Bauch- und Gesäßmuskeln, die das Becken nicht genügend aufzurichten vermögen und ja schon als Ursache für die Entstehung dieser Haltungsschwäche gelten, und
- durch die Wirkung der vorderen Bein- und Beckenmuskeln, in erster Linie der Hüftgelenksbeuger, die sich der durch die Beckenneigung verkürzten Strecke anpassen und somit zu einem Hemmnis für die Aufrichtung werden.

Ein typisches Kennzeichen dieser Form der Haltungsschwäche ist der Verlauf der Wirbelsäule bei der Rumpfbeuge. Während normalerweise der Rumpf dabei in eine gleichmäßig gebeugte Stellung gerät, bleibt er beim Hohlrücken weitgehend gestreckt, da sich die starke Lendenlordose nur mangelhaft an der Rumpfbeuge beteiligen kann.

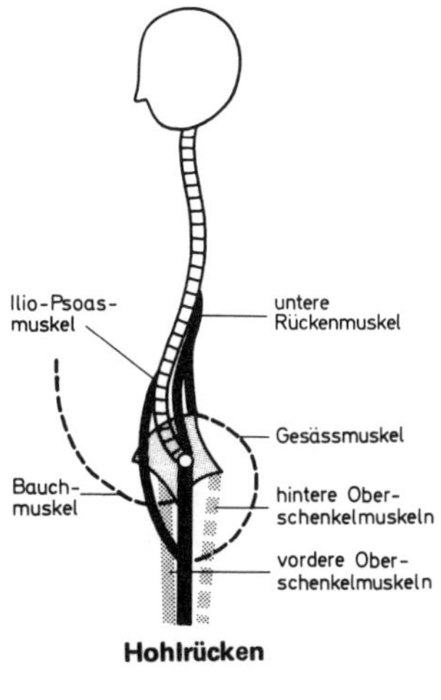

Abb. 42: Haltungsschwäche (schematisch)

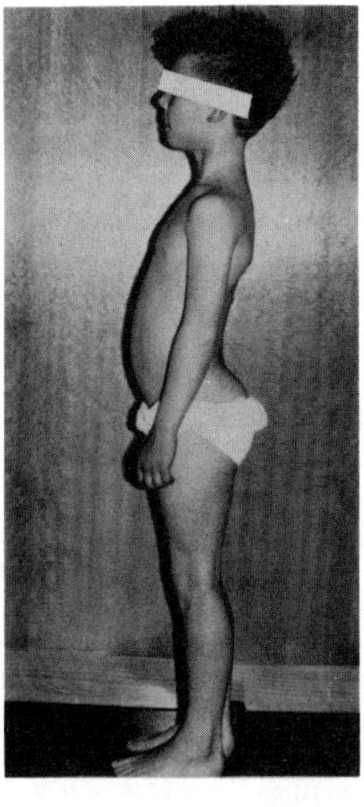

Abb. 43: Haltungsschwäche (Hohlrücken)

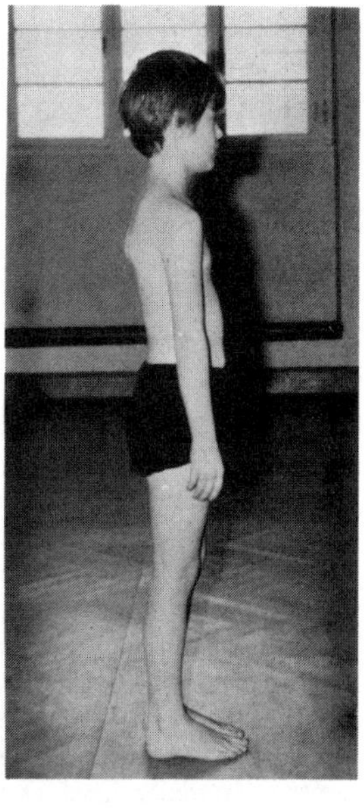

Abb. 44: Haltungsschwäche (Flachrücken mit nach vorn abfallender Schulter)

Die Übungsbehandlung ähnelt derjenigen des Hohlrundrückens, soweit sie die untere Rumpfhälfte und den Beckengürtel betrifft. Sie besteht in

- Kräftigung der gedehnten Bauch- und Gesäßmuskulatur und
- Dehnung der verkürzten Muskulatur der unteren Rückenstrecker sowie des Ilios-Psoasmuskels und der vorderen Oberschenkelmuskeln (Hüftbeuger).

Die Übungsmöglichkeiten sind im vorangegangenen Kapitel an entsprechender Stelle erwähnt worden.

d) Flachrücken

Darunter ist eine mangelhafte Ausbildung der natürlichen physiologischen Krümmungen der Wirbelsäule zu verstehen bei gleichzeitig eingeschränkter Beweglichkeit der Wirbelsäule. Brustkyphose und Lendenlordose, daneben auch die Halslordose, sind abgeflacht bis verstrichen; der Rücken zeigt eine nur mangelhafte Modellierung seines Reliefs; er sieht aus wie ein Brett.

Diese Haltungsform kommt recht häufig vor, sie ist unauffälliger und bereitet zunächst meist weniger Beschwerden. Sie zieht nicht notwendigerweise eine Haltungsschwäche im üblichen Sinne nach sich, denn es existieren hier ja nicht die sonst so variablen, vermehrten Krümmungen der Wirbelsäule mit den daraus sich ergebenden Dehnungen bzw. Verkürzungen des aktiven und passiven Halteapparates, sondern im Vordergrund stehen die mangelhafte Beweglichkeit und Elastizität der Wirbelsäule und die besonders ausgeprägte muskuläre Insuffizienz.

In einigen Fällen ist dies die Folge einer frühkindlichen Rachitis, wobei zunächst im Säuglingsalter durch Sitzen mit krummem Rücken ein sog. Sitzbuckel (als kyphotische Krümmung) entstanden war. Diese Fehlstellung, deren Sitz zumeist in Höhe etwa des zwölften Brustwirbels liegt, führte zur Versteifung der Wirbel in diesem Bereich. Bei der späteren Aufrichtung des Rumpfes im Kleinkindalter kommt es dann als Ausgleich zu einer Abflachung der normalen Brustkyphose, so daß das Gesamtbild der Wirbelsäule später das eines ziemlich geraden Stabes ohne die physiologischen Krümmungen ist und damit eben der flache Rücken vorliegt.

In den meisten Fällen besteht lediglich eine zu geringe Beweglichkeit der Wirbel untereinander oder es handelt sich um eine der Rückenformen innerhalb der Konstitutionsvarianten, wie wir sie bei der Beschreibung der vier Rückenformen kennengelernt haben.

Die Folgen des flachen Rückens liegen in den mangelhaften Abfederungsmöglichkeiten der Wirbelsäule bei Erschütterungen, wodurch sich eher und stärker Abnützungserscheinungen der Wirbelkörper und Bandscheiben einstellen, sowie in der besonders ungünstigen Ausgangslage für das muskuläre Training.

Die Übungsbehandlung muß hier darauf abzielen, die Beweglichkeit der Wirbelsäule zu erhalten bzw. zu erhöhen. Es kommen daher Übungen in Frage, die einen allgemeinen Einfluß auf die Kräftigung der Rücken- und Rumpfmuskulatur haben, vor allem also jede Art von Rumpfgymnastik. Schwerere Formen und besonders diejenigen, bei denen gar eine kyphotische Verbiegung der Lendenwirbelsäule vorliegt, gehören darüber hinaus in die Hand des Orthopäden.

e) Die seitliche Haltungsabweichung

Bei Kindern und Jugendlichen zeigen sich häufig seitliche Verbiegungen der Wirbelsäule, vor allem in der Zeit des Gestaltswandels und hier besonders zu Beginn des pubertären Wachstumsschubes, bei denen man zunächst den Verdacht haben kann, daß es sich um echte Skoliosen mit Formveränderungen der Wirbelkörper handeln könnte. Erst bei genauer Untersuchung stellt man fest, daß diese Wirbelsäulenkrümmungen voll ausgleichbar sind und daß sie bei Änderung der Körperstellung, z.B. im Liegen, überhaupt nicht in Erscheinung treten. Vor allem treten diese seitlichen Verbiegungen oft nur in tiefer Ruhehaltung auf, während sie in normaler Haltung zum Verschwinden kommen.

Solche Abweichungen der Wirbelsäule von der Senkrechten aufgrund reiner Haltungsschwächen entstehen meist durch gewohnheitsmäßige Fehlbelastung, z. B. ständig einseitiges Tragen schwerer Schultaschen bei gleichzeitig vorhandener Muskel- und Bänderschwäche. Sie werden zur Ruhe-Dauerstellung und damit zur Schiefhaltung des Rückens nach der einen oder anderen Seite. In einem Teil der Fälle bilden sie sich nach Wachstumsabschluß von selbst wieder zurück, zum Teil aber bleiben sie als Schiefhaltung lebenslang bestehen. Sie können bei Verschlimmerung und Fixierung als Ausdruck eines schweren Haltungsschadens zu bleibenden Stellungsveränderungen der Wirbelsäule führen und damit als nicht mehr aufrichtbare seitliche Wirbelsäulenverbiegung in Erscheinung treten. Gelegentlich wird dieser Form des schweren Haltungsschadens auch der Ausdruck „Skoliose" zuerkannt, obwohl diese Bezeichnung besser nur den Erkrankungen der Wirbelkörper im Sinne einer echten Skoliose vorbehalten werden sollte.

Der Befund bei der seitlichen Haltungsabweichung durch Haltungsschwäche ist folgender: Neben der schiefen Körperhaltung, die man am besten durch Nachzeichnen der Wirbeldornfortsätze mit einem Farbstift erkennen kann, besteht gewöhnlich ein Schulterhochstand einer Seite sowie ein ungleich breites Taillendreieck zwischen Körperseite und herabhängendem Arm (siehe Abb. 45).

Durch die Rumpfbeuge nach vorn läßt sich die seitliche Haltungsabweichung in den meisten Fällen von einer echten Skoliose abgrenzen, weil bei ihr der für die Skoliose typische Rippenbuckel fehlt (siehe Abb. 49).

Die passive und aktive Aufrichtung ist bei seitlicher Haltungsabweichung *voll* durchführbar, wenn es auch durch Schrumpfung und Dehnung von Bändern und Muskeln – wie bei allen anderen Haltungsschwächen – nach einiger Zeit nicht mehr möglich ist, die Aufrichtung über eine gewisse Zeit hinaus aufrechtzuerhalten. Das Kräftegleichgewicht der Rückenstreckmuskulatur ist gestört, sie fühlt sich auf der konkaven Seite oftmals deutlich hart und verspannt an.

Als Behandlung sind alle Bewegungen angebracht, die der Übung der seitlichen Rückenstreckmuskulatur dienen. Sie sollen einerseits eine Lockerung und Dehnung der Muskeln der Konkavseite, andererseits zu deren Kräftigung auf der Konvexseite beitragen.

Wir kennen dazu die Übungen nach der Klapp'schen Methode: z. B. das Horizontalkriechen (Schleichen eines Tigers), den großen Bogen, das Schlängeln (Tiefkriechstellung wie die Schlange), Rumpfseitbeugen mit Armschwingen, Rumpfdrehbeugen oder zahlreiche Partnerübungen.

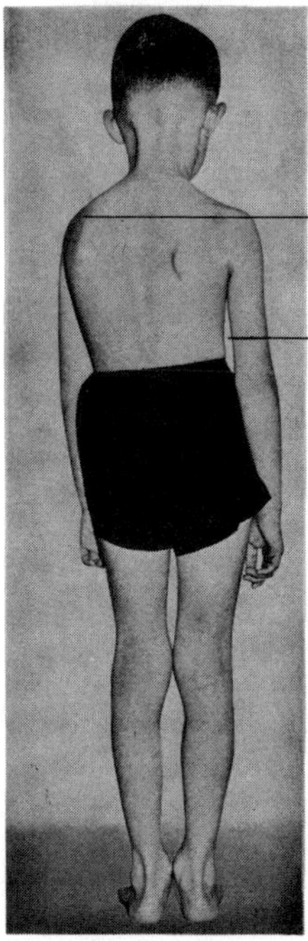

Abb. 45 Seitliche Haltungsabweichung (verschwindet im Liegen)

1.3.12. Formfehler des Rumpfes

a) Echte Skoliose

Neben der aus einer Haltungsstörung hervorgegangenen seitlichen Verbiegung der Wirbelsäule gibt es auch die verschiedentlich der Rachitis zugeschriebene primäre knöcherne Erkrankung bestimmter Abschnitte der Wirbelsäule mit verminderter Tragfähigkeit der Wirbelkörper, die bereits im frühen Kindesalter bei hinzutretender Fehlbelastung zur Schiefhaltung führt und in solchen Fällen verhältnismäßig schnell strukturelle Formveränderungen der Wirbelkörper zur Folge hat, und zwar im Sinne einer ebenfalls nicht mehr aufrichtbaren, echten Skoliose.

Die Wirbel erfahren hier unter Schiefstellung des Rumpfes eine Deformierung, sie werden gleichzeitig gegeneinander verdreht. Im Laufe der Zeit kommt es zu schwersten Verbiegungen der knöchernen Elemente des gesamten Rumpfes, der Brustkorb wird seitlich zusammengedrückt, und es stellt sich der schwere einseitige Skoliosenbuckel des Rückens mit entsprechender Verlagerung und Kompression der inneren Organe des Brustkorbes ein.

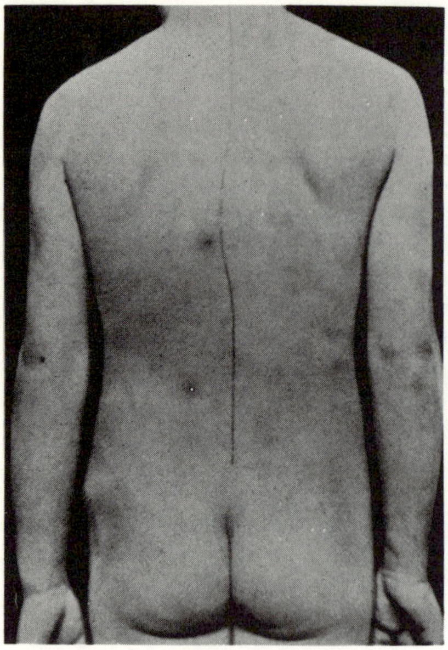

Abb. 46: Echte Skoliose (im Beginn, verschwindet nicht im Liegen)

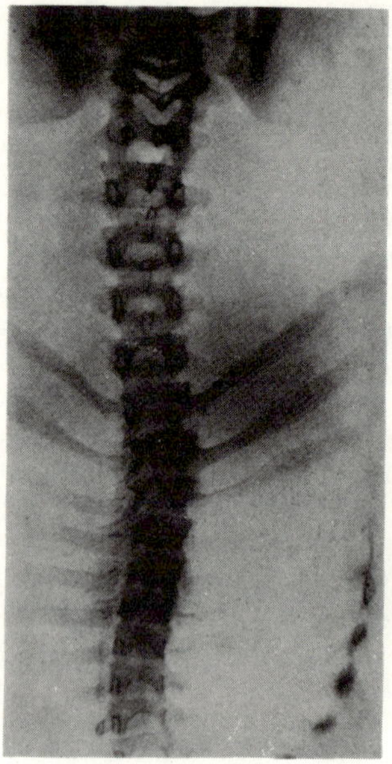

Abb. 47: Echte Skoliose (Röntgenbild)

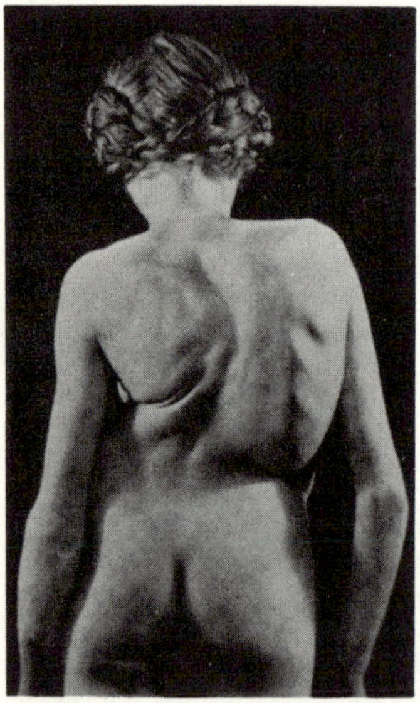

Abb. 48: Echte Skoliose (fortgeschritten)

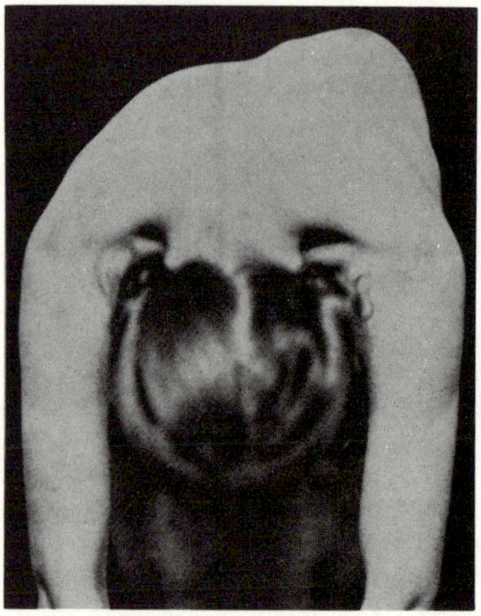

Abb. 49: Echte Skoliose (mit starkem Rippenbuckel)

Da es dem Laien unmöglich ist, in den Anfängen der Entstehung eine gewohnheitsmäßige seitliche Haltungsabweichung der Wirbelsäule von einer deformierenden Wirbelsäulenverbiegung (echte Skoliose) zu unterscheiden, gehören alle Fälle mit seitlicher Haltungsabweichung in die fachärztliche Beurteilung.

b) Adoleszentenkyphose (Scheuermann'sche Krankheit)

Bei ihr handelt es sich um eine ausgesprochene Pubertätserkrankung der Wirbelsäule im unteren Brustwirbelbereich oder oberen Lendenwirbelbereich.

Die Ursache liegt in einer familiären Disposition zu verminderter Tragfähigkeit der Wirbelkörper, wodurch sich bei Fehl- oder Überbelastung in charakteristischer Weise eine keilförmige Deformität nach vorne ausbildet und eine kyphotische Buckelbildung des Rückens hervorgerufen wird.

Das Wesentliche der Erkrankung ist das Eindringen von Zwischenwirbelscheibengewebe durch Lücken und schwache Stellen der Wirbelkörper. Es kommt zu Wachstumsstörungen und strukturellen Veränderungen an den Wirbelkörpern, die im Röntgenbild die einwandfreie Diagnose erlauben.

Die Erkrankung heilt im allgemeinen im Alter von etwa 12 - 16 Jahren aus. Sie hinterläßt mehr oder weniger starke bleibende Deformierungen, die nur durch frühzeitige Erkennung und Behandlung vermieden werden können.

Sie muß nicht unbedingt von einer Haltungsstörung begleitet sein, sofern eine leistungsfähige Muskulatur vorhanden ist, weshalb auch an dieser Stelle nochmals auf die Unterschiede zwischen Haltung und Form der Wirbelsäule hingewiesen werden soll.

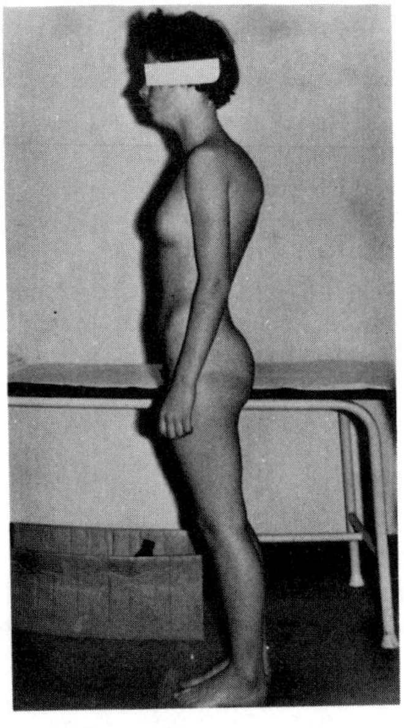

Abb. 50: Scheuermann'sche Krankheit

c) Rachitis

Diese Krankheit besteht in einer Störung des Phosphor- und Calciumstoffwechsels in den Knochen, wodurch ihr innerer Aufbau und damit die Knochenfestigkeit verringert ist. Durch Belastung und Beanspruchung kommt es allmählich zu Verbiegungen und Deformitäten einzelner Skelettanteile. Beim Kinde können rachitische Erscheinungen bereits im zweiten bis vierten Lebensmonat auftreten.

Die Ursachen dieser Art Skeletterweichung sind sehr mannigfaltig und noch nicht ausreichend bekannt. Als wichtigster Entstehungsfaktor gilt der Mangel an Vitamin D. Eine Vorstufe dieses Vitamins, das sog. Ergosterin, befindet sich in der Haut und wird durch Ultraviolettbestrahlung (Sonnenlicht) zu Vitamin D umgewandelt. Auch mit bestimmten Nahrungsmitteln wird das fertige D-Vitamin dem Körper zugeführt.

Schwere rachitische Krankheitserscheinungen sind in den letzten Jahren nahezu verschwunden, leichtere Formen finden sich gelegentlich auch heute noch, insbesondere in den Wintermonaten bei mangelhafter Sonneneinstrahlung und ungenügendem Aufenthalt der Kinder im Freien. Diese leichten Fälle heilen mit dem wiederkehrenden Frühling meist von selbst wieder aus, hinterlassen aber eine geringe Formabweichung der befallenen Knochen von der Norm. Als schon geschildertes Beispiel sei an dieser Stelle auf den Flachrücken hingewiesen.

1.3.13. Fußschwächen

Wie für die Wirbelsäule, gibt es auch für die Füße eine aktive Haltung und eine Ruhehaltung, eine Haltungsschwäche und einen Haltungsschaden.

Die Ruhehaltung äußert sich ganz allgemein in einer „Fuß-Senkung", d.h. in einer

- leichten Knickstellung der Ferse nach außen (leichter Knickfuß ist noch Normalfuß),
- geringen Abflachung des Fußlängsgewölbes,
- geringen Abflachung des Fußquergewölbes.

Eine zu lange eingehaltene Ruhehaltung infolge Bänder-Muskelschwäche, Überbeanspruchung und Ermüdung der Füße führt – wenn anlagemäßig zusätzlich disponiert – zur Haltungs- (Fuß) schwäche, d.h. zum dauernden Absinken der Fußgewölbe (Knick-, Senk-, Spreizfuß) und, sofern sich regelrechte knöcherne Verlagerungen einstellen, zum Haltungs- (Fuß) schaden (Endform = Plattfuß).

Auch am Fuß bestehen Schwierigkeiten, den Übergang zur krankhaften Haltung zu objektivieren, weshalb wir alle Verdachtsfälle der besonderen Übungsbehandlung zuführen müssen. Die Höhe des Fußlängsgewölbes gibt uns nur sehr beschränkt Auskunft über das Vorliegen einer normalen oder krankhaften Fußhaltung.

Schon beim Kleinkind sind die Verhältnisse recht kompliziert. Mit der Geburt ist die Entwicklung der Fußform noch lange nicht abgeschlossen. Zunächst besteht noch ein erhebliches Sohlenpolster an Fettgewebe, das beim Säugling und Kleinkind das Längsgewölbe nahezu ausfüllt, einen Plattfuß vortäuscht und erst im Laufe der ersten Lebensjahre verschwindet.

Gleichzeitig liegt in den ersten beiden Lebensjahren eine O-förmige Krümmung der Beine vor, die ebenfalls einen scheinbaren Plattfuß bewirkt, in den folgenden Jahren in eine X-Beinstellung übergeht und sich erst nach dem vierten Lebensjahr zur normalen geraden Beinhaltung des Jugendlichen umbildet. Diese Vorgänge, die beim einzelnen Kind sehr verschieden liegen können, sind normal und nicht krankhaft. Auch die Einwärtsdrehung der Füße, die zur Folge hat, daß die Kinder „über den großen Onkel" laufen, schwindet im Laufe des Wachstums und bildet sich um zur normalen Stellung beider Füße zueinander.

Für die spätere Fußform ausschlaggebend sind die angeborenen oder durch Zivilisationseinflüsse erworbenen *Schwächen* des Stütz- und Muskelgewebes.

Das knöcherne Gerüst des Fußes mit seinen teilweise übereinanderliegenden einzelnen Elementen der Fußwurzelknochen ist bereits besprochen worden. Zahlreiche Bänder und kurze Muskeln, vor allem im Bereich der Fußsohle, aber auch zwischen den fünf Mittelfußknochen, halten das knöcherne Gefüge als „Gewölbe" aufrecht und verspannen es untereinander. Lange und kurze Muskeln bzw. Sehnenzüge dienen als aufrichtende und stützende Kräfte, die einer Senkung dieses Gewölbes entgegenwirken.

Unter der Aufrichtung des Fußes sind alle Bewegungskräfte zu verstehen, die zur Supination und Beugung (Plantarflexion) des Fußes führen. Bei der Aufrichtung im Stand und erst recht beim Hochzehenstand wird, neben der kräftigen Beugung des ganzen Fußes, die Ferse aus ihrer mehr oder weniger auswärts gedrehten Ruhestellung zur senkrechten Mittelstellung bis Supinationsstellung (Fersenschluß) zurückgedreht, das Fußlängsgewölbe gehoben und das Gefüge des Fußes gefestigt (siehe Abb. 51).

Gleichzeitig wird deutlich, daß sich der Vorfuß bei Belastung im Zehenstand wie bei jeder Geh- und Sprungbelastung anders als der Rückfuß verhält. Während dieser eine supinatorische Bewegung ausführt, zeigt sich am Vorfuß die bereits beschriebene gegenläufige, pronatorische Drehung (*Verwringung*), wodurch

- die ideale Belastung (Ferse hinten – Großzehenstrahl vorne innen) und
- der Gewölbebogen am Fußinnenrand (als muskuläre Leistung)

zustande kommen. Bei normal entwickelter Fußmuskulatur kann ein Kind etwa 15 sec im Hochzehenstand (mit der Hand abstützen) oder 30 sec im Einbeinstand stehen, ohne nach innen abzuknicken.

Auch bei gesunden Füßen führt eine ständige Überbeanspruchung, wie zu langes Gehen und Stehen auf hartem Boden ohne genügende Bewegungsfreiheit, Tragen schwerer Lasten, körperliches Übergewicht und Mangel an kräftigenden und lockernden Übungen, zu Störungen der Halte- und Bewegungskräfte und damit zu Fußschwächen.

Eine ganze Reihe von Beschwerden stellt sich ein: Schmerzen bis zur Hüfte hinauf, Müdigkeit, Schweregefühl, Umknickneigung und Anschwellungen der Füße begleiten solche Fußschwächen und verschlimmern sich, wenn es zu regelrechten knöchernen Verschiebungen kommt, die wir dann den Fußschäden zuordnen müssen.

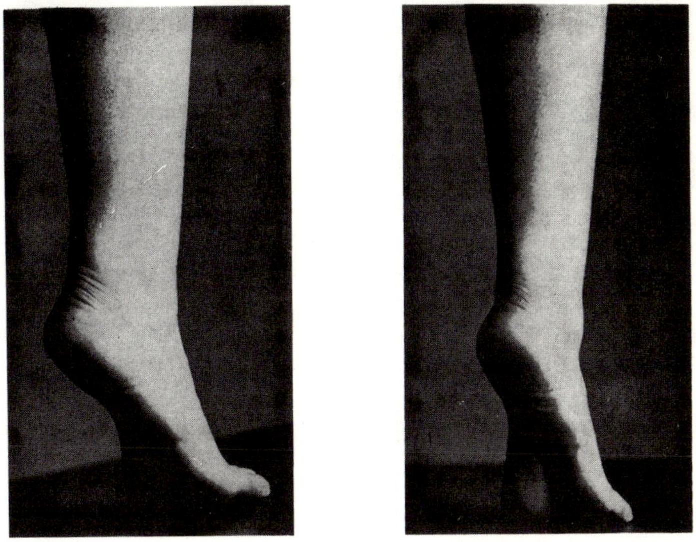

Abb. 51: Rechter Fuß von hinten außen und von hinten. Vorgang der Verwringung des Fußes bei der Abwicklung bzw. beim Zehenstand. Die Ferse dreht sich supinatorisch, der Vorderfuß pronatorisch. Das Hauptgewicht liegt auf dem Großzehballen. Der Mittelfußknochen des I. Strahles steht senkrecht auf der Unterlage.

a) Typischer Knickfuß (Knick-Senkfuß)

Der exponierte Sitz des Sprungbeines, das hinten nur zum Teil über dem Fersenbein, vorn neben ihm liegt, und das in seiner Lage durch einen knöchernen Vorsprung des Fersenbeins (dem Sprungbeinträger des Fersenbeins) sowie durch die Sehnenzüge eines Teiles der Unterschenkelmuskulatur gehalten werden muß, bringt es mit sich, daß es bei Überwiegen der Schwerkraft infolge Muskel-Bänderschwäche die Tendenz hat, nach unten innen abzusinken, während das Fersenbein mit dem Rückfuß gleichzeitig pronatorisch stärker nach außen abknickt. Wesentlich beteiligt ist daran ein schwacher Wadenmuskel, der nicht mehr die supinatorische Kraft im unteren Sprunggelenk aufbringt und somit das Abknicken des Fersenbeins begünstigt.

Auf diese Weise entsteht der Knickfuß, der durch das Abflachen des inneren Fußgewölbes gleichzeitig zum Knick-Senkfuß wird. In seiner weiteren Ausprägung, nach Abrutschen des Sprungbeines seitlich am Fersenbein vorbei nach unten, kommt es dann zu einer völligen Abflachung des Längsgewölbes und damit zur Endausprägung des Haltungsschadens am Fuß, zum Knick-Plattfuß.

Ursächlich beteiligt sind an diesen Vorgängen zusammenfassend einmal die Schwächen der zahlreichen Bänder, die die knöchernen Elemente des Fußgewölbes untereinander halten und verspannen (insbesondere die inneren und äußeren Seitenbänder an den Knöcheln), zum anderen aber vor allem eine Ermüdung, Schwäche und Dehnung der den Fuß aufrichtenden Muskeln. Hier sind es in erster Linie

– der *Wadenmuskel,* der mit seiner Supinationswirkung die Ferse nach innen dreht bzw. senkrecht stellt,
– der *Wadenbeinmuskel,* der die Gegenbewegung des Vorfußes am Großzehenstrahl im Sinne der Pronation und das Heranbiegen des Großzehenballens an den Rückfuß bewerkstelligt. Damit wird der Längsgewölbebogen hergestellt und aufrecht erhalten.
– der *vordere Schienbeinmuskel,* der das Längsgewölbe des Fußes durch direkten Zug nach oben aufzurichten vermag (Antiplattfußmuskel).

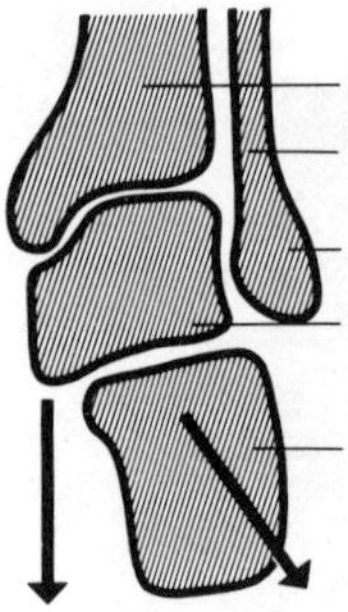

Abb. 52: Rechtes Fußskelett mit oberem und unterem Sprunggelenk (schematisch) Ansicht von hinten
Die Pfeile deuten die Tendenz Absinken des Sprungbeines und Abknicken des Fersenbeines an.

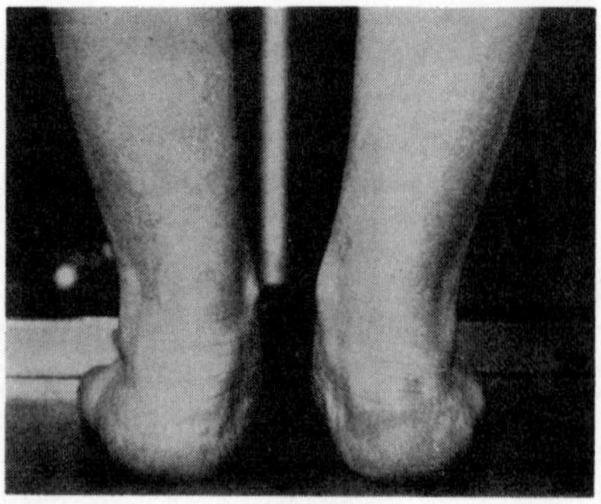

Abb. 53: Knick-Plattfuß

Sind die geschwächten Muskeln in ständiger Ruhehaltung begriffen und wird diese damit zur Dauerhaltung, so kommt es zwangsläufig zu den Formen des typischen Knick-Senkfußes (Fußschwäche) und später des Knick-Plattfußes (Fußschaden), wie sie uns so häufig vor Augen treten:

– das Fersenbein ist nach außen erheblich abgeknickt (erkennbar am veränderten Verlauf der Achillessehne) der Vorfuß weist nach auswärts gestellte Fußspitzen auf,
– das Längsgewölbe an der Fußinnenseite ist eingesunken.

Durch Verkürzung der Bänder und Muskeln im Bereich des Außenknöchels wird der Fuß schließlich zum fixierten Plattfuß, der dann nur noch durch langwierige orthopädische Maßnahmen gebessert werden kann.

b) Senkfuß

Beim reinen Senkfuß liegt hingegen vornehmlich eine Schwäche der Bänder und Muskeln der Fußsohle, insbesondere ihres Sohlenspanners vor. Diese *Fußsohlenaponeurose* ist eine vielfach verzweigte Bänder-Sehnenplatte, die sich vom Fersenbein bis zu den Köpfchen der Mittelfußknochen und weiter bis zu den Zehen erstreckt. Sie dient vornehmlich den kurzen Zehenbeugern und anderen kurzen Muskeln der Fußsohle als Ursprung; außerdem verbindet sie Fußsohlenhaut, Fettgewebe, kurze Bänder und Fußsohlenmuskulatur zu einem dicken Polster und verhindert damit die zu starke Druckbelastung der Knochen und Weichteile der Fußsohle. Gleichzeitig gewährleistet sie, zusammen mit den langen Zehenbeugern, die Längsverspannung des Fußgewölbes und hält damit ebenfalls das Längsgewölbe des Fußes aufrecht.

Zusätzlich wird dieses Längsgewölbe durch den „Steigbügel" des Wadenbeinmuskels und vorderen Schienbeinmuskels „untergurtet" und gehalten.

Kommt es zu einer Schwäche der Bänder- oder Muskelanteile (durch konstitutionelle Schwäche, Übergewicht oder ständig zu starke Druckbelastung bei starrem unnachgiebigem Schuhwerk), so flacht sich das Fußlängsgewölbe ab und die Fußwurzelknochen bekommen die Tendenz, nach unten durchzusinken.

Das Längsgewölbe wird also muskulär durch Längsverspannung und Untergurtung hochgehalten. Seine Aufgabe ist es, im Verein mit den beteiligten Muskeln und Bändern, die Federung, Druckverteilung und ideale Belastung des Fußes zu gewährleisten:

– im Rückfuß mit Hilfe des Fersenbeins,
– im Mittel-Vorfuß mit dem Köpfchen des ersten Mittelfußknochens (Großzehenstrahl).

Nur der erste Strahl ist aus anatomischen und funktionellen Gründen auf die volle Belastung eingestellt. Die Längsgewölbestruktur schafft damit eine der Voraussetzungen für die federnde *Belastbar-*

keit des Fußes, die in dem Maße Störungen erfahren muß, wie Bindegewebe und Muskulatur nachgeben und zum Absinken des Gewölbes führen.

Entstehen nun im weiteren Verlauf des Abflachungsprozesses regelrechte knöcherne Verschiebungen, so liegt auch hier als Endausprägung der völlige Plattfuß mit seinem gänzlich eingesunkenen Fußinnenrand vor.

Damit werden die Unterseiten der Fußwurzelknochen zu Belastungsflächen, denen sie nicht gewachsen sind, die Abfederung des Fußes ist nicht mehr gewährleistet und die Abwicklung beim Gang (als aktiver Vorgang) bei der dann vorliegenden gedehnten und geschwächten Fußsohlenmuskulatur erheblich gestört. Der Fuß als Stütz-, Bewegungs- und Halteorgan ist damit unfähig geworden, seiner Aufgabe gerecht zu werden.

Abb. 54: Normalfuß – Senkfuß – Plattfuß (Darstellung der Fußinnenseite)

c) Spreizfuß

Beim Spreizfuß weichen die *Mittelfußknochen* fächerförmig auseinander. Dadurch wird das Quergewölbe abgeflacht oder ganz aufgehoben. Der Vorfuß ist verbreitert. Die Zehen werden insbesondere durch den Druck der Schuhe zusammengedrängt. Sie stehen häufig in Hammerstellung.

Als Ursache gilt in erster Linie der schlechte, d. h. der zu kurze oder zu spitze Schuh. Durch den Stauchungsdruck von vorne spreizen sich die Mittelfußknochen auseinander, wodurch es gesetzmäßig zur Senkung der inneren Strahlen kommt. Nur der I. Strahl (Großzehenstrahl), in geringerem Maße auch der V., ist aber auf die volle Belastung bei Stand, Schritt und Sprung eingerichtet, während die anderen Mittelfußknochen dem Druck der Unterlage nicht gewachsen sind. Tritt die Senkung ihrer vorderen Enden ein, so bohren sich die Mittelfußköpfchen in die Weichteile der Sohle, es entstehen infolge ungewöhnlicher Druckbelastungen Schwielen auf der Fußsohle, die die heftigen Spreizfußbeschwerden verursachen.

Abb. 55: Spreizfuß

Daneben spielt auch hier ursächlich die allgemeine Fußschwäche (zu der natürlich der schlechte Schuh beitragen kann) mit den verschiedenen Komponenten der Senkung eine Rolle, wobei wir wissen, daß auch der Spreizfuß eine Komponente einer Fußsenkung zu sein pflegt (Maier).

Beim Spreizfuß liegt hauptsächlich eine *Bänderschwäche* im Vorfuß-Mittelfußbereich zugrunde, da hier die muskulären Elemente umfangmäßig geringer ausgebildet sind und die Haltevorrichtungen der Bänder überwiegen. Deshalb ist er auch weniger zugänglich für die aktive Haltungsschulung am Fuße, als es die vorgenannten, mehr muskulär bedingten Fußschwächen erlauben können. Hier wird am ehesten die Einlage als orthopädische Maßnahme angebracht sein. Sie muß ein ausgeprägtes Quergewölbe besitzen, um die Mittelfußknochen vor den Köpfchen abzustützen, die einen Dauerdruck schlecht aushalten. Ganz besonders wichtig ist aber die Einflußnahme auf das Tragen geeigneten Schuhwerks auf dessen Kriterien hier nicht näher eingegangen werden soll (siehe Lit. Verzeichnis).

Auch im Bereich des Spreizfußes wird man bei beginnenden Fällen der Senkung des Quergewölbes von Fußschwächen sprechen, bei ausgesprochenen Bildern mit gänzlich abgesunkenem Gewölbe von Fußschäden.

Die gesetzmäßige Verbundenheit der Senkungsvorgänge des Fußes läßt im Grunde die übliche Einteilung in Knick-, Senk- und Spreizfuß als überflüssig erscheinen. Immer handelt es sich um eine Senkung des Fußes, aus der Ruhehaltung hervorgegangen, die alle Einzelkomponenten mehr oder weniger einschließt.

Wenn beim einzelnen Fuß die eine oder andere Form der Senkung vorherrscht, so liegt das an der konstitutionellen Verschiedenheit und an Art und Grad der schädlichen Einwirkung.

Zur gezielten Behebung der Fußschwächen jedoch ist nach wie vor die getroffene Unterscheidung nützlich.

d) Hallux valgus (Schiefzehe)

Die Schiefzehe ist eine Abweichung der Großzehe nach außen in Richtung zur zweiten Zehe hin. Sie ist anlagemäßig bedingt, wird aber ohne Zweifel auch durch zu kurzes, zu spitzes und zu enges Schuhwerk begünstigt, wodurch die Großzehe in die krankhafte Lage abgedrängt wird.

Die Großzehe legt sich eventuell über oder unter die zweite Zehe, sie wird im Grundgelenk nach außen abgeknickt, der Großzehenballen verdickt sich und wölbt sich nach innen vor. Eine schmerzhafte, oft entzündliche Schwiele an dieser Stelle kennzeichnet den meist schon fortgeschrittenen Zustand.

Rechtzeitige Abhilfe ist auch hier durch entsprechende Übungen unerläßlich. In hochgradigen Fällen hilft allein die orthopädische Behandlung bzw. Operation.

Die Behandlung der Fußschwächen besteht in zweckgerichteter Steigerung der Leistungsfähigkeit der Muskulatur durch Training. Mit dem intensiven Gebrauch der Muskeln wächst ihre Kraft, wobei das Training auch der Fußmuskulatur eine bestimmte Quantität und Qualität erreichen muß, um leistungsfördernd und vor allem ausgleichend bei vorhandenen Fußschwächen zu wirken.

Einlagen und alle künstlichen Versteifungen des Schuhwerks sind bei Auftreten von Fußschwächen auf Grund *muskulärer* Schwäche meist abzulehnen. Bei Störungen am Bandapparat (Spreizfuß) oder knöchernen Veränderungen des Fußes sollen Einlagen *korrigieren* (nicht stützen) und *zusammen mit* Fußübungen wirksam werden.

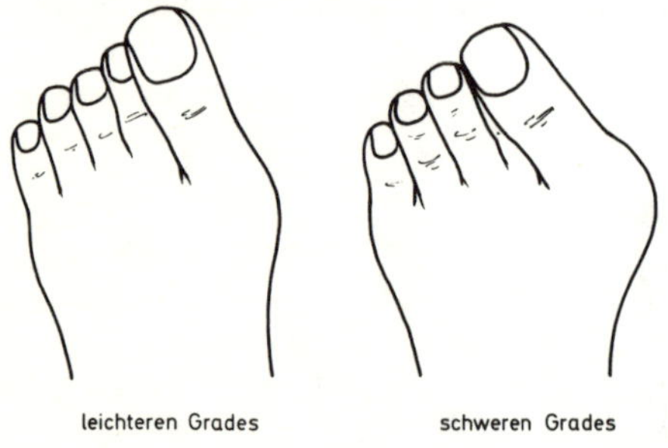

Abb. 56: Schiefzehe (Hallux valgus)
(Linker Fuß in der Aufsicht)

Vielmehr ist der Fuß durch häufiges Barfußlaufen auf unebenem, aber nicht zu hartem Boden (Anpassung an wechselnde Unterlagen), durch Lauf- und durch gezielte Bewegungsübungen der Muskulatur zu strapazieren und damit zu kräftigen.

Die speziellen Fußübungen sind im praktischen Teil beschrieben.

1.3.14. Erfassung und Bekämpfung der Haltungsschwächen

Nach statistischen Erfahrungen in den 60er Jahren sind 20 bis 30 % der Kinder im Einschulungsalter als haltungsgeschwächt zu bezeichnen. Im Verlauf der Schulzeit nehmen diese Haltungsschwächen offensichtlich an Zahl und Intensität weiter zu. Nach einer in Münster vorgenommenen Untersuchung an Oberschülern im Alter von 10 bis 18 Jahren wurden bei den Mädchen in 43,4 %, bei den Jungen in 37,9 % Haltungsschwächen, bei etwa 8 % der Schüler insgesamt Haltungsschäden vorgefunden (Matthiass). Heute dürften diese Zahlen durchweg höher liegen.

Indessen gehen die Ansichten über Ausbreitung und Häufigkeit der „Haltungsschwäche" erheblich auseinander, je nach der diagnostischen Einstellung des Untersuchers. Der Orthopäde ist geneigt, erst relativ spät eine „Haltungsschwäche" als solche zu bezeichnen (da noch keineswegs als krankhafter Zustand anzusehen) und andererseits schon früh einen „Haltungsschaden" in seine Kompetenz zu nehmen, die diagnostische Breite also sowohl von unten wie von oben her einzuschränken.

Die kleinere Zahl der Haltungsschäden macht hinsichtlich der Erkennung im allgemeinen keine Schwierigkeiten; das Problem liegt hier wesentlich einfacher, da es auf Grund eindeutiger Diagnose und spezieller Behandlung eine rein ärztliche Angelegenheit ist und bleiben muß.

Auf der anderen Seite steht die in jedem Falle weit größere Zahl derjenigen Kinder, die heute selbst unter ungünstigen Bedingungen eine normale und gesunde körperliche Entwicklung durchmachen.

Dazwischen liegt die Gruppe der Haltungsschwächlinge, die einer besonderen Betreuung und Förderung bedürfen, denn zum einen reichen Ärzte und medizinisches Personal nicht aus, um ihre immerhin beträchtliche Zahl behandlungsmäßig zu bewältigen, zum anderen werden sie innerhalb des Regelturnens bei weitem nicht genügend herangenommen, um ihren Bedürfnissen zu genügen. Ganz abgesehen davon, daß die allgemeine Sportstunde ihren speziellen Erfordernissen nicht in vollem Umfang gerecht würde. Bei diesen Kindern kommt es nicht so sehr darauf an, die leistungssportliche Betätigung zu vollziehen; der Unterricht muß vielmehr auf die korrektive Arbeit ausgerichtet sein, die allein zu einer Kräftigung des geschwächten Halteapparates und zu einer Wiederaufrichtung des Rumpfes, des Beckens und des Fußskelettes führen kann.

Nach ärztlicher Entscheidung können durchaus *auch* Kinder mit Haltungsschäden oder Formveränderungen der Wirbelsäule (leichtere Skoliosen, Scheuermannsche Krankheit) am Sonderturnen teilnehmen, das natürlich eine ärztliche Behandlung nicht ersetzen kann. Wenn es aber so ist, daß Skoliosen und Scheuermannsche Krankheit (neben der vorhandenen Disposition) durch Umwelteinflüsse auszulösen und zu verschlimmern sind — und daran ist wohl kaum zu zweifeln —, dann sind präventive Maßnahmen und ausgleichende Übungen bei diesen Kindern auch in der Schule angebracht und je nach Begabung und Erfahrung des Lehrers, im Einvernehmen mit dem Arzt, im Schulsonderturnen durchführbar.

Unerläßlich ist das Sonderturnen für das haltungsgeschwächte Kind. Gegen seine zwingende Notwendigkeit müssen andere Bedenken, wie etwa das psychische Trauma einer „Sonderbehandlung", wie es das Kind oder den Jugendlichen treffen könnte, zurücktreten. In der kleinen Gruppe der Förderbedürftigen wird der Erzieher intensiv und individuell auf den einzelnen einwirken können und *nur so* eine Besserung des körperlichen Befundes erreichen.

Es kommt hinzu, daß unsere Maßnahmen im Schulsonderturnen ja nicht nur Haltungsschwächen, sondern ebenso auch die häufigen Erscheinungen der Organ-Leistungsschwächen und Koordinationsschwächen umfassen, wo ein spezielles Eingehen auf die Besonderheiten dieser Kinder noch weit mehr erforderlich ist, dem aber die allgemeine Turnstunde mit ihren personellen und räumlichen Beschränkungen kaum genügen würde.

Die Aufgabe des Schulsonderturnens ist eine präventive, bevor ernstere krankhafte Veränderungen entstehen können, und sie kommt als Maßnahme in Betracht, solange keine grundsätzliche Änderung in der umfassenden körperlichen Erziehung durch die Schule (vor allem größere Beachtung allgemeiner Haltungserziehung gegenüber Leistungssport und Wettkampfsport) eingetreten ist.

Aufgabe des Arztes wird es sein, bei der Einstellungsuntersuchung wie auch bei späteren Nachuntersuchungen zu entscheiden, welches Kind ärztlichen therapeutischen Maßnahmen zugeführt werden muß, und welche Kinder am Unterricht des Sonderturnens teilzunehmen haben.

Der Lehrer, der auf diese Dinge zu achten gelernt hat, wird andererseits dem Arzt dadurch zur Hand gehen können, daß er die Kinder in ihrem täglichen Leben sieht, ihren Leistungsaufbau oder -abbau feststellen und den Schularzt hinzuziehen kann. Die ärztlichen Nachuntersuchungen beim Sonderturnkind sollten mindestens einmal jährlich stattfinden. Die Dauer des Schulsonderturnens beträgt wenigstens ein Jahr; die längste Frist sollte nur ausnahmsweise zwei Jahre überschreiten.

Die exakte Beobachtung des Kindes betrifft bei jeder körperlichen Orientierung seinen Bewegungsapparat und seine Haltung neben der Beurteilung des Ernährungszustandes, des Körperbildes und seines Reifungsgrades.

Das wichtigste Hilfsmittel für den Schularzt ebenso wie für den ihn unterstützenden Lehrer ist das Auge.

Der optische Befund wird durch den Tastbefund und die Prüfung der freien Beweglichkeit ergänzt.

Da es keine Einheitlichkeit im Beurteilungs- bzw. Untersuchungsgang der Kinder und Jugendlichen gibt, empfiehlt sich eine Anzahl bestimmter, in stets gleicher Reihenfolge vorzunehmender Beobachtungsmethoden, nach denen man sich in die Lage versetzt, vorhandene Rumpfschwächen und Fußschwächen zu erkennen, und vor allem auch eine Besserung oder Verschlechterung der gewonnenen Befunde festzustellen.

(a) Beobachtung der Vorderseite des stehenden Kindes:

Hierbei ist zu achten auf Unterschiede in Bau und Gliederung beider Körperseiten. Insbesondere sind es Asymmetrien im Bereich des Schultergürtels, des Brustkorbes, des Beckens, der Beine und der Füße, die Hinweise auf vorhandene Fehlstellungen geben können. Gleichzeitig ist der Haltungsaufbau der Schultern, des Rumpfes und des Beckens festzustellen. Zu achten ist weiter auf die Konturen des Körpers wie auch auf die Luftfiguren zwischen Rumpf und Armen und zwischen den Beinen.

(b) Beobachtung der Rückenseite des stehenden Kindes:

Auch hier zielt das Augenmerk auf Asymmetrien der oberen und unteren Körperhälfte, vor allem im Bereich der Lenden, der Hüften, des Gesäßes, der Waden und der Fersen (Knickfuß). Die Prüfung der aktiven und passiven Beweglichkeit der Schultern gibt uns Aufschluß über etwa vorhandene Verkürzungen der Pektoralismuskulatur beim Rundrücken und der nach vorne abgefallenen Schultern. Durch Entlangstreichen mit den Fingerkuppen an der Dornfortsatzreihe der Wirbelsäule oder auch unter Zuhilfenahme eines Farbstiftes werden seitliche Abweichungen der Wirbelsäule deutlich sichtbar gemacht werden können.

Unter Anheben eines Beines belastet man den anderen Fuß und prüft durch Hebung und Senkung im oberen Sprunggelenk seine Funktionstüchtigkeit. Die volle Verwringungsfähigkeit des Fußes ist durch Beobachtung der Fersenstellung im Hochzehenstand (ausreichende Supinationsfähigkeit des Rückfußes) zu beurteilen.

(c) Beobachtung der Seite des stehenden Kindes mit Armvorhalte (zugleich Haltungs-Test nach Matthiass):

Das Kind soll dabei eine möglichst aufgerichtete (aktive) Haltung einnehmen. Schon hierbei wird man vorhandene Veränderungen in Form und Stellung der Wirbelsäule erkennen können. Die Beobachtung in der aufgerichteten Haltung zielt weiterhin darauf ab, festzustellen:

– ob das Kind in der Lage ist, diese Haltung wenigstens für Sekunden beizubehalten (dann kein Haltungsschaden, aber Haltungsschwäche)
– oder sofort in eine Ruhehaltung zurücksinkt bzw. überhaupt nicht aufrichtbar ist (Haltungsschaden)
– oder die aufgerichtete Haltung über 30 Sekunden hinaus beizubehalten vermag (haltungsgesund).

Anschließend erfolgt die Beurteilung von Form und Stellung des Rumpfes in der Ruhehaltung.

(d) Beobachtung von hinten und von der Seite bei Rumpfvorbeuge mit gestreckten Knien, locker fallenden Armen und herabhängendem Kopf:

Asymmetrien des Rückens, der Lenden und des Gesäßes werden auch hier Hinweise für körperliche Abweichungen in Haltung und Form geben.

Insbesondere beim Blick von der Seite lassen sich abnorme Kyphosen und Lordosen der Wirbelsäule verdeutlichen (gerader Wirbelsäulenverlauf in dessen unterem Abschnitt beim Hohlrücken). Läßt man darüber hinaus den Vierfüßlerstand oder die Rutschhalte einnehmen, so ist die Ausgleichbarkeit von bestehenden Kyphosen besonders augenfällig nachprüfbar.

Zur Erleichterung des Beurteilungsganges für den Erzieher und zur Notierung der Befunde ist die Benutzung eines gedruckten Beurteilungsbogens zu empfehlen (Muster siehe S. 63). Er enthält alle wesentlichen Fragen und dient vor allem auch der Registrierung der gewonnenen Befunde zum späteren Vergleich.

Gestalt, Haltung und Bewegung

(Haltungsbeurteilungsbogen, von der Bundesarbeitsgemeinschaft in Düren als Formblatt erhältlich)

Beurteilungsbogen für den Erzieher
(in Anlehnung an den Haltungs-
untersuchungsbogen nach Prof. Matthiass)

Name:
Wohnort:
Alter:

Gestalt

Körperform	:	leptosom – pyknisch – athletisch – kombiniert
Rückenform	:	harmonisch – totalrund – hohlrund – flach
Reifestadium	:	kindlich – 1. Gest. W. – Präpub. – P1 – P2 – reif
Reifezustand	:	retardiert – akzeleriert – Durchschnitt

Haltung und **Bewegung**

Brustkorb	:	breit – schmal – tief – flach
Atmung	:	oberflächl. – tief – Bauch – Brust – Vollatmung
Bauch	:	vorgewölbt – normal – schlaff
Becken	:	gekippt – normal – aufgerichtet – nach hinten gedreht
Füße	:	normal – Knick – Senk – Platt – Spreiz – Hohlfuß
Zehenstand	:	normal – vermindert
Gang	:	flüssig – starr – locker – verkrampft – hinkend
Beckenkämme	:	gleich – Tiefstand (re – li)
Wirbelsäule	:	achsengerecht – seitl. Abweichung (Konvexität re – li)
		Vorbeugung frei – eingeschränkt (H – B – L)
		Seitbeugung frei – eingeschränkt (re – li)
		Schiefhaltung nein – ja (ausgleichbar ja – nein)
		fixierte Kyphose nein – ja (B – BL – L)
Schultergürtel	:	Schulterblätter : gleich – hochstehend (re – li) – anliegend – abstehend
		Beweglichkeit : frei – eingeschränkt

Haltungsformen:	Schulter-gürtel	Brust-kyphose (normal bzw. unverändert – abgeflacht – verstärkt)	Lenden-lordose	Becken-stellung (normal – Hohl-kreuz-Hohlrücken)
Ruhehaltung				
Habituelle Haltung				
Aktive Haltung				
mit Armvorhalte				
Haltungs-Test	über 30 Sekunden ja – nein			

Besonderheiten:
Gesamteindruck:
Beurteilung:

Ein ähnlicher, unter medizinischen Gesichtspunkten erweiterter Haltungsuntersuchungsbogen (nach Prof. Dr. Matthiass) liegt für den Schularzt vor. Der Beurteilungsbogen des Erziehers kann für den Arzt eine wertvolle Hilfe sein.

Mit Hilfe der exakten Beobachtung wird auch der Erzieher in der Lage sein, haltungsschwache Kinder und Jugendliche zu erkennen und sie dem schulärztlichen Dienst zur Untersuchung vorzustellen. Ebenso wird er eine Verbesserung des Zustandes konstatieren können, sofern im Schulsonderturnen gezielte Übungen zur Behebung solcher Schwächen zur Anwendung kommen.

In jedem Falle sind gründliche Kenntnisse und Erfahrungen in der Erkennung und Beurteilung der Haltungsschwächen – auch für den Lehrer – notwendig und eine verantwortungsvolle, aber dankenswerte Aufgabe.

Alle Maßnahmen des Schulsonderturnens werden jedoch unvollständig sein, wenn nicht gleichzeitig die Voraussetzungen für die allgemeine Gesundung unserer Kinder und Jugendlichen im Schulalltag (und ebenso im Kindergarten und zuhause) erfüllt sind: genügend Bewegung in freiem Raum und reiner Luft, vernünftige Ernährung und Vermeidung nervöser Überbeanspruchung. Im Schulsonderturnen ist es zwar möglich, in gezielter Weise die bereits geschwächte aufrichtende und haltende Muskulatur zu kräftigen oder solchen Schwächen bei gegebenem Verdacht zuvorzukommen. Die wichtigere Aufgabe aber muß es sein, die Bedingungen für eine körperlich und damit geistig gesunde Entwicklung unserer Kinder insgesamt zu fördern, die körperliche Hygiene des Schulalltags zu verbessern und damit Körperhaltung und Körpererziehung als untrennbare Begriffe anzusehen.

Nur auf diese Weise, von der Wurzel her, wird das große gesundheitliche Problem unserer Zeit – die negativen Zivilisationsfolgen, und dazu gehört die Haltungsschwäche – angegangen werden können.

2. Organleistungsschwächen

Die ausreichende Versorgung des Organismus mit Sauerstoff ist von zwei Faktoren abhängig, die in Ruhe wie auch bei körperlicher Belastung den wechselnden Anforderungen gerecht werden müssen:

- von der äußeren Zufuhr des Sauerstoffs,
- von der Verteilung des Sauerstoffs im Körper.

Beide Faktoren können in ihrer Tätigkeit beeinträchtigt sein, wobei es sich in einem Falle um eine Störung im Bereich der Atmung, im anderen Falle um eine solche im Kreislaufsystem (Herz und Blutgefäße) handelt.

Zwei einfache Beispiele sollen die Situation verdeutlichen:

- Haltungsschwache Kinder weisen Einschränkungen der Rippenbeweglichkeit auf.
- Allgemeiner Bewegungsmangel und ungenügende Trainingsreize führen zu unzureichender Anpassung der Durchblutungsverhältnisse an die geforderte Leistung.

So lassen sich unmittelbar aus bestehenden Haltungsschwächen Beeinträchtigungen der Organfunktionen auf dem Gebiet der Atmung und des Kreislaufes ableiten, wie sie im folgenden als Organleistungsschwächen bezeichnet werden sollen. Ihnen ist die gleiche Aufmerksamkeit wie den muskulären Haltungsschwächen zu schenken; auch sie können durch den systematischen Aufbau der körperlichen Anforderungen im Training gebessert werden, weshalb ihnen im Schulsonderturnen in ähnlich intensiver Weise wie den Haltungsschwächen entgegengewirkt werden muß.

2.1. Anatomie und Physiologie des Atmungssystems

Unter dem Atmungssystem versteht man die zuführenden Atemwege, wie Nase, Rachen, Kehlkopf, Luftröhre und das eigentliche Atemorgan: die Lunge.

Die vom Kehlkopf zu den Lungen führende *Luftröhre* ist ein mit Knorpelspangen versehenes, elastisches Rohr, das sich in der Brusthöhle zunächst in zwei große Äste – rechter und linker Stammbronchus – für die rechte und linke Lunge teilt.

Die Hauptäste teilen sich dann für jeden Lungenlappen in dünnere Äste (Bronchien), und diese verzweigen sich allmählich wie die Zweige eines Baumes nach allen Richtungen weiter. Die feinsten Verästelungen enden in sackartigen Gängen, die mit kleinen Ausbuchtungen, den Lungenbläschen (Alveolen), besetzt sind. Diese Alveolen stellen das eigentliche Lungengewebe dar, in dem der Gasaustausch vor sich geht. Durch diese feinste Aufteilung ist eine Atemfläche geschaffen, die 100 bis 150 qm umfaßt. Der gesamte restliche Luftraum, also vom Rachen bis zum kleinen Endbronchus, wird als „Totraum" bezeichnet, da dort *kein* Gasaustausch stattfindet.

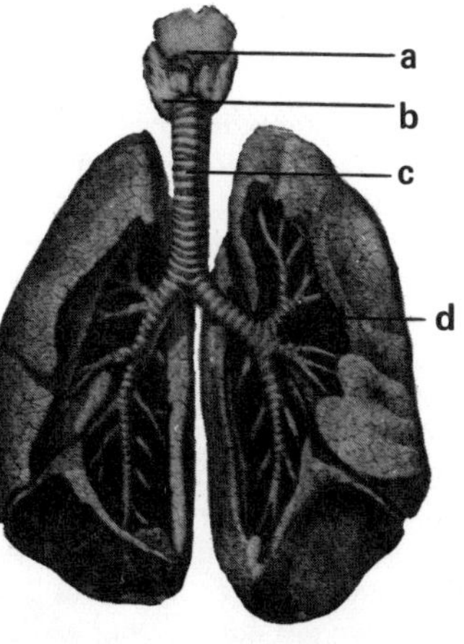

Abb. 57: Lunge (von SCHNELL)

Die Lungen (von vorne gesehen)
a Schildknorpel
b Schilddrüse
c Luftröhre
d freigelegte Hauptbronchien

Die zuführenden Luftwege dienen der Leitung, Anwärmung, Anfeuchtung und Geruchsprüfung der Luft. Außerdem werden Fremdkörper, wie Bakterien und Staubteilchen, abgefangen. Der Nasenatmung mit ihren längeren Zufuhrwegen ist daher der Vorzug zu geben.

Die *Lungen* bestehen aus einem elastischen, schwammartigen Gewebe. Die rechte Lunge füllt die rechte Brusthöhle aus und besteht aus drei großen Lappen. Die linke Lunge füllt die linke Brusthöhle und umfaßt zwei Lappen. Zusammengenommen haben beide Lungen etwa die Form eines stumpfen Kegels. Die Lungenspitzen überragen etwas die erste Rippe und das Schlüsselbein. Die äußeren Flächen grenzen an die Brustwand, die inneren an den Mittelfellraum, der zwischen beiden Lungen liegt und vom Herzen, der Luftröhre und der Speiseröhre ausgefüllt wird. An der Lungeninnenseite treten die Stammbronchien und die Blutgefäße als sog. Lungenwurzel in die Lungen ein. Mit ihren unteren Flächen ruhen beide Lungenhälften auf dem gewölbten Zwerchfell.

Durch die Lunge findet die Sauerstoffaufnahme und die Kohlendioxidabgabe statt. Sauerstoff ist erforderlich für die chemische Verarbeitung der Nährstoffe in den Zellen, wodurch die für jegliche Zelleistung erforderliche Energie gebildet wird. Bei diesen chemischen Umsetzungen entsteht u.a. das Abbauprodukt Kohlendioxid, das laufend aus dem Körper entfernt werden muß. Andernfalls entstünde eine Übersäuerung und damit eine allgemeine Vergiftung des ganzen Organismus.

Sauerstoff und Kohlendioxid sind Gase, die in den Lungen zwischen Blut und Luft ausgetauscht werden. Dieser Gasaustausch wird durch den anatomischen Bau der Lunge, insbesondere durch das Vorhandensein der Lungenbläschen (Alveolen) als kleinste Endgebilde des Bronchialbaumes, ermöglicht.

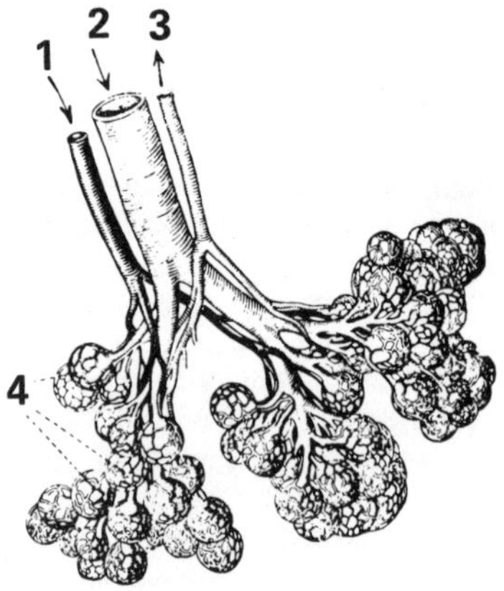

Abb. 58: Endverzweigung eines Bronchus mit Alveolen (nach SOLE-SPRANGER)

Endbronchus (2) mit Lungenbläschen (4), die von Blutgefäßnetzen umsponnen sind. 1 Kleine Arterie, die O_2-armes Blut führt, 3 Kleine Lungenvene, die O_2-reiches Blut zum Herzen zurückleitet.

Die Alveolen haben eine sehr dünne Wand, die nur aus einer einzigen Zellschicht besteht. Umsponnen aber werden sie von zahlreichen kleinen Blutgefäßen (Kapillaren), durch deren ebenfalls nur einschichtige, dünne Wand die Abgabe des Kohlendioxids und Aufnahme des Sauerstoffes vollzogen wird.

Der Durchtritt des Sauerstoffes und des Kohlendioxids durch die Alveolen- und Blutgefäßwand wird durch das bestehende Druckgefälle gewährleistet. In der Luft der Lunge und damit der Lungenbläschen besteht ein höherer Sauerstoffdruck als im Blut. Der Druckunterschied sucht sich auszugleichen, wobei der Sauerstoff in das Blut übergeht. Umgekehrt ist es beim Kohlendioxid. Nach dem so erfolgten Ausgleich wird durch den nächsten Atemzug das Druckgefälle wieder hergestellt.

Der notwendige Gasaustausch kann nur vonstatten gehen, wenn die Luft in den Alveolen ständig erneuert wird in der Form, daß einmal eine „Kompression" der Lunge stattfindet, die verbrauchte Luft also ausgepreßt wird, und andererseits eine Erweiterung sich anschließt, wobei die Frischluft in die Lunge hineinströmt.

Die Lunge selbst kann das nicht aktiv bewerkstelligen, da sie keine Muskulatur besitzt. Es ist vielmehr die Atemmuskulatur, die eine Verengung und Erweiterung des Brustkorbes und damit der Brusthöhle bewirkt. Da zwischen Lunge und Brustkorbwand, im sogenannten Pleuraspalt, sich ein Flüssigkeitsfilm befindet, muß die Lunge der Erweiterung oder Verengung des Brustkorbes folgen, wodurch sie im Sinne der Ein- und Ausatmung ebenfalls erweitert oder verengt wird.

Die Adhäsionskraft, mit der die Lungenoberfläche an der Innenwand des Brustkorbes haftet, hält also die Lunge entfaltet. Würde Luft in diesen Pleuraspalt hineingebracht (Pneumothorax), fiele die Lunge aufgrund ihrer elastischen Kräfte in sich zusammen und könnte den Bewegungen des Brustkorbes nicht mehr folgen.

Die *Einatmung* kommt durch die Zusammenziehung der äußeren Zwischenrippenmuskeln und des Zwerchfells zustande. Bei der Kontraktion der Zwischenrippenmuskeln werden die Rippen insgesamt gehoben, wodurch der Brustkorb nach vorne und im unteren Teil nach der Seite erweitert wird. Wenn das Zwerchfell sich zusammenzieht, flacht sich seine nach oben gerichtete Wölbung ab und die Brusthöhle erweitert sich nach unten. Die Lunge muß den Erweiterungen folgen, es entsteht ein Unterdruck im Brustraum und frische Luft wird durch die zuführenden Atemwege hineingesogen.

Die *Ausatmung* hingegen erfolgt in erster Linie durch die Erschlaffung der zuvor kontrahierten Atemmuskulatur. Dabei senken sich die Rippen und bewirken eine Wiederverengung des Brustkorbs in die Ausgangslage. Zugleich wird das vorher abgeflachte Zwerchfell bei seiner Erschlaffung durch die Rückstellkraft des elastischen Lungengewebes wieder aufgewölbt und von unten her die Brusthöhle verkleinert. Unterstützt wird die Wiederherstellung der Zwerchfellwölbung vom erhöhten Innendruck des Bauchraumes, der durch die Kontraktion einer leistungsfähigen Bauchmuskulatur geschaffen wird. Auf diese Weise kann die verbrauchte Luft aus der Lunge entweichen.

Da die aktiven Kräfte der Einatmung viel größer sind als die der Ausatmung, ist verständlich, daß eine Ausatmung gegen Widerstand schwerer ist als eine Einatmung unter ähnlichen Bedingungen.

Werden zur Einatmung vorwiegend die Zwischenrippenmuskeln benutzt, erweitert sich mithin der Brustkorb vor allem nach vorne und seitlich oben, so bezeichnet man diese Art der Atmung als *Brustatmung.* Bei der *Bauchatmung* wird dagegen in erster Linie das Zwerchfell in Tätigkeit gesetzt, wobei sich durch dessen Zusammenziehung die Brusthöhle mehr nach unten ausdehnt. Dabei ist gleichzeitig die Bauchmuskulatur in wechselndem Ausmaß an der Atembewegung beteiligt. Die Kombination der beiden Atemtypen bezeichnet man als *Vollatmung;* sie stellt die zweckmäßigste Art des Atmens dar.

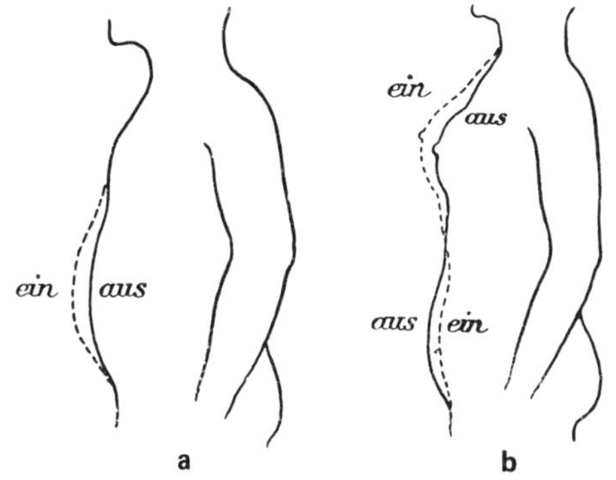

Abb. 59:
a Bauchatmung – b Brustatmung
(aus THÖRNER)

Ein- und Ausatmung sowie die Qualität der Atmung hinsichtlich Atemtiefe und -schnelligkeit werden vom *Atemzentrum* (Verlängertes Mark) reguliert. Dieses ist ein vegetatives Nervenzentrum im Gehirn, das direkt die Atemmuskulatur durch bestimmte Nervenbahnen innerviert. Das Atemzentrum seinerseits wird in Gang gesetzt durch den chemischen Reiz des Kohlendioxids im Blut, das, wie viele andere Teile des Körpers, auch das Gehirn durchströmt. Die Wirkung des Kohlendioxids auf die Atemtätigkeit wird an einem einfachen Beispiel verständlich: halten wir die Atmung an, so gelingt das nur für kurze Zeit, denn während dieses Atemstillstandes kann auch kein Kohlendioxid ausgeatmet werden. Da aber ständig neues Kohlendioxid durch die in allen Zellen weiterlaufenden Verbrennungsprozesse erzeugt wird, kommt es zur Anhäufung des Kohlendioxids im Blut. Dieses reizt das Atemzentrum schließlich so sehr, daß wir wieder zur Atmung gezwungen werden. Umgekehrt kann es durch gehäufte Atemzüge zu einer solch starken Ausatmung von Kohlendioxid kommen, daß im Blut eine Verarmung an Kohlendioxid eintritt. Dann fehlt der Reiz für das Atemzentrum und die Atmung steht still, bis sich wieder genügend Kohlendioxid angesammelt hat.

Daß neben dieser Automatik im Bereich des Atemzentrums eine willkürliche Beeinflussung der Atmung möglich ist, wissen wir aus eigener Erfahrung. Sie gelingt jedoch nur innerhalb gewisser Grenzen, bis das Atemzentrum zur Wiederherstellung der physiologischen Verhältnisse in die Willküratmung zwangsweise wieder eingreift.

Eine weitere Beeinflussung geschieht durch die vegetativen Nerven und hier in erster Linie durch den Vagus (Lungenvagus). Der Vagusnerv bewirkt ganz allgemein eine Hemmung der Atemtätigkeit. Fällt der Vaguseinfluß durch bestimmte nervliche Vorgänge fort, so ergibt sich daraus umgekehrt eine Steigerung der Atmung. Da reflektorisch über verschieden starke Hautreize die Vaguskräfte beeinflußt werden, kann z.B. bei einem plötzlichen kalten Bad (starke Vagusreizung) eine reflektorische Hemmung der Atmung bis zum Atemstillstand entstehen.

Schließlich üben auch psychische Vorgänge wie Schreck, Aufregung und Freude ihren Einfluß auf die Atemvorgänge über andere vegetative Zentren aus.

Bei körperlicher Ruhe beträgt die Luftmenge pro Atemzug einen halben Liter (*Atembreite* = Atemzugvolumen). An dieser Ruheatmung ist nur ein Teil der Alveolen beteiligt. Je tiefer die Atemzüge, desto mehr Alveolen werden sich entfalten und um so größer wird die Atmungsfläche, die für den Gasaustausch zur Verfügung steht.

Das *Atemminutenvolumen* ist die Luftmenge, die in einer Minute ein- oder ausgeatmet wird; es ergibt sich aus dem Atemzugvolumen und der Atemzughäufigkeit pro Minute. Die Häufigkeit liegt im allgemeinen bei 16 bis 20 Atemzügen. Das Atemminutenvolumen beträgt somit in Körperruhe ca. 8 Liter und steigt bei einer Arbeitsleistung sehr stark an (bei Dauerleistungen ca. 60 Liter, bei Maximalleistungen bis zu 140 Liter). Vergrößert werden hierbei sowohl die Tiefe des einzelnen Atemzuges (Atembreite) als auch die Zahl der Atemzüge pro Minute. Dabei ist es vorteilhafter, wenn die *Tiefe* der einzelnen Atemzüge stärker ansteigt, denn je flacher die Atmung ist – auch wenn sie rascher wird –, desto weniger Sauerstoff kann dem Blut zugeführt werden. Da der Gasaustausch nur in der Tiefe der Lunge, in den Lungenbläschen vor sich geht, kann der Sauerstoff, der sich in der Luft der zuführenden Atemwege befindet, nicht ins Blut gelangen. Die Lunge hat bei der zu schnellen (flachen) Atmung nicht die Zeit, die lange Zuführung im Luftröhrensystem genügend auszulüften, so daß dann trotz des gleichen Atemminutenvolumens – das durch eine raschere Atmung mit gleichzeitiger geringerer Atemtiefe erzeugt wird – effektiv weniger Sauerstoff aufgenommen wird.

Als *Vitalkapazität* bezeichnet man die Luftmenge, die nach stärkster Einatmung durch stärkste Ausatmung aus der Lunge entweicht (Messung durch Spirometer). Sie setzt sich zusammen aus der

- *Atembreite* (Luftmenge bei normaler, ruhiger Ein- bzw. Ausatmung = 500 cm^3), aus der
- *Einatmungsreserve* (zusätzliche Einatmungsluftmenge bei maximaler Einatmung = 2000 cm^3) und der
- *Ausatmungsreserve* (zusätzliche Ausatmungsluftmenge bei maximaler Ausatmung = 2000 cm^3).

Die Vitalkapazität beträgt beim Erwachsenen im Durchschnitt 4 1/2 Liter. Sie ist abhängig vom anatomischen Bau des Thorax und von der Kraft bzw. dem Ermüdungszustand der Atemmuskulatur. So tief, daß die ganze Vitalkapazität in Anspruch genommen würde, kann die Atmung nicht für längere Zeit durchgehalten werden, da dies zu einer zu starken Anstrengung und damit Ermüdung der Atemmuskulatur führte.

Jetzt greifen Kreislaufregulation und Atemregulation ineinander, denn der Anstieg von Kohlendioxid im Blut ist gleichzeitig der stärkste Reiz für das im Verlängerten Mark gelegene Atemzentrum. Außerdem kommt es durch den Sauerstoffmangel zu einer Anpassung der Zahl der roten Blutkörperchen (Erythrozyten) an den Sauerstoffbedarf. Denn immer, wenn der Organismus für einige Zeit einem Mangel in der Zufuhr des nötigen Sauerstoffes ausgesetzt ist, kommt es zu einer Vermehrung der roten Blutkörperchen als den Sauerstoffträgern. Aus diesem Grunde setzen sich viele Hochleistungssportler vor bedeutenden Meisterschaften einem Höhentraining aus. Die Wirksamkeit dieses Höhentrainings wird bereits wieder von vielen angezweifelt.

Normalerweise enthält die Luft 21 % Sauerstoff. Wenn der Sauerstoffgehalt der Luft, wie das in größeren Höhen der Fall ist, unter 9 % sinkt, gelangt nicht mehr genügend Sauerstoff ins Blut, da jetzt das Druckgefälle zu niedrig geworden ist.

2.2. Anatomie und Physiologie des Herzens und des Kreislaufes

Das Blutgefäßsystem bildet mit dem Herzen einen in sich geschlossenen Kreislauf. Das Herz hält das Blut in ständiger Bewegung, wodurch die Transportleistung des Blutes für Sauerstoff und Kohlendioxid ermöglicht wird. Die *großen* Blutgefäße dienen dabei in erster Linie der Leitung des Blutes über große Strecken. Die *mittleren* und *kleineren* Gefäße sind infolge ihrer muskulären Wand in der Lage, sich zu erweitern oder zu verengen und damit eine wechselnd starke Durchblutungsgröße zu gewährleisten. In den *kleinsten*, dünnwandigen Haargefäßen oder Kapillaren findet schließlich der Stoffaustausch statt.

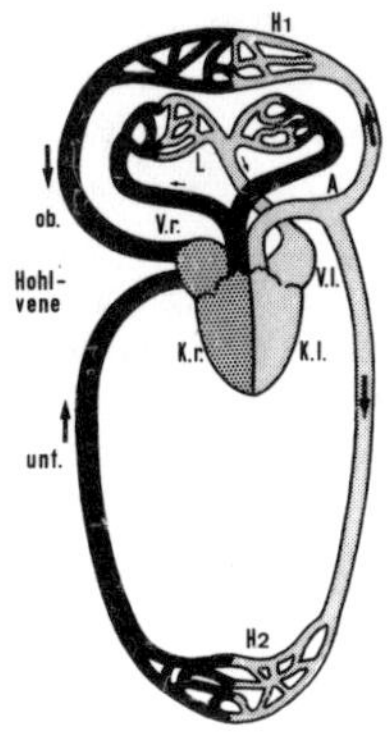

Vr rechter Vorhof
Vl linker Vorhof
Kr rechte Kammer
Kl linke Kammer
A Aorta, aufsteigend zu den Armen und zum Kopf, absteigend zum übrigen Körper
L Lunge mit Kapillargebiet des Lungenkreislaufes
H Kapillargebiete des Körperkreislaufes (H_1 in Kopf u. Armen, H_2 im übrigen Körper)

Abb. 60: Kreislaufschema des Menschen

Der Motor des Kreislaufes, das Herz, ist ein muskuläres Hohlorgan. Es besitzt zwei Vorhöfe und zwei Kammern. Eine längsgestellte Scheidewand teilt es in eine sauerstoffarme rechte Hälfte, bestehend aus rechtem Vorhof und rechter Kammer und in eine entsprechende sauerstoffreiche linke Hälfte. Beide Vorhöfe arbeiten, ebenso wie beide Kammern, stets gemeinsam. Sind die Kammern kontrahiert, erschlaffen die Vorhöfe und umgekehrt.

Zum besseren Verständnis der Durchblutungsverhältnisse im Körper unterscheidet man den *Lungenkreislauf* und den *Körperkreislauf.*

– *Lungenkreislauf*: Vom rechten (sauerstoffarmen) Teil des Herzens strömt das verbrauchte, kohlendioxidhaltige Blut durch die Lungenarterien in die Lunge. Nachdem dort Kohlendioxid abgegeben und Sauerstoff aufgenommen wurde, kehrt das jetzt sauerstoffgesättigte Blut durch die Lungenvenen in den linken Teil des Herzens zurück.
– *Körperkreislauf:* Vom linken Teil des Herzens aus gelangt das Blut durch die große Körperschlagader (Aorta) und ihre Verzweigungen zu den einzelnen Organgeweben, gibt dort seinen Sauerstoff und Nährstoffe ab, nimmt Kohlendioxid und Schlackenstoffe auf und strömt über die obere bzw. untere Hohlvene zum rechten Teil des Herzens zurück.

Die Bezeichnung *Arterie* oder *Vene* richtet sich nicht nach der Beschaffenheit des in ihnen fließenden Blutes, sondern sie orientiert sich nach der *Richtung des Blutstromes.* Als *Arterien* (Schlagadern) werden alle Blutgefäße bezeichnet, die vom Herzen *weg*führen, ganz gleich ob es sich um sauerstoffreiches oder sauerstoffarmes Blut handelt, und als *Venen* (Blutadern) gelten diejenigen Gefäße, die das Blut aus der Peripherie (bzw. der Lunge) zum Herzen *zurück*führen.

Im Körperkreislauf führen die Arterien sauerstoffreiches Blut zu allen Zellen hin und die Venen sauerstoffarmes Blut zum Herzen zurück, während dagegen im Lungenkreislauf die Lungenarterien (vom Herzen) sauerstoffarmes Blut und die Lungenvenen (zum Herzen) sauerstoffreiches Blut enthalten.

Die Herzwand ist aus drei Schichten aufgebaut:

– aus der Herzinnenhaut (Endokard), einer zarten Epithelschicht, die die Innenfläche des Herzens auskleidet,
– aus der Muskelschicht (Myokard), wobei das linke Herz dem rechten Herzen an Muskelmasse überlegen ist,
– aus der Herzaußenhaut (Epikard), einem festen Überzug des Herzens als Abgrenzung zur Umgebung.

Die Herzmuskulatur ist quergestreift. Die einzelnen Muskelfasern aber sind im Gegensatz zur quergestreiften Skelettmuskulatur durch Brücken miteinander verbunden. Sie bilden damit ein großes Muskelnetz und bewirken, daß sich ein Herzabschnitt (Kammern oder Vorhöfe) – wird er von einem

Reiz getroffen — als Ganzes zusammenziehen kann. Vorhof- und Kammermuskulatur sind dabei getrennt, sie gehen nicht ineinander über und ziehen sich nicht zur gleichen Zeit zusammen. Die Kontraktion der Vorhöfe erfolgt zeitlich etwas früher als diejenige der Kammern. Bei jeder Kontraktion wird nicht das gesamte im jeweiligen Herzabschnitt befindliche Blut ausgeworfen, sondern eine gewisse Menge *Restblut* bleibt zurück. Dieses in der Menge variable Restblut gilt als eine Art Blutdepot, dessen sich das Herz bedient, um die Auswurfmenge unter wechselnden Bedingungen sinnvoll zu verändern. In Ruhe wird das Restblut überhaupt nicht in Anspruch genommen. Erst bei Belastung erhöht sich die Kontraktionsstärke des Herzens, wodurch die Restblutmenge zum Einsatz kommt und zusammen mit anderen Faktoren das Auswurfvolumen des Herzens vergrößert.

Die Größe des Herzens entspricht etwa der Faustgröße des betreffenden Menschen; es wiegt beim Erwachsenen im Durchschnitt 300 g. Sein Fassungsvermögen beträgt mit großer Variationsbreite durchschnittlich 800 ccm.

Das Herz zur eigenen Ernährung seines Gewebes mit Blut aus der rechten und linken Kranzarterie versorgt, die unmittelbar am Herzausgang aus der Aorta entspringen. Damit erhält das Herz als erstes Organ das frische, aus der Lunge kommende Blut zu seiner Versorgung.

Man unterscheidet bei der Herztätigkeit zwei Phasen:

- das *Zusammenziehen* des Herzens (Systole): zunächst das der beiden Vorhöfe, wobei das Blut aus diesen in die Kammern fließt und anschließend das der Kammern; dabei wird das Blut aus beiden Kammern in die jeweiligen Arterien getrieben;
- das darauf folgende *Erschlaffen* (bzw. die Erweiterung) des Herzens (Diastole): beim Erschlaffen der Vorhöfe gelangt das Blut teilweise durch Saugkraft aus den Venen in das Herz und während des nachfolgenden Erschlaffens der Kammern aus den beiden Vorhöfen in die Kammern.

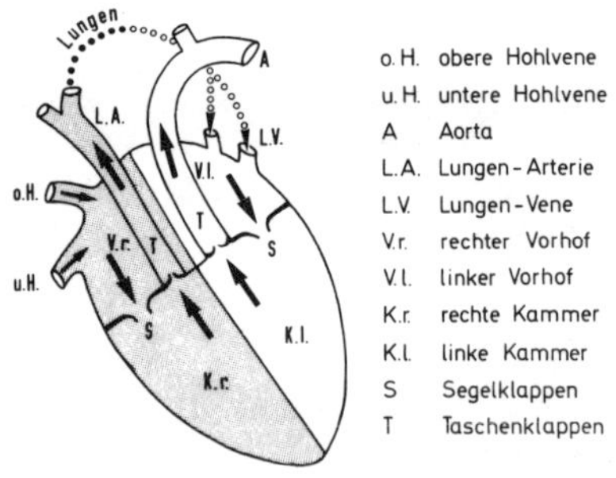

Abb. 61: Schematische Darstellung der Herzabschnitte

Aus der Kenntnis dieser beiden Phasen ergeben sich folgende Herzaktionen:

- Der Herzschlag beginnt mit einer *Erweiterung der Vorhöfe* (während die Kammern kontrahiert sind). Hierdurch wird vom rechten Vorhof das aus der Körperperipherie kommende kohlendioxidhaltige, sauerstoffarme Blut angesaugt. Es tritt durch die obere und untere Hohlvene in den rechten Vorhof ein. Gleichzeitig füllt sich der linke Vorhof mit dem sauerstoffreichen Blut aus der Lunge. Die Saugkraft der Vorhöfe wird unterstützt vom Dehnungszug der Lungen in deren Einatmungsphase, wobei die muskelschwachen Vorhöfe mit ausgedehnt werden und das Ansaugen des Blutes erleichtern.
- Anschließend kommt es zur *Kontraktion der Vorhöfe* bei gleichzeitigem Erschlaffen (Erweiterung) der Kammern. Durch beide Vorgänge wird das in den Vorhöfen befindliche Blut in die Kammern hineingetrieben.

Bei der nun wieder folgenden *Kontraktion der Kammern* geschieht folgendes:

- Aus der *rechten* Kammer strömt das kohlendioxidreiche Blut durch die Lungenarterie in die Lunge, um dort Kohlendioxid abzugeben und Sauerstoff aufzunehmen, und aus der *linken* Kammer wird es (sauerstoffreich) durch die Körperarterie (Hauptschlagader, Aorta) in die Peripherie des Körpers gepumpt, zur Sauerstoff-Sättigung des gesamten Gewebes. Zwei Ventilsysteme sorgen dafür, daß das Blut immer nur in einer Richtung, von den Vorhöfen zu den Kammern und von diesen zu den Arterien fließen kann; es sind die Segelklappen der Vorhöfe und die Taschenklappen an der Basis der jeweiligen Arterie.

Die beschriebenen Herzaktionen machen sich sowohl an der vorderen Brustwand als auch entfernt vom Herzen bemerkbar:

– durch die *Herztöne,* die beim Abhören der Brustwand festzustellen sind,
– durch den *Herzspitzenstoß,* der durch die Kontraktion der Kammern zustande kommt und unmittelbar an der vorderen Brustwand zu fühlen ist. Mit seiner Hilfe vermag man die Zahl der Herzschläge direkt zu bestimmen.
– durch den *Puls,* der durch Betasten der Arterien entfernt vom Herzen gefühlt werden kann,
– durch den *Blutdruck,* der mit Hilfe eines Manometers, an der Arterie des Oberarmes angelegt, gemessen wird und uns Aufschluß über die Kraft der Herztätigkeit gibt, wobei hier allerdings noch andere Faktoren, die den Druck variieren können, mitspielen.

Aus der aufsteigenden Aorta entspringen die Herzkranzgefäße, aus dem Aortenbogen die großen Schlagadern für Kopf und beide Arme (Kopf- und Armschlagadern). Die zunächst gemeinsame Kopfschlagader auf jeder Seite teilt sich bald in eine Gesichts- und Gehirnschlagader. Die Armschlagadern beiderseits verzweigen sich in der Ellenbeuge in die Speichen- und Ellenarterie , deren Ausläufer das Blut schließlich der Hand und den Fingern zuführen.

Die absteigende Aorta läßt die folgenden Abschnitte erkennen: Brustaorta (bis zur Höhe des Zwerchfelles) und Bauchaorta (ab Zwerchfellhöhe abwärts). In Höhe des fünften Lendenwirbels teilt sich die Bauchaorta in zwei große, abwärtsführende Äste: in die rechte und linke Beckenschlagader. Beide verzweigen sich in einen inneren und einen äußeren Ast. Der äußere Ast verläßt die Bauchhöhle unter dem Leistenband und läuft als Oberschenkelarterie zunächst auf der Vorderseite des Beines zwischen der Muskulatur abwärts. Im unteren Drittel des Oberschenkels gelangt diese Arterie auf dessen Rückseite. Im Bereich der Kniekehle teilt sie sich auf in die hintere und vordere Schienbeinarterie, die nun ihrerseits Unterschenkel und Fuß arteriell versorgen. Überall auf diesem Wege erfolgen Abzweigungen und Aufteilungen der Schlagadern in kleinere Gefäße bis zum Haargefäßsystem (Kapillaren).

Dieses Arteriensystem des Körperkreislaufes mit seinen feinen und feinsten Verzweigungen geht nach erfolgtem Stoffaustausch in das *Blutadersystem der Venen* über, um den venösen Rückfluß des Blutes aus der Peripherie zu gewährleisten. Auch hier schließen sich immer größer werdende Venen zusammen, um schließlich in die beiden großen Hohlvenen (für obere und untere Körperhälfte) zu gelangen, die beide getrennt in den rechten Vorhof einmünden, womit das Ende des Körperkreislaufes erreicht und der Anschluß an den Lungenkreislauf geschaffen ist.

Die Arbeitsweise des Herzens ist mit einer Druck- und Saugpumpe zu vergleichen. Wenn sich der Zustrom aus den Venen erhöht (infolge vermehrter Muskeltätigkeit und damit stärkerer Durchblutung in der Peripherie), wird auch die Füllung des Herzens größer. Der dabei entstehende Dehnungsreiz auf die Hohlräume des Herzens läßt die Herzmuskulatur mit einer kräftigeren Kontraktion antworten, um die Auswurfmenge entsprechend der vermehrten Füllung zu erhöhen. Gleichzeitig wird das Restblut bei wachsender Belastung in Anspruch genommen und zur verstärkten Volumenarbeit herangezogen. Die Menge des Blutes, die mit einem Schlage aus dem Herzen hinausbefördert wird, vergrössert sich: das *Schlagvolumen* steigt an. Es beträgt bei Körperruhe beim Erwachsenen im Durchschnitt etwa 70 ccm und kann bei größerem venösen Angebot infolge körperlicher Arbeit bis auf etwa 200 ccm steigen.

Das Herz ist somit zunächst von sich aus, gleichsam automatisch, in der Lage, einen höheren, venösen Zustrom durch eine Vergrößerung des Schlagvolumens zu bewältigen. Allmählich nimmt es dabei, d. h. seine einzelnen Muskelfasern, an Dicke zu (ohne Vermehrung ihrer Zahl): es kommt zur sog. Hypertrophie des Herzens bei gleichzeitiger Erweiterung seiner Hohlräume. Da dieser Vorgang durch vermehrte Inanspruchnahme und damit Kräftigung des Herzens im Training zustande kommt, bezeichnet man diesen Zustand des Herzens als sogenanntes *Sportlerherz.* Umgekehrt kann sich bei ständig zu kleinem Angebot kein leistungsstarkes Herz entwickeln. Es kommt zum sogenannten *Tropfenherzen* des Untrainierten, das keine Dauerleistungen zuläßt.

Steigt der Zustrom venösen Blutes bei einer Arbeitsleistung weiter an – beim trainierten Herzen durch höhere körperliche Beanspruchung, beim untrainierten kleinen Herzen schon viel früher –, dann kann das Herz das vergrößerte Angebot durch alleinige Erhöhung des Schlagvolumens nicht mehr bewältigen, es muß die *Herzschlagzahl,* die Frequenz, steigern.

Im Herzen selbst existiert ein eigenes Erregungsbildungszentrum, das gewährleistet, daß das Herz des Erwachsenen mit einer Frequenz von 60 bis 80 Schlägen, das des Kindes mit 90 bis 100 Schlägen in der Minute arbeitet.

Dieser Eigenrhythmus kann durch die Nerven des vegetativen Systems, von Vagus und Sympathikus, beeinflußt werden. Der Vagus hemmt die Herztätigkeit und unter seiner Einwirkung sinkt die Frequenz. Bei einem starken Vagusreiz, wie es z. B. ein plötzliches kaltes Bad oder ein heftiger Schreck

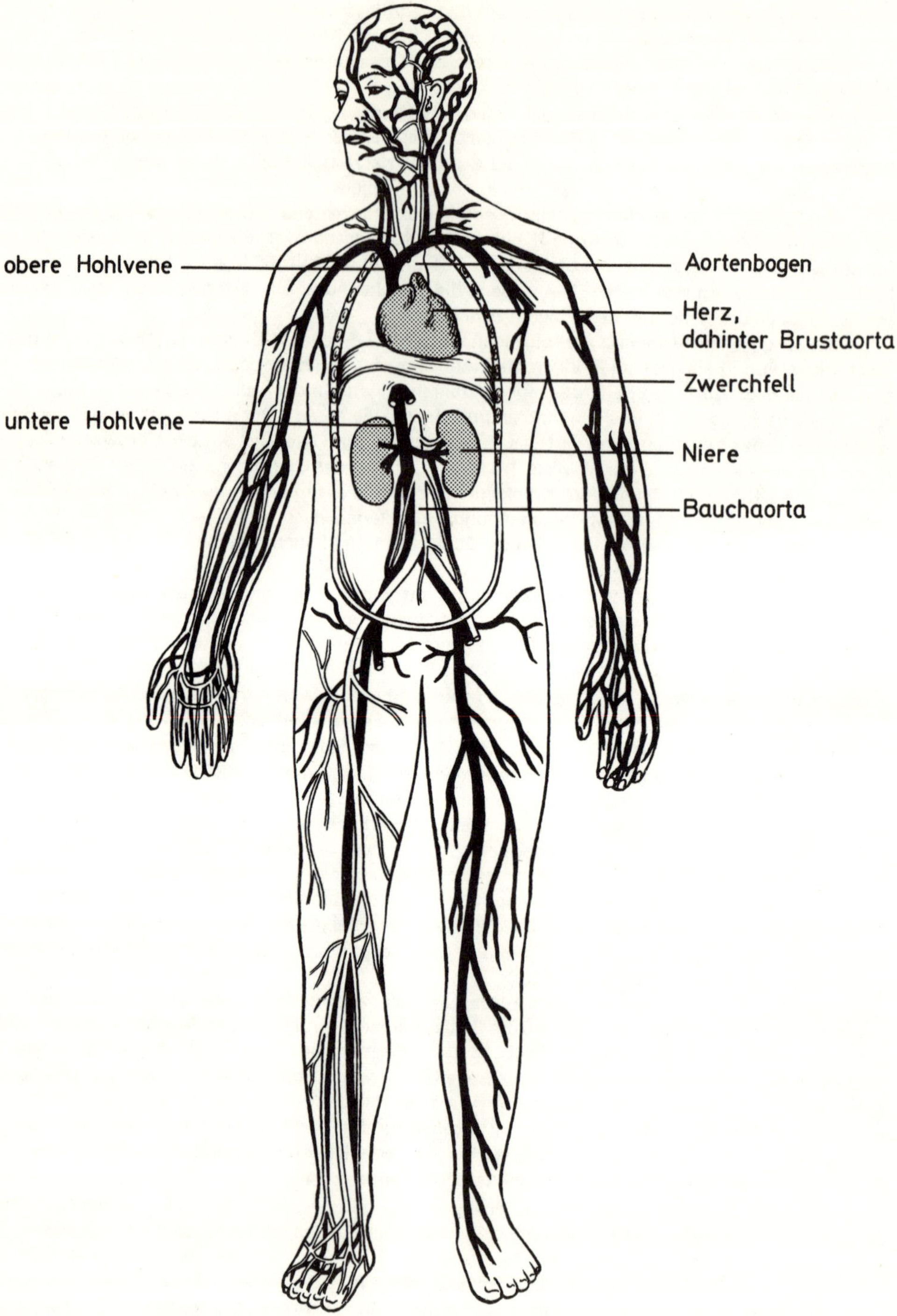

Abb. 62: Blutkreislauf (Arterie weiß, Vene schwarz)

darstellt, kann es zum plötzlichen Herzstillstand kommen. Der Sympathikus hingegen fördert die Herztätigkeit; die Herzschlagzahl wird erhöht. Seine Einwirkungen kennen wir bei Aufregungen oder freudigen Ereignissen, sie sind aber auch maßgeblich für die schnellere Frequenz bei erhöhter körperlicher Arbeit, wenn die automatische Schlagvolumenerhöhung, wie oben dargelegt, nicht mehr ausreicht.

Die Herzfrequenz kann sehr stark gesteigert werden. Ihr Maximum liegt bei etwa 240 Schlägen pro Minute. Von einer bestimmten Grenze ab, die bei etwa 150 Schlägen pro Minute liegt (kritische Herzfrequenz), kann aber trotzdem nicht mehr Blut pro Minute in die Gefäße ausgetrieben werden, da das Herz bei einer so raschen Schlagfolge nicht mehr die Zeit hat, sich in den Erschlaffungsphasen (Diastolen) genügend zu füllen.

Das Produkt aus Schlagvolumen x Schlagfrequenz bezeichnet man mit *Herzminutenvolumen.* Es beträgt in Ruhe etwa 5 ltr. (70 x 70 cm^3). Bei Arbeitsleistungen steigt es zunächst durch Schlagvolumenerhöhung und dann durch Frequenzsteigerung erheblich an. Das Maximum, das von einem gesunden, erwachsenen Herzen geleistet werden kann, liegt bei etwa 30 Litern. Dieser Wert entspricht dann etwa einem Schlagvolumen von 200 cm^3 und einer Herzfrequenz von 150 Schlägen pro Minute.

Allgemein läßt sich zusammenfassen:

Je rascher die Herztätigkeit ist (von einer bestimmten Grenze ab, die bei etwa 150 Schlägen pro Minute liegt und vom Trainierten wesentlich später, vom kleinen untrainierten Herzen dagegen sehr viel schneller erreicht und überschritten wird), um so geringer wird das Schlagvolumen, damit aber auch das Herzminutenvolumen und die Sauerstofftransportkapazität als wichtigste Herz- und Kreislaufleistung.

Die Intensität der Arbeitsleistung in der Muskulatur richtet sich aber nach der Sauerstoffversorgung, d. h. nach der Menge Sauerstoff, die dem Muskel zur Verfügung steht. Wir erkennen also, daß die Höhe einer Arbeitsleistung in erster Linie von der Art der Herztätigkeit abhängt, d.h. vom kraftvollen und nicht vom schnellen Schlag.

Durch die Tätigkeit des Herzens entsteht in den Blutgefäßen der Strom des Blutes und damit in Verbindung mit der Wandspannung der Gefäße der *arterielle Blutdruck.* Dieser Druck vermindert sich mit zunehmender Entfernung vom Herzen und fällt besonders ab im Gebiet der starken Verästelungen der kleinsten Arterien.

Bei jeder Kontraktion des Herzens, d. h. seiner Kammern, wird zunächst der Druck in den größeren Gefäßen steigen; am Oberarm, im Manometer gemessen, beträgt er in dieser Phase etwa 120 mm Quecksilber (= systolischer Blutdruck). Befindet sich das Herz dagegen in der Diastole, sinkt der Druck in den Gefäßen auf durchschnittlich 80 mm Quecksilber ab (= diastolischer Blutdruck). Die Differenz der Blutdruckschwankung zwischen systolischem und diastolischem Druck beträgt in diesem Falle 40 mm Quecksilber (= Blutdruckamplitude).

Weitere Schwankungen des Blutdrucks werden durch den wechselnden Einfluß der Blutgefäßnerven hervorgerufen, und damit kommen wir auf die nervale Tätigkeit des Kreislaufes zu sprechen:

Die Gefäßnerven bestehen aus gefäßverengenden und gefäßerweiternden Nerven. Im allgemeinen überwiegt der Einfluß der gefäßverengenden Nerven, d.h. das Gewicht des Sympathikus. Er übt damit einen gewissen Druck auf die Gefäße in ihrer Gesamtheit aus. Wären sämtliche Gefäße erweitert, könnte das Gefäßsystem nicht genügend ausgefüllt werden, denn die Blutmenge ist konstant und nur der Durchmesser der Gefäße wechselnden Größen unterworfen.

Die Gefäßnerven regeln daher die *Blutverteilung* für die einzelnen Organe. Befindet sich ein Organ in Tätigkeit, muß es stärker durchblutet werden; die Blutgefäße werden zu diesem Zweck aktiv erweitert. Zum Ausgleich wird dafür die Durchblutung anderer, in Ruhe befindlicher Organe gedrosselt, was die gefäßverengenden Nerven bewirken.

Der Gesamtblutdruck wird dabei weitestgehend in seiner durchschnittlichen Höhe aufrechterhalten. Abhängig ist er einmal von der Herztätigkeit, d. h. von der systolischen Kraft des Herzens, mit der das Blut aus dem Herzen ausgeworfen wird (= systolischer Blutdruck) und zweitens von der Stellung der Blutgefäße, d. h. von ihrer Weiter- oder Engerstellung insgesamt, wodurch der Widerstand beim Durchfluß kleiner oder größer wird (= diastolischer Blutdruck).

Sind die Blutgefäße ständig insgesamt zu eng gestellt, so resultiert daraus die sog. Bluthochdruckkrankheit; sind sie dauernd zu weit gestellt, leidet insbesondere die Durchblutung des Kopfes, und es kommt zu Kopfschmerzen, Schwindel und Ohnmachtszuständen des Organismus mit zu niedrigem Blutdruck.

Vermittelt werden die Erregungen der erweiternden oder verengenden Gefäßnerven von einem Gefäßzentrum im Gehirn, dem sog. *Vasomotorenzentrum (Kreislaufzentrum).*

Von hier aus kommt es auf dem Wege des Vagus oder des Sympathikus – den gleichen Nerven, die auch die Herzfrequenz beeinflussen – zu den wechselnden Gefäßweiten im Kreislauf und damit zur Blutverteilung, wobei der Vagus die Blutgefäße im allgemeinen erweitert, der Sympathikus sie hingegen verengt.

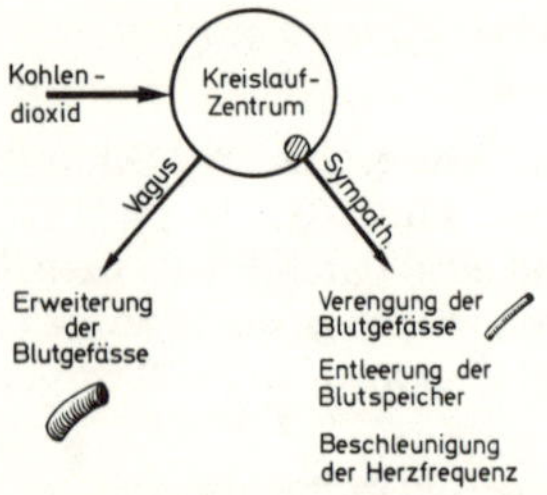

Abb. 63: Kreislaufzentrum (schematisch)

Das Vasomotorenzentrum wird seinerseits durch einen spezifischen chemischen Reizstoff erregt, das Kohlendioxid, das sich im Blut bei jeder Arbeitsleistung anreichert. Das Ziel des komplizierten Geschehens der wechselnden Gefäßweiten ist die Herstellung optimaler Bedingungen für den körperlichen Arbeitsvorgang, d. h. in erster Linie die Schaffung einer erhöhten Durchblutung für die tätige Muskulatur, unter der dabei notwendigen Aufrechterhaltung des Gesamtblutdrucks.

Leichtere Arbeit bleibt im allgemeinen ohne Einfluß auf den Blutdruck. Bei Dauerleistung steigen beide Werte etwas an, bei kurzen, intensiven Anstrengungen entsteht ein stärkerer Anstieg des systolischen Drucks (auf etwa 160 bis 180 mm Quecksilber) sowie eine geringe Zunahme auch des diastolischen Drucks. Maximale Leistungen können den systolischen Blutdruck bis auf 200 bis 230 mm, den diastolischen Druck auf 100 mm Quecksilber erhöhen.

Beim Trainierten ist, im Gegensatz zum Ungeübten, der Blutdruck in Ruhe niedriger und erreicht auch nicht, bei gleicher Tätigkeit, die Höhe, wie sie beim untrainierten Organismus auftreten kann. Bei maximalen Leistungen hingegen kann er wesentlich höhere Werte erreichen als beim Ungeübten.

Ein hoher Blutdruck fördert auf die Dauer die allmähliche bindegewebige Entartung der Arterien (Arteriosklerose). Ständig mittlere, ebenso wie gelegentlich starke Blutdruckerhöhungen werden daher diesen Prozeß begünstigen. Um so wichtiger ist eine sportliche Betätigung im Sinne eines mäßigen aber stetigen Trainings mit seinen niedrigen Blutdruckwerten.

Der *Puls* ist, ähnlich wie der Blutdruck, abhängig vom Wechselspiel zwischen Vagus und Sympathikus. Er wird von einer bestimmten Höhe der Arbeitsleistung an rascher, dann nämlich, wenn der Herzmuskel, wie schon besprochen, den venösen Zufluß mit seiner Automatie allein nicht mehr be-
Er wird von einer bestimmten Höhe der Arbeitsleistung an rascher, dann nämlich, wenn der
wältigt und daher zur Erhöhung des Herzminutenvolumens schneller schlagen muß.

Diese Umschaltung tritt beim Trainierten kraft seines größeren Herzens wesentlich später ein, es schlägt bei ihm viel länger im „Schongang“, und dieses zu erreichen, liegt in der Aufgabe des richtig verstandenen Organtrainings.

2.3. Energiehaushalt des Körpers

Jede Zelle des menschlichen Körpers benötigt für ihre vielseitigen Funktionen Energie. Die dazu erforderlichen chemischen Substanzen entnimmt die Zelle dem Blut bzw. der Gewebsflüssigkeit und gewinnt durch den stufenweisen Abbau dieser Substanzen in bestimmten Zellstrukturen Energie, z.B. in Form von kinetischer Energie oder Wärme. Zur besseren Veranschaulichung wollen wir den Ablauf der Energiegewinnung in der Muskelzelle darstellen.

Die wesentlichen Energielieferanten sind die Kohlehydrate, die mit der Nahrung aufgenommen werden. Alle Vorgänge, die nach Durchtritt der Nährstoffe durch die Darmwand bis zur Ausscheidung ihrer Abfallprodukte ablaufen, fassen wir zusammen unter dem Begriff *Zwischenstoffwechsel* (intermediärer Stoffwechsel). Nach Durchtritt der Kohlehydrate durch die Darmwand in Form von Traubenzucker, Milchzucker oder Fruchtzucker gelangen sie in die Blutbahn und werden über die Pfortader der Leber zugeleitet. Die Resorption des Zuckers aus der Nahrung erfolgt nicht kontinuierlich, sondern ist z.B. nach der Nahrungsaufnahme stärker. Um den Körper mit Zucker nicht zu überschütten, baut die Leber das Überangebot an Zucker in Glykogen um, das zum Teil in den Leberzellen selbst, zum Teil in der Muskulatur abgelagert wird. Das Glykogen stellt einen Komplex von vielen Traubenzuckermolekülen dar in Form von verzweigten Ketten. Zur Aufnahme der Glukose in die Zelle und zum Aufbau des Glykogens ist Insulin erforderlich, während der Abbau des Glykogens in einzelne Traubenzuckermoleküle vorwiegend von einem Hormon des Nebennierenmarks, dem Adrenalin und einem Hormon der Bauchspeicheldrüse, dem Glukagon, geregelt wird. Auf diese Weise bleibt der Gehalt des Blutes an Zucker ziemlich konstant und liegt bei 0,1 %, das entspricht 100 mg %.

Sinkt der Blutzuckerspiegel unter 0,05 % (50 mg %), kommt es zu heftigen krampfartigen Erscheinungen, dem hypoglykämischen Schock. Das kann geschehen, wenn eine extrem anstrengende Arbeit fortgesetzt wird ohne ausreichende Nahrungszufuhr (z.B. auch beim Marathonlauf).

Eine Erhöhung des Blutzuckerspiegels durch Insulinmangel oder durch vermindertes Ansprechen der Gewebe auf Insulin, wie wir es bei der Zuckerkrankheit (Diabetes mellitus) finden, führt ebenfalls zu schweren Rückwirkungen auf den Stoffwechsel.

Bei jeder Muskeltätigkeit wird von den Muskelzellen vermehrt Glukose der Blutbahn entzogen. Zur Aufrechterhaltung eines konstanten Blutzuckerspiegels muß nun zwangsläufig das Glykogen in den Speichern langsam abgebaut und in die Blutbahn als Glukose abgegeben werden.

Nach dem Übertritt in die Zelle wird die Glukose in eine chemisch reaktionsfähige Form gebracht. Zunächst erfolgt die Aufspaltung des Glukosemoleküls über viele Zwischenstufen, an deren Ende die Brenztraubensäure steht. Bis hierhin verläuft der Abbau der Kohlehydrate ohne Sauerstoff; er ist anaerob. Die Brenztraubensäure nimmt im Stoffwechsel eine wichtige Schlüsselposition ein. Für den weiteren Abbau gibt es grundsätzlich zwei Möglichkeiten:

- Steht nicht genügend Sauerstoff für die Verbrennung zur Verfügung, erfolgt die Umwandlung der Brenztraubensäure zur Milchsäure. Der anaerobe Weg findet hier sein Ende.
- Steht genügend Sauerstoff zur Verfügung, wird die Brenztraubensäure im Zitronensäurezyklus zu Kohlendioxid und Wasser abgebaut. Der erforderliche Sauerstoff wird von den roten Blutkörperchen in den Kapillaren geliefert. Neben der zur Muskelarbeit notwendigen Energie entsteht Wärme zur Aufrechterhaltung der Körpertemperatur (Beispiel: Muskelzittern bei Kälte).

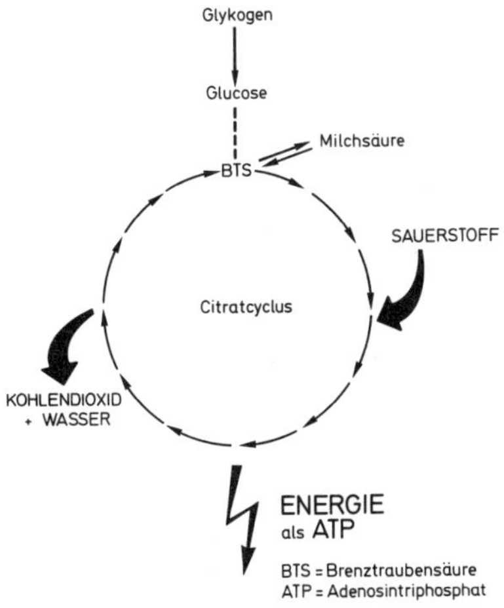

Abb. 64: Energiestoffwechsel

Da die im Stoffwechsel entstandene Energie nicht schlagartig freiwerden darf, benötigt die Zelle einen Energieträger. Diese Aufgabe erfüllt eine Phosphatverbindung mit der Bezeichnung Adenosintriphosphorsäure (ATP). Der Aufbau einer derartigen energiereichen Substanz bringt mehrere Vorteile mit sich. Zum einen kann die gewonnene Energie entsprechend ihrer Bildung gespeichert werden, zum anderen kann sie innerhalb der Zelle oder in der Gewebsflüssigkeit oder in der Blutbahn an eine andere

Stelle transportiert werden, weiterhin kann die Energie entsprechend dem Bedarf stufenweise abgegeben werden.

Beim Freiwerden der Energie wird ein Phosphatmolekül vom ATP abgespalten; es entsteht die chemische Verbindung Adenosindiphosphorsäure (ADP). Die notwendige Energie, mit der das Phosphatmolekül wieder angekoppelt werden kann, wird durch die Verbrennung der Glukosemoleküle geliefert.

Da die volle Umsatzsteigerung im Muskel durch vermehrte Blutzufuhr erst einige Minuten nach Arbeitsbeginn einsetzt, entsteht zunächst immer eine *Sauerstoffschuld*. Je größer diese Sauerstoffschuld ist, desto größer ist der Reiz für die erhöhte Sauerstoffaufnahme. Ist diese gewährleistet, geht der Abbau in die aerobe Phase, ist sie es nicht, bleibt es bei der Milchsäurebildung und deren Anhäufung, die als Ermüdungsstoff zwangsweise jede maximale körperliche Arbeit beendet. Unter dem „toten Punkt" versteht man die Höchstansammlung von Milchsäure, bevor durch die allmählich gesteigerte Sauerstoffzufuhr ein *steady-state* erreicht wird, d.h. ein Gleichgewicht zwischen Sauerstoffzufuhr und Sauerstoffbedarf. Da die volle Umsatzsteigerung im Muskel die Belastungsphase immer um einige Minuten überdauert, wird stets zu Beginn der Erholungsphase die Sauerstoffschuld wieder abgetragen.

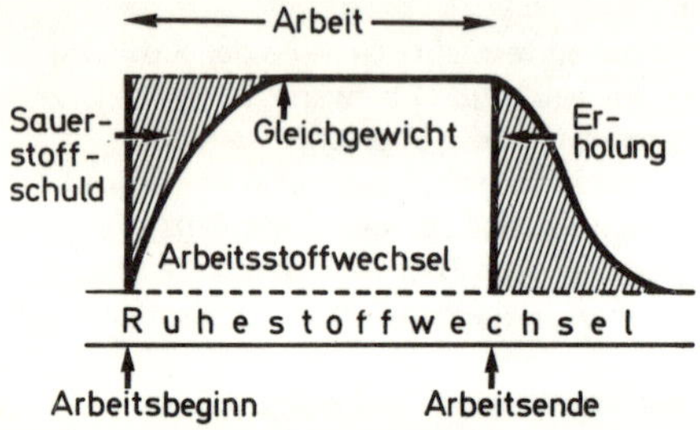

Abb. 65: Sauerstoffhaushalt bei der Arbeit

Schema mit Aufnahme der Sauerstoffschuld bei Arbeitsbeginn, Gleichgewicht des Sauerstoffhaushaltes während der Arbeit und Abtragung der Sauerstoffschuld nach Beendigung der Muskelarbeit.

Die anaeroben Abbauvorgänge beginnen jedenfalls sofort mit Arbeitsbeginn, die Verbrennung ihrer Produkte in der aeroben Phase folgt nach und erlangt erst allmählich entsprechend der Sauerstoffzufuhr durch Atmung und Kreislauf – beim Trainierten früher, beim Ungeübten später – ihren Höchstwert. Der Muskelkater ist die unmittelbare Einwirkung der Milchsäure und anderer anaerober Endprodukte auf die Muskelfaser in Form von Schmerzen. Die Muskulatur wird quasi „sauer". Abgelagerte Ermüdungsstoffe können durch Aktivierung der Blutzirkulation beseitigt werden (z.B. durch heißes Duschen und Massagen).

Zusammengefaßt: Es wird immer anfangs eine Sauerstoffschuld eingegangen – Milchsäure entsteht und häuft sich an –, die bei nicht zu starker Arbeitsintensität z.T. noch während der Arbeit und restlich erst in der Erholungszeit abgetragen wird. In diesem Fall (bei mittlerer Arbeitsintensität) hält die vermehrte Sauerstoffzufuhr und die dadurch ermöglichte Verbrennung dem Anfallen der Spaltprodukte (z.B. Milchsäure) das Gleichgewicht (steady-state). Dieses Gleichgewicht wird um so früher erreicht, je trainierter die Muskulatur ist, denn bei ihr erfolgt die Mehrdurchblutung rascher, die Sauerstoffschuld wird nicht so groß wie beim Untrainierten und Haltungsschwächling, und vor allem besteht eine erhöhte Toleranz gegenüber diesen sauren Stoffwechselprodukten, so daß der tote Punkt – d.h. das Erreichen des Höchstwertes der Sauerstoffschuld, bevor die Verbrennungsvorgänge einsetzen und ein Gleichgewichtszustand entsteht – besser überwunden und vertragen bzw. überhaupt nicht als solcher empfunden wird.

Bei höherer Arbeitsintensität dagegen kommt es nicht zu einem solchen Gleichgewicht, weil mehr Spaltprodukte entstehen, als durch Sauerstoff beseitigt werden können: Die Sauerstoffschuld wächst ständig bis an ihre Höchstgrenze; nun muß die Leistung abnehmen, weil sonst Muskel- und Nervengewebe, wie auch der gesamte Organismus, übersäuert und geschädigt werden. Der Körper wird zuerst durch Schmerzen und dann durch Übererregung des Kreislauf- und Atemzentrums gezwungen, aufzuhören. Letztlich beendet dann ein Kreislaufzusammenbruch und eine Bewußtlosigkeit die permanente Überlastung des Energiestoffwechsels.

Wird eine Arbeit beendet, sinkt der Sauerstoffverbrauch allmählich und kehrt zum Ruheumsatz zurück. Kurz nach Beendigung einer körperlichen Belastung ist jedoch die Atmung noch eine Weile besonders tief und intensiv, und auch der Kreislauf befindet sich noch in erhöhter Tätigkeit, so daß die Sauerstoffschuld zu Beginn der Erholungszeit bequem abgetragen werden kann.

2.4. Organleistungsschwäche – Folge von Bewegungsmangel und Haltungsschwäche

2.4.1. Atmung

An der Sauerstoffversorgung des Körpers ist neben der Herz- und Kreislaufleistung der Atmungsvorgang wesentlich beteiligt.

Mangel an Bewegung und erst recht die Haltungsschwächenform des Rundrückens mit der nach vorn hängenden Schulter führen zwangsläufig zu einer zunehmenden Minderbeanspruchung der Brustkorb- (Atem) muskulatur, die sich zuerst in funktioneller Schwäche und später in einer Verkürzung des Muskelgewebes (*Inaktivitätsatrophie*) äußert. Der aktive muskuläre Atmungsapparat wird dabei in seiner Leistungsfähigkeit eingeschränkt. Atembreite, Vitalkapazität und damit die Sauerstoffaufnahme des Blutes in der Lunge sinken ab.

Gleichzeitig erfolgen, wie in jedem anderen Muskel so auch im Atemmuskel des Untrainierten, die unökonomischen chemischen Vorgänge der zu hohen lokalen Anhäufung von Spaltprodukten des Glukoseabbaus, vor allem von Milchsäure, wodurch sich Ermüdungsstoffe in solcher Menge bilden, daß der Organismus gezwungen wird, die begonnene Intensivierung der Atmung sehr bald wieder zu verringern.

Diese allgemeinen negativen Erscheinungen im aktiven Atemapparat (Atemmuskel) beim chronischen Bewegungsmangel werden ergänzt von der mechanischen Beeinträchtigung der Atmung, speziell beim Haltungsschwächling. Insbesondere bei den Typen des Totalrund- und Hohlrundrückens, die beide häufig mit der nach vorne hängenden Schulter kombiniert sind, entsteht der Schwere nach eine Pressung und Einengung des Brustkorbes. Die Rippen werden in eine mehr oder weniger starke Ausatmungsstellung gedrängt, in der ihre Beweglichkeit behindert und der Einatmungsvorgang erschwert ist.

Die Folgen sind auch hier wieder die Verringerung der Atembreite, des Sauerstoff-Partialdrucks in der Lunge und der chronische Sauerstoffmangelzustand des Körpers bei Belastung.

Beim normal ausdehnungsfähigen Thorax wird in Ruhe in einer Minute etwa 1/4 Liter Sauerstoff vom Blut aufgenommen. Mit der Größe und Tiefe der Atmung (die ja vom Körper bei seiner Leistungssteigerung regulativ gefordert wird) steigt auch die Sauerstoffaufnahme aus den Alveolen. Beim Hochtrainierten mit seiner großen Atembreite und Vitalkapazität kann sie auf 4 Liter pro Minute (das sechszehnfache des Ruhewertes) anwachsen. Allerdings kann dies infolge Ermüdung nur wenige Minuten durchgehalten werden. Der Untrainierte mit schmalem Thorax und leistungsunfähiger Atemmuskulatur und insbesondere der Haltungsschwächling kann eine Sauerstoffaufnahme schon von 1 Liter pro Minute nicht über längere Zeit bewältigen. Er ermüdet wesentlich rascher. Zwar hilft er sich eine Zeitlang durch schnellere Atmung, die aber im Endeffekt auch keine größere Sauerstoffaufnahme bewirkt, da diese Atmung zu flach und daher unzweckmäßig ist.

Als *Folge* zeigt sich ein Absinken der Atembreite, des Atemminutenvolumens und der Vitalkapazität. Damit verbunden ist ein Absinken der Sauerstoffaufnahme des Blutes und eine Anhäufung von Ermüdungsstoffen (z.B. Milchsäure) im Muskel.

Kennzeichen einer Organleistungsschwäche der Atmung sind die rasche Atemfrequenz bei geringer körperlicher Belastung, häufig gesteigert bis zur Atemnot, ein rascher Leistungsabfall durch den Sauerstoffmangel und eine lange Erholungszeit nach Beendigung der körperlichen Leistung.

2.4.2. Kreislauf

Durch die Möglichkeit, mit wechselnden Drucken auf die Kreislaufverhältnisse im Thoraxinnenraum einzuwirken, schaltet sich die Atmung direkt in den Blutumlauf vom Herzen in die Peripherie und zurück ein. Gerade die Hilfestellung der Atmung ist von entscheidender Bedeutung für die Qualität der Herz- und Kreislaufarbeit, weil durch sie in Aus- und Einatmungsphase das Prinzip des Druck- und Saugmechanismus des Herzens unterstützt wird.

Für den venösen Rückfluß des Blutes aus der Peripherie ist das Herz lediglich zu einem kleinen Teil aus eigener Kraft fähig, nämlich *nur* im *herznahen Bereich.* Gefördert wird es in seiner Saugarbeit:

– durch die Höhe der Durchblutung in der Peripherie (als Ausdruck verstärkter Muskeltätigkeit), die das Angebot an das Herz vergrößert,

– durch die Preßwirkung der sich kontrahierenden Skelettmuskulatur (die Strömungs*richtung* zum Herzen wird durch Venenklappen gewährleistet),
– durch die Atemmechanik, die durch Überdruck und Unterdruck im Brustraum den Rückstrom des Blutes in das Herz, wenn auch mit anderer Frequenz und anderem Rhythmus, wesentlich verstärkt.

Auch das Blutfassungsvermögen der Lunge ist abhängig von der Druck- und Saugwirkung einer ausreichenden Atembewegung. Für eine sofortige Anpassung des Herzens an größere Belastungen sind die Blutmengen im Lungenkreislauf von entscheidender Bedeutung; denn das linke Herz kann sich dieser Blutmengen als unmittelbar vorgelagertem Depot sofort bedienen, indem es sich das Blut durch seinen Sogmechanismus aktiv aus der Lunge holt, bis durch andere Regulationen der Kreislauf generell der erhöhten Tätigkeit angepaßt ist.

Als *Folge* einer Organleistungsschwäche des Kreislaufs zeigt sich die erhöhte Pulszahl bei geringer körperlicher Belastung, das rasche Erreichen der kritischen Pulszahl und damit verbunden eine unökonomische Arbeitsweise des Herzens mit einer Verringerung des Schlagvolumens und des Herzminutenvolumens. Die Sauerstoffschuld im Muskel wird größer.

Kennzeichen einer Organleistungsschwäche des Kreislaufs sind die rasche Pulsfrequenz bei geringer körperlicher Belastung, der allgemeine Leistungsabfall durch Sauerstoffmangel, ein Durchblutungsmangel in der Peripherie und eine lange Erholungszeit.

Die *Anzeichen des Überschreitens der Leistungsgrenzen* betreffen allgemeine wie spezielle Kriterien:

Die allgemeinen Symptome sind die rasche Ermüdbarkeit und die verlängerte Erholungszeit.

Die Folgen an den einzelnen Organsystemen sind:
– hinsichtlich der Atmung: Atembeklemmung, Atemnot, Stiche in der Brustkorbmuskulatur,
– hinsichtlich des Herzens: rascher Herzschlag, Herzbeklemmung, Stiche in der Herzgegend,
– hinsichtlich des Kreislaufs: Pulsbeschleunigung, Übergang der normalen Hautrötung in Hautblässe (zuerst des Gesichts und hier besonders eines Dreiecks in der Mundgegend), vermehrtes Schwitzen an Händen und Füßen bis zum Übergang zum kalten Schweiß, zuerst an Händen und Füßen, dann am ganzen Körper, Auftreten von Kopfschmerzen, Schwindelerscheinungen, Ohnmachtszustände, bis hin zu den Erscheinungen des regelrechten Kreislaufzusammenbruchs,
– hinsichtlich einer gleichzeitigen Überforderung des zentralen Nervensystems: Nervosität, Unlust, leichte Erregbarkeit und Koordinationstörungen.

Inwieweit allein äußere Bedingungen und ungenügende Entwicklungsreize wie Bewegungsmangel, allgemeine oder partielle Muskelschwächen, Mangel an Trainingsreizen als Ursachen von Herz-, Kreislauf- und Atmungsstörungen in Frage kommen, ist aufgrund ärztlicher Untersuchung und Entscheidung im Einzelfall festzustellen. Hier genügt die systematische Entwicklung der täglichen Anforderungen dieser Kinder und Jugendlichen durch:
– allgemeines Training (isotonisches Ausdauertraining) und
– Übungsformen zur Stärkung geschwächter Muskelpartien (isometrisches Krafttraining), wie es im Schulsonderturnen praktiziert wird (vgl. auch die Trainingshinweise auf Seite 102).

Bleibt ein überzeugender Effekt dieser Trainingsreize auf die Organe aus, so muß der Arzt erneut hinzugezogen werden. Entweder sind dann andere ursächliche Faktoren beteiligt oder es liegt eine Herz- und Kreislaufschädigung vor, die ohnehin nicht im Rahmen des Schulsonderturnens beeinflußt werden kann.

Zusammenfassend seien die *Trainingswirkungen auf Atmung, Herz und Kreislauf* nochmals hervorgehoben:

(1) Die Atmung des Trainierten zeichnet sich durch tiefe Atmung im Sinne der Vollatmung aus. Ihre Frequenz ist in Ruhe langsamer und steigt auch bei Belastung weniger an als beim Ungeübten oder Haltungs- (Leistungs-) schwächling. Das höhere Atemminutenvolumen wird durch stärkere Volumenarbeit und nicht so sehr durch vermehrte Frequenzarbeit erzielt. Die Sauerstoffaufnahme des Blutes in den Alveolen kann damit infolge tieferer Ventilation entscheidend verbessert werden.

(2) Das trainierte Herz arbeitet ebenfalls unter Zunahme des Volumens bei geringerer Erhöhung seiner Schlagzahl; es arbeitet langsamer und kräftiger, wodurch es die gleiche Leistung unter kleinerem Arbeitsaufwand bewältigt (Ökonomisierung). Die Auswurfmenge pro Systole (Schlagvolumen) wird vergrößert und damit auch das Herzminutenvolumen. Beide würden absinken, sobald die Schlagzahl über eine kritische Grenze hinaus schneller wird und das Herz nicht mehr

die Zeit hätte, sich während der Diastolen genügend mit Blut aus den Venen aufzufüllen. Das Herzminutenvolumen aber ist entscheidend wichtig für die Durchblutungsgröße in der Lunge. Die Herzvolumenarbeit steht in unmittelbarem Zusammenhang mit dem venösen Rückfluß des Blutes aus der Peripherie (Saugarbeit). Je größer dieser Rückfluß ist, um so größer wird die Füllung des Herzens und damit die Menge, die es wieder auszuwerfen vermag (Druckarbeit). Ist das Herz solchermaßen zu kräftiger Tätigkeit angehalten, nimmt es an Größe und Gewicht zu. Die Durchblutung seines eigenen Muskelgewebes verbessert sich erheblich, wodurch eine höhere Sauerstoffversorgung auch des Herzmuskels gewährleistet ist.

(3) Vorbedingung für jegliche vermehrte Muskelarbeit ist die optimale örtliche Durchblutung. Nur der trainierte Kreislauf besitzt die Regulations- und Anpassungsfähigkeit, entsprechende Durchblutungsgrößen und die Blutverteilung im Organismus zu gewährleisten. Ist die Mehrdurchblutung des tätigen Muskels gesichert, wird automatisch der Rückfluß zum Herzen größer; dadurch wird der physiologische Wirkungskreislauf geschlossen, zu dem auch das Herz und die Atmung gehören.

3. Koordinationsschwächen

Neben den Haltungs- und Leistungsschwächen interessieren uns in zunehmendem Maße die Kinder, deren muskuläres Zusammenspiel aufgrund nervöser Fehlsteuerungen gestört ist, die keinen harmonischen, geordneten Bewegungsablauf zeigen, deren Bewegungen unsicher, ungeordnet, eckig, unbeherrscht sind,

- die vor allem keine ausreichende *Anpassungsfähigkeit* an wechselnde Situationen zeigen,
- deren *Reaktionsart* und *Reaktionsgeschwindigkeit* gestört ist,
- bei denen die *Gleichgewichtseinstellung* behindert ist und schließlich
- deren *Geschicklichkeit* und *Gewandheit* mehr oder weniger starke Mängel aufweisen.

In den meisten Fällen handelt es sich dabei um ein zeitlich, stärke- und umfangmäßig falsches Zusammenspiel der Muskeln untereinander. Schwierigkeiten können aber auch bereits entstehen, wenn Muskelkraft oder Dehnfähigkeit von Muskeln, Bändern und Gelenken gestört sind und den Bewegungsablauf in seiner Präzision behindern.

Bei allen diesen Erscheinungen, denen wir in den letzten Jahren mehr und mehr unsere Aufmerksamkeit zuwenden, sprechen wir von Störungen der Koordination.

3.1. Koordinationsleistung

Die Koordination ist eine nervöse Leistung des Organismus, um das Zusammenspiel teils willkürlicher, teils unwillkürlicher Bewegungen zu einer geordneten, harmonischen, zweckgerichteten *Bewegungskette* zu erzielen.

Man muß zwischen einer Koordination für gröbere und einer für feinere Bewegungen unterscheiden. Die gröbere Koordination betrifft in erster Linie die Grundbewegungen der rumpfnahen Körperteile. Sie beruht auf den in der Entwicklung früh erworbenen nervösen Leistungen und ist infolgedessen fester im Nervensystem verankert. Sie ist darum auch weniger störungsanfällig und wird in geringerem Ausmaß bei Koordinationsschwächen augenfällig in Erscheinung treten.

Ganz anders ist es bei der Feinkoordination. Hier handelt es sich um sowohl in der Stammesgeschichte wie auch in der Kindheitsentwicklung jüngere Errungenschaften, die eher die rumpffernen Bewegungen betreffen. Sie äußern sich in den subtileren und schwierigeren Bewegungen der oberen und unteren Gliedmaßen und finden insbesondere in den Fertigkeits- und Geschicklichkeitsbewegungen der Hände und Füße ihren besonderen Ausdruck. Da sie erst viel später zur Entwicklung kommen und ihren ersten Höhepunkt zwischen dem achten und zehnten Lebensjahr erreichen, kennzeichnen wir diese besondere Entwicklungsphase auch als das „Geschicklichkeitsalter". Die Feinkoordination sitzt weniger fest, wird schneller wieder verlernt und ist in weitaus größerem Maße Störungen unterworfen. Gerade ihr ist unsere Aufmerksamkeit im Sonderturnen zuzuwenden, denn sie geht bei mangelndem Training sehr leicht wieder verloren und erfordert ganz besondere Übungsformen in der Gruppe, die der Leistungssport bei vorhandenen Koordinationsschwächen niemals im notwendigen und ausreichenden Umfang bewältigen könnte.

Damit diese Koordination zustande kommt, existieren bestimmte Nervenbahnen und Nervenzentren (Anhäufung von Nervenzellen im Gehirn), zu deren Verständnis eine kurze Darstellung der nervösen Funktionen des Großhirns erforderlich ist.

Im *Großhirn* (Telencephalon) verlaufen alle Bewußtseinsvorgänge. Von ganz bestimmten Rindenzentren aus erfolgt die Regelung aller willkürlichen Tätigkeiten (z.B. Sprachzentrum, Hör-, Seh-, Erinnerungszentrum usw.).

Das *Zwischenhirn* (Diencephalon) ist zwischen beide Großhirnhemisphären eingeschoben. Es ist die Sammelstelle der aufsteigenden sensiblen Bahnen. Hier liegen Zentren des extrapyramidalen Systems und des vegetativen Nervensystems.

Das *Mittelhirn* (Mesencephalon) ist der kleinste Hirnabschnitt und vom Großhirn völlig überzogen. Hier liegen wichtige Gebilde für die Regulierung der normalen Haltung und Stellung des Menschen. Das Mittelhirn arbeitet nicht selbständig; es ist auf die Anleitung von höheren Zentren angewiesen.

Das *Kleinhirn* (Cerebellum) liegt in der hinteren Schädelgrube und besteht wie das Großhirn aus zwei Hälften. Ohne sein Mitwirken ist eine geordnete Motorik nicht möglich. Außerdem ist es das Zentrum für die Aufrechterhaltung des Gleichgewichtes.

Das *verlängerte Mark* (Medulla oblongata) ist der Sitz weitgehend unwillkürlich arbeitender Zentren (Atem- und Kreislaufzentrum).

Das *Rückenmark* (Medulla spinalis) ist als Leitungsorgan und als Zentralorgan tätig, da hier auch viele Reflexzentren ihren Sitz haben.

Oberfläche des Großhirns: etwa 2200 cm^2
Zahl der Rindenzellen: etwa 14 Milliarden
Länge der Nervenbahnen im Gehirn: etwa 500 000 km

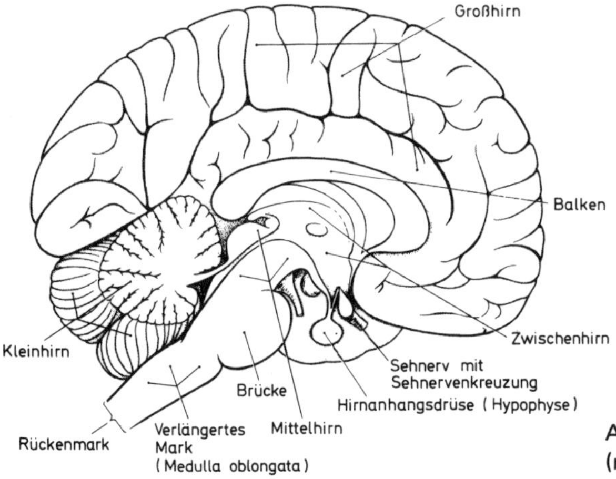

Abb. 66: Längsschnitt durch das Gehirn (nach SOBOTTA-BECHER)

Bereits auf Seite 17 sind die zum Gehirn hinführenden Nervenbahnen beschrieben worden, die die Meldungen von der Außenwelt aufnehmen und weiterleiten (Empfindungsnerven oder sensible Nerven) und ebenso die vom Gehirn wegführenden Bahnen zu den Erfolgsorganen, der Muskulatur (Bewegungsnerven oder motorische Nerven). Es muß allerdings beachtet werden, daß die nachstehend geschilderten Vorgänge stark vereinfacht und schematisch dargestellt, tatsächlich aber sehr viel komplizierter sind.

Die *sensiblen Nerven* enden im „Empfindungszentrum" (Körperfühlsphäre, hintere Zentralregion der Großhirnrinde), wobei uns ein Teil der Empfindungen als solche bewußt werden.

Die *motorischen Nerven* entspringen aus dem „Bewegungszentrum" (vordere Zentralregion der Großhirnrinde, motorische Rindenregion), das seine Impulse zum Teil vom Willen her erhält. Durch das Rückenmark ziehen sie als sog. *Pyramidenbahn* und verlassen den Wirbelkanal in verschiedenen Höhen der Wirbelsäule, um zu den Erfolgsorganen, den Muskeln, zu gelangen.

Dieses Nervensystem, das Reize von der Außenwelt aufnimmt, sie verarbeitet und in Bewegungen umsetzt, wird als das Allgemeine Nervensystem bezeichnet (im Gegensatz zum vegetativen oder Organnervensystem).

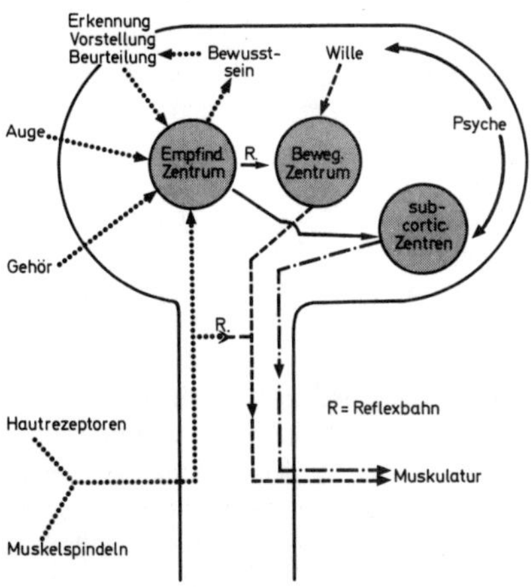

Abb. 67: Koordinationsschema der Nervenbahnen und Nervenzentren (vereinfacht und schematisch)

Innerhalb dieses Systems ist eine Reihe verschiedener Nervenleistungen zu unterscheiden:

(1) Willkürliche Bewegung mit Umweltreiz

Von einem oder mehreren Rezeptoren der Haut oder der speziellen Sinnesorgane wird ein Empfindungsreiz gesetzt, der über sensible Nerven zum Empfindungszentrum gelangt und uns als Empfindung bewußt werden kann bzw. in weiteren Feldern der Großhirnrinde (Erkennung, Vorstellung, Beurteilung) geistig verarbeitet wird. Darauf setzt ein Willensimpuls ein, der über das Bewegungszentrum, über Pyramidenbahn und motorische Nerven den Muskel zu einer Bewegung innerviert.

Beispiel:

Wir sehen einen Ball ankommen, entschließen uns, ihn aufzufangen und halten die Hände dazu auf. Ist der Bewegungsansatz falsch, müssen wir ihn korrigieren.

(2) Unwillkürliche Bewegung mit Umweltreiz

Bei dieser Nervenleistung vollzieht sich ein unbewußter, eingeübter, weil schon oft wiederholter, gebahnter, reflektorischer Bewegungsablauf, *ohne Einschaltung von Bewußtsein und Willen,* d.h. ein Empfindungsreiz wird unmittelbar auf das Bewegungszentrum und von hier zur Muskulatur umgeschaltet.

Diese sogenannte kurze Bahn vermittelt Handlungen, die wir „im Schlafe" tun, sie vollzieht die un- oder unterbewußten Handlungen und die durch Gewöhnung oder Übung begünstigten Bewegungsabläufe.

(a) *Fremdreflexe*

Es sind erworbene, bedingte Reflexe. Durch Übung werden sie erst im Laufe der Entwicklung erlernt wie alle erworbenen Reflexhandlungen, die anfangs willkürlich geleitet wurden und später durch den Prozeß der Bahnung reflektorisch ablaufen.

Beispiel:

- Wir ziehen den Arm, wenn er plötzlich von einem kalten Wasserstrahl getroffen wird, unwillkürlich und unbewußt zurück
- oder wir reagieren auf einen Hörreiz unbewußt mit einer bestimmten Kopfbewegung, ohne daß dazu ein Willensimpuls erforderlich gewesen wäre.

Bereits auf diese Weise wird ein schnellerer Bewegungsablauf, eine gewisse Fertigkeit bei einfachen Bewegungsqualitäten erzielt. Von vornherein und von Geburt vorhanden waren diese Leistungen nur für die *angeborenen primitiveren Reflexe* = frühkindliche Reflexe (Greifen, Saugen, Strampeln).

(b) *Eigenreflexe*

Es sind angeborene, unbedingte Reflexe, die immer gleich ablaufen. Hierbei finden Erregungsauslösung und Erregungserfolg im selben Organ statt.

Insbesondere der Stellungssinn, vor allem bei rein statischer Beanspruchung und seine motorische Korrektur, d.h. die Tiefenempfindlichkeit aus den Muskelspindeln läuft zum größten Teil auf diesen kurzen Bahnen ab. Dieses geschieht zusammen mit dem Drucksinn aus den Hautrezeptoren und deren Einfluß auf diejenigen motorischen Regulationen, die die Stellung des Körpers ausrichten und am Haltungsaufbau und -wechsel beteiligt sind.

(3) Willkürliche Bewegung ohne Umweltreiz

Ohne daß eine Reizaufnahme von der sensiblen Seite her erforderlich ist, können wir eine Bewegung oder eine Bewegungskette setzen, einmal unter Einschaltung und Impulsgebung des Nachdenkens und des Willens (Willkürmotorik), aber auch ohne diese Einflußnahme als automatische Bewegung, als sogenanntes *Bewegungsmuster* (Automatismen) aus dem Gedächtnis, als die Motorik, die wir, ohne nachzudenken, als gelernt und oftmals ohne notwendige Zuhilfenahme besonderer Willensimpulse in Gang zu setzen vermögen.

In dieser Automation liegt die unbewußte Fertigkeit und Selbstverständlichkeit von täglichen Bewegungen, wie Radfahren, Schwimmen, Gangschaltung im Auto, Motorik beim Essen, die als eingeübte, gekonnte Bewegungskette mit einfachen oder komplizierten Bewegungsabläufen vollzogen wird. Sie entwickelt sich erst im Laufe der Kindheit aus der allmählich zunehmenden Bewegungserfahrung des motorischen Lernens heraus, ist dann aber maßgeblich an den groben Bewegungsformen wie an den Feinkoordinationsleistungen der Geschicklichkeit beteiligt.

Indessen erschöpft sich die Motorik eines Organismus nicht in den beschriebenen willkürlichen und reflektorischen Bewegungsabläufen oder Bewegungsmustern, sondern die meisten Bewegungen sind wesentlich komplizierter, weil zusammengesetzt aus einer Vielzahl gleichzeitiger Muskelkontraktionen, wobei nur ein Teil willkürlich erregt, ein anderer Teil aber unwillkürlich mitbewegt wird.

(4) Unwillkürliche Bewegung ohne Umweltreiz
Es kommt in Form unwillkürlicher *Mitbewegungen* anderer Muskelgruppen erst zu dem, was wir als natürliche Bewegungsfolge kennen. Wenn wir beispielsweise eine Sprungbewegung analysieren, sehen wir, daß dabei fast alle Muskeln des Körpers mehr oder weniger in Tätigkeit treten, die meisten als notwendige Mitbewegungen für einzelne willentlich in Gang gesetzte Muskeln. Oder bei dem Vortrag eines Redners werden von ihm bewußt nur wenige Muskeln in Gang gesetzt; *Mimik und Gestik* sind dagegen zusätzliche unwillkürliche Mitbewegungen, die insgesamt erst die harmonische Bewegungskette, für jedes Individuum charakteristisch, zum Vorschein bringen.
Und ein Weiteres ist bei komplizierten Bewegungsabläufen erforderlich: die zahlreichen willkürlich, reflektorisch und unwillkürlich eingesetzten Muskeln sind aufeinander abzustimmen, zu geordnetem Einsatz zu bringen, Kontraktion und Lösung zweckgerichtet zu innervieren, *zu koordinieren.* Eine einwandfrei arbeitende Koordination erstreckt sich dabei besonders auf *die pauschalen Koordinationsleistungen*
- des Körperzusammenschlusses,
- der Anpassungsfähigkeit,
- der Reaktionsfähigkeit,
- der Balancierfähigkeit,
- der Gewandtheit und Geschicklichkeit als optimaler Ausprägung der Koordination.

Zusammenfassend ist zu sagen, daß bei jeder komplizierteren Bewegungsfolge, und dazu rechnen wir die meisten unserer alltäglichen Bewegungen, zwei Faktoren hinzutreten:
- die unwillkürlichen Mitbewegungen und
- die Koordination aller Bewegungen.

Die nervösen Impulse für die unwillkürlichen Mitbewegungen anderer Muskelgruppen im komplizierten Bewegungsablauf gehen von besonderen Zentren aus, den *subcorticalen Zentren,* die in verschiedenen Hirnabschnitten in der Tiefe der Hirnsubstanz liegen. Ihre motorische Reizleitung im Rückenmark zu den sogenannten Vorderhornzellen erfolgt auf besonderen Nervenbahnen, den *extrapyramidalen Bahnen,* nach abwärts, weshalb ihre Zentren auch als extrapyramidale Zentren bezeichnet werden.

Diese subcorticalen Zentren besitzen neben der Erregungsbildung für die unwillkürlichen Mitbewegungen als zweite wesentliche Leistung die Fähigkeit zur Steuerung und Regulation *jeder* Bewegung und Haltung, indem sie übergeordnet Einfluß nehmen sowohl auf die eigene Motorik als auch auf die Erregungsbildung der Willkürmotorik im „Bewegungszentrum". Damit sind sie in der Lage, willkürliche und unwillkürliche Bewegungen des Organismus untereinander zu koordinieren, d.h. die für die Gesamtmotorik so wichtige Koordinationsleistung zu erbringen.

Die subcorticalen Zentren sind, wie das Bewegungszentrum im willkürlichen Bereich, vom Empfindungszentrum (Sensorium) her erregbar, wodurch auf Reize der Oberflächen- und Tiefensensibilität, des Gehörs und des Sehens und von Einflüssen höherer Rindenzentren (Wahrnehmung, Erkennung, Vorstellung, Beurteilung) her eine komplizierte, vielseitige Impulsgebung für Mitbewegungen und Koordination erfolgen kann.Man muß sich einmal klar machen, welches komplizierte nervale und muskuläre Geschehen bereits das Ballspiel in der Gruppe darstellt. Beobachtung der Gegenspieler, der Partner und des Balles bei gleichzeitiger Wahrnehmung der Raumverhältnisse und des allgemeinen Spielvollzuges, Erkenntnisse und Schlüsse-ziehen über die Absichten des Gegners und Reaktion auf jede Spielsituation durch die eigene Motorik sind umfassende Leistungen des Nervensystems, die eine zentrale Zusammenordnung zur Erreichung des optimalen peripheren Erfolges zur Voraussetzung haben.

Die Fülle solcher Reizeinwirkungen führt zu zahlreichen Erregungsbildungen in der Großhirnrinde und in den subcortikalen Zentren, wo sie in motorische Reaktionen umgesetzt werden und notwendigerweise untereinander koordiniert werden müssen.

3.2. Koordinationsschwächen

Eine wichtige Leistung der Koordination besteht nun darin, durch abgestufte Bremsimpulse von seiten der subcorticalen Zentren wie auch von der Großhirnrinde her auf die vielseitigen zentralnervösen Erregungsvorgänge einzuwirken und sie zu einem normalen motorischen Gesamtverhalten zu integrieren.

Die von der Großhirnrinde ausgehenden hemmenden Einflüsse auf die Motorik entwickeln sich erst im Laufe der Kindheit, d. h. es stellt sich erst allmählich ein Gleichgewicht zwischen Erregungs- und Hemmungsvorgängen in der Hirntätigkeit ein. In der Kleinkindphase überwiegt noch die relativ ungehemmte, ziellose, vorwiegend von subcortikalen *Erregungsimpulsen* ausgehende Motorik, die erst mit wachsendem Lebensalter mit Hilfe der zunehmend sich einschaltenden Hemmungseffekte des Cortex und der eigenen subcorticalen Zentren beherrscht wird. Diese Entwicklung ist im Alter von 7 - 10 Jahren, in der vorpuberalen Phase, abgeschlossen; sie kann verzögert sein oder auch unvollständig bleiben, woraus sich die verschiedenen Störungen der Koordination ergeben können.

Bleibt nämlich in diesem Wirkungskomplex der hemmende Effekt aus, so kommt es zu den weitausholenden, schlenkernden, ziellosen Bewegungen, die typisch sind für einen Teil der Koordinationsstörungen und das um so mehr, je mehr es sich um vielseitige, zusammengesetzte, komplizierte Bewegungsabläufe handelt.

Wir können diese Bewegungsformen sehr instruktiv beim Trampolinspringen, beim „Hampelmann", beim Ballspiel erkennen, — es resultieren bei diesen Kindern richtungslose, ungenaue, mit völlig unnützen, falschen Mitbewegungen behaftete Bewegungsabläufe, die sie unfähig machen, zielgerichtete Bewegungen, wie sie bereits das Auffangen eines Balles erfordert, auszuführen.

Es besteht bei ihnen ein viel zu großer, zu intensiver Wechsel zwischen starker Muskelanspannung und anschließender zu starker Entspannung; der Einsatz der Muskeln geschieht zeitlich und hinsichtlich der Stärke sowie des Umfangs falsch, er ist dem Erfordernis nach unangemessen und unangepaßt. Sie sind zudem noch haltungslabil und ohne jedes Gefühl für den Haltungsaufbau. Da die Haltung ein kompliziertes, zweckgerichtetes Zusammenspiel vieler einzelner Muskeln untereinander erfordert, werden sich Koordinationsstörungen und insbesondere die eben beschriebenen unmittelbar auch im Haltungsgeschehen bemerkbar machen müssen und der Entstehung von Haltungsschwächen Vorschub leisten (siehe Kapitel 1).

Man bezeichnet die Träger solcher Koordinationsstörungen (bei mehr oder weniger ausgeprägtem Fehlen der Hemmeffekte) als *Koordinationsschwächlinge.*

Wir unterscheiden 3 Typen von Koordinationsschwächen:

1) Motorische Koordinationsschwäche
   a) Hemmwirkung zu schwach
   b) Hemmwirkung zu stark
2) Sensomotorische Koordinationsschwäche
3) Psychomotorische Koordinationsschwäche

3.2.1. Motorische Koordinationsschwäche

Ist die Hemmwirkung der subcorticalen Zentren bzw. der Großhirnrinde auf die Motorik insgesamt zu stark, dann kommt es zu Formen, wie sie der sogenannte *Spannling* aufweist oder wie sie der sogenannte *Steifling* zeigt.

Beim Spannling fehlt — grob gesagt — die Fähigkeit, im Bewegungsablauf jeweils den Gegenspieler zu entspannen (zu starke Antagonistenspannung), beim Steifling fehlt überhaupt die Dehnfähigkeit des Muskelapparates.

Diese Kinder sind insgesamt bewegungsarm, schwerfällig, steif, eckig und unausgeglichen in ihrer Bewegungsfolge. Die grobe Kraft ist dabei oft in keiner Weise eingeschränkt; es sind oftmals gerade die Klassenstärksten, die Muskelprotze, bei denen aber im auffälligen Gegensatz dazu die Feinkoordination, z. B. das Feinhandgeschick, völlig gestört ist. Eine grobe Unterscheidung der Formen
— Schwächlinge auf der einen Seite und
— Spannlinge bzw. Steiflinge auf der anderen
läßt sich mit Hilfe der *Diadochokinese* treffen: das schnelle Drehen der Hand mit ausgestreckten Fingern bei leicht erhobenen Armen.

3.2.2. Sensomotorische Koordinationsschwäche

Andere Schwächen im Bereich der Koordination beruhen von der Lokalisation her in erster Linie auf einer Störung im *sensomotorischen* System, worunter das System der Reiz-Empfindung, Wahrnehmungs-, Erkennungs- und Vorstellungsfähigkeit und die Überführung der Impulse in eine geordnete Motorik unter Einwirkung der subcorticalen Zentren und der Großhirnrinde zu verstehen ist. Koordinationsschwächen in diesem System sind daher als *sensomotorische Störungen* zu bezeichnen.

Neben den direkten Auswirkungen am Muskel – enthemmt oder verspannt – sieht man bei sensomotorisch gestörten Kindern (vor allem bei denen mit leichten frühkindlichen Hirnschäden) Verhaltensäußerungen, die unmittelbar auf Schwierigkeiten der Wahrnehmungs- und Vorstellungsfähigkeit hinweisen. Diese Kinder sind nicht in der Lage, mehrere Dinge zu gleicher Zeit wahrzunehmen, in Vorstellungen zu fassen und in einer der Situation angepaßten Weise zu verarbeiten. Sie können einen Spielverlauf nicht übersehen, reagieren schon auf Einzelreize und äußern ihre Bewegungsantwort in übereilter, hastiger und darum ungenauer Form, wobei ein komplizierter motorischer Bewegungsablauf und dessen Koordination nahezu unmöglich wird.

Die Folge ist, daß bei einem Teil der Kinder ausgewichen wird auf bereits geläufige, gewohnte Bewegungsmuster, die ihnen vertraut sind und mit denen sie zur Teilbewältigung der Aufgabe fertig werden können.Diese eingeschliffenen Reaktionsmuster sind in ihren Erscheinungsformen einförmiger, gröber, primitiver und stellen einen Rückgriff in früher erworbene Bewegungsleistungen dar.

Die Aufgabe der Koordinationsschulung liegt darin, die Wahrnehmungsfähigkeit in allen Bereichen durch ständig wechselnde Übungsabläufe bei veränderten Situationen zu üben, um die Fähigkeit zur schnellen Anpassung der Motorik zu steigern und damit ein koordiniertes, flüssiges Zusammenspiel zu erreichen.

3.2.3. Psychomotorische Koordinationsschwäche

Wichtig ist bei allen diesen Vorgängen die Beachtung *psychischer* Faktoren. Die Psyche hat einen nicht zu unterschätzenden Anteil am Auftreten von Koordinationsstörungen sowohl von der Ursache her als auch hinsichtlich ihrer Fortentwicklung und Verschlimmerung.

Ursächlich handelt es sich oftmals um psychisch bereits stark gehemmte, gestörte, in der seelischen Entwicklung zurückgebliebene Kinder, deren Persönlichkeitsreife noch keine ihrem Alter entsprechende, genügende Stabilisierung erfahren hat und die infolgedessen auch im Gesamtbild eine Reihe von Fehlverhaltensweisen aufzeigen. Der unbändige, lustbetonte Bewegungsdrang zur Eroberung seiner Umwelt, der das normale Kind auszeichnet, ist hier nur mangelhaft vorhanden, die vielfältigen Varianten der motorischen Ausdrucksfähigkeit sind nicht zur vollen Ausbildung gekommen. Die gesamte Motorik ist vom Psychischen her mit Hemmungen und Schwächen behaftet und daher unfähig, eine geordnete Koordinationsleistung auszuführen.

Aber auch als Folge schon bestehender Koordinationsschwächen können psychische Störungen in Erscheinung treten, wenn das ständige Erlebnis des Mißerfolges im motorischen Bereich zu Minderwertigkeitsgefühlen führt und die vorhandenen Bewegungsungeschicklichkeiten noch erhöht.

Die Wahrnehmung des Unvermögens und Versagens ist für jedes bereits koordinationsgestörte Kind ein Trauma seines Selbstwertgefühls. Vor sich selbst und mehr noch vor der Gruppe wird das Unvermögen zum belastenden Makel, aus dessen bewußten oder unbewußten seelischen Konfliktstoff sich weitere motorische Fehlverhaltensweisen und verstärkte körperliche Ungeschicklichkeiten herausbilden können.

Da in den hier beschriebenen Fällen die Psyche von bestimmendem Einfluß auf Entstehung bzw. Fortentwicklung von Koordinationsschwächen ist, bezeichnen wir diese Störungen, sofern sie sich in leichten Graden bewegen, als *psychomotorische Koordinationsschwächen.*

Gerade bei ihnen aber zeigen sich als Folgen des motorischen Koordinationsmangels und der daraus resultierenden Mißerfolge im motorischen Bereich psychische Reaktionsweisen, die die Grundlage für eine Reihe schwer zu beseitigender Verhaltensäußerungen bilden. Es kommt ja hinzu, daß diese Kinder, da sie im Spiel ihrer Kameraden nicht mithalten können, in der Gemeinschaft zu Außenseitern abgestempelt werden und allmählich durch die Umwelt eine Diffamierung erfahren, die über das Erlebnis der Minderwertigkeit das eigene Unvermögen auch von außen her noch unterstreicht. Bedauerlicherweise sind ungeduldige, wenig einsichtsvolle und unbeherrschte Erzieher an diesem seelischen Prozeß manchmal nicht ganz unbeteiligt.

Die Reaktionen auf solche Verletzungen des Selbstwertgefühls sind entweder die Kapitulation vor dem Unvermögen, die sich in Verzagtheit, Mutlosigkeit und weiterer Gehemmtheit äußert, oder die verzweifelte Situation wird überspielt, woraus dann die aggressiven, frechen und dreisten Typen mit übersteigertem Geltungsbedürfnis resultieren, die zum Teil schwere Anforderungen an den Erzieher stellen können.

Wie bei den Haltungs- und Organleistungsstörungen, so ist auch auf dem Gebiet der Koordination die genaue Abgrenzung zwischen Schwäche und dem weitergehenden Begriff des Schadens im Einzelfall nicht ganz einfach. Die Übergänge sind fließend und bestehen in qualitativen und graduellen Unterschieden der Bewegungsausführung.

Sofern es sich ursächlich um frühkindliche Hirnschäden handelt, wie sie nach Gehirn- und Hirnhautentzündungen oder nach Geburtstraumen zurückbleiben können, so sind wohl in den meisten Fällen, als Ausdruck eines regelrechten Gehirndefektes, die Erscheinungen massiver ausgeprägt, und wir werden hinsichtlich der Beurteilung kaum im Zweifel über das Vorliegen einer echten krankhaften Störung im Sinne eines *Koordinationsschadens* sein.

Bei den *Koordinationsschwächen* liegen hingegen zunächst nur leichtere Grade von Bewegungsauffälligkeiten und geringere Abweichungen von der Norm vor, die aber schließlich auch, sich selbst überlassen und durch psychische Faktoren intensiviert, zu den schwereren Störungen des Koordinationsschadens führen können.

Als *hauptsächliche Ursachen* der uns in erster Linie interessierenden Koordinationsschwächen kommen in Betracht:

(1) Der anlagebedingte motorische Begabungsmangel, der zur Folge hat, daß die Entwicklung der Bewegungsleistung entweder noch in den Anfangsstufen der Grobkoordination und Feinkoordination stecken bleibt oder überhaupt die Bewegungserfahrung sich mangelhaft entwickelt, wodurch sich die Motorik insgesamt durch einen Mangel an Qualität auszeichnet.

(2) Fehlende Entwicklungsreize, Wachstumskrisen, negative Zivilisationseinflüsse und alle ungünstigen inneren und äußeren Lebensbedingungen (lange Krankheit – nervöse, seelische Überbeanspruchung, Mangelernährung, Hospitalisation), wie sie auch bei der Entstehung der Haltungs- und Organleistungsschwächen mitwirken und dort bereits als ursächliche Faktoren angegeben wurden.

(3) Der ständige Übungsmangel im motorischen Bereich, der eine Koordination beim wachsenden Organismus nicht zur vollen Funktionsreife kommen läßt oder bereits erlernte Koordinationsleistungen und -erfahrungen zum Verkümmern bringt. Hier sind vor allem jene Fälle einzureihen, bei denen seelische Hemmungen der Kinder und Jugendlichen gegenüber Sport und Spiel innerhalb der Gemeinschaft eine Rolle spielen.

Bei allen Formen von Koordinationsschwächen ist ein allmählicher, zunehmend sich steigender Leistungsaufbau erforderlich. Neben den Übungsformen zur Verbesserung der körperlichen Leistung und funktionell-motorischen Koordination geht es darum, sichtbare Fertigkeiten zu üben, die zunächst die Gehemmtheiten „auftauen" lassen und das Selbstwertgefühl zu heben imstande sind. Das Erlebnis der Eigenleistung wird auch beim aggressiven und enthemmten Kind die reaktiven Fehlverhaltensweisen überflüssig machen, denn es hat es dann ja nicht mehr nötig, sich durch auffällige Handlungen die erwünschte Aufmerksamkeit zu verschaffen.

Da Koordinationsschwächen, Versagensreaktionen und psychisches Fehlverhalten dieser Kinder in erster Linie aus der Konfliktsituation gegenüber der Gemeinschaft entstehen, ist gerade hier das Herausnehmen aus der großen Gruppe der Gesunden zunächst unerläßlich. Die gelegentlichen Befürchtungen, das Kind könne durch die Sonderbehandlung einen zusätzlichen Schaden erleiden, sind – ebenso wie bei den Haltungsschwächen und Organleistungsschwächen – unberechtigt. Denn hier wird die Herausnahme aus der ständig beobachtenden, leistungsfähigeren Gemeinschaft die ursprünglichen Konflikte nehmen können und darum auch dem Kind wünschenswert sein.

Natürlich erfordert das Sonderturnen beim koordinationsgeschwächten Kind vom Erzieher ein hohes Maß an Geduld und Einfühlungsvermögen. Eine festgefahrene, fehlerhafte Motorik und vor allem die schon erwähnten eingeschliffenen, primitiveren Bewegungsmuster sind nicht von heute auf morgen zu beseitigen. Sie kommen nur allmählich zum Verschwinden und werden nur verlassen, wenn eigene sichtbare Erfolge im Bewegungsablauf den Kindern den Beweis erbringen, daß die Schwächen überwunden werden *können.* Erst mit der Zeit verlieren sich Ängstlichkeit und Resignation, es kommt zur Stabilisierung anfänglicher motorischer Erfolge, und das hier so notwendige *Kraftgefühl* tritt an die Stelle der bisherigen Schwächen und Gehemmtheit.

Bei allen Übungen zum Koordinationsaufbau dieser Kinder ist daher ein Grundsatz außerordentlich wichtig: es müssen zunächst die bereits vorhandenen Fähigkeiten im Bewegungsablauf gestärkt und ausgebaut werden. Erst auf dieser Grundlage können die Schwächen angegangen werden. *Vertrauen in das eigene Können zu setzen, ist im Rahmen des Schulsonderturnens zu Beginn jeden Trainings die wichtigste pädagogische Aufgabe.*

Im übrigen orientieren sich die zahlreichen Übungsformen nach den schon geschilderten Schwerpunkten der Koordinationserziehung:
- Haltungsaufbau und Körperzusammenschluß,
- Gleichgewichtseinstellung und Balancierfähigkeit,
- Anpassungsfähigkeit,
- Reaktionsart und Geschwindigkeit,
- Geschicklichkeit und Gewandtheit.

Die volle *Haltungsleistung* mit zurückgenommenem Schultergürtel, gestreckter Wirbelsäule, aufgerichtetem Becken und gewölbtem Fuß, ist nur dann möglich, wenn der aktive Bewegungsapparat vor und hinter dem Körperschwerpunkt ein koordiniertes Zusammenspiel für die Aufrichtung entgegen der Schwerkraft aufweist. Durch ständige Übungen des Sich-halten-könnens und des Körperzusammenschlusses in eigenen, extremen Stellungen (Balancieren auf dem Balken) wie auch bei Einwirkung äußerer, fremder Kräfte (bei Partnerübungen) werden Spannkraft und Körperbeherrschung kontrolliert und gefördert. Beim plötzlichen Halt oder bei rascher Körperstreckung aus dem Lauf erfolgt in ähnlicher Weise ein Haltungsaufbau, der zugleich dem Koordinationsvermögen zugute kommt.

Auf der gleichen Linie liegen die Behutsamkeitsübungen. Hier geht es um das bewußt vorsichtige und in jeder Bewegungsphase sorgfältig abgemessene und beherrschte Ausführen langsamer Bewegungen, die gleichzeitig die Bewältigung einer besonderen Aufgabe darstellen, z.B. das Tragen eines Tellers auf dem Kopf, das Eierlaufen usw.. Sie verlangen ebenso die zunehmende Körperbeherrschung, wie sie beim Gelingen der notwendige sichtbare Ausdruck für die Bewältigung einer gestellten Aufgabe sind.

Die *Balancierfähigkeit* setzt die intakte Gleichgewichtseinstellung voraus. Im schnellen Sich-zurecht-finden bei Stellungsverlagerungen des Körpers, z. B. beim Sprung auf den Balken, zeigt sich die Fähigkeit zur Wiederherstellung des erforderlichen Gleichgewichts. Ein Teil dieser Aufgabe wird bereits durch die Leistungen des Haltungsaufbaues und Körperzusammenschlusses übernommen; bei reinen Gleichgewichtsübungen kommt die Mitwirkung des Vestibularapparates im Koordinationsgeschehen hinzu.

Anpassungsübungen verfolgen den Zweck, die eigenen Bewegungsabläufe mit den Fremdbewegungen des Balles, des Seiles, des Reifens oder auch des Partners abzustimmen und in Einklang zu bringen.

Hierzu gehört auch das Sich-fügen in die Ordnungen und die Spielregeln des Turnens. Ein besonderes Kapitel nehmen dabei die rhythmisch-melodischen Übungen ein, die die Kinder veranlassen sollen, sich den Eigengesetzlichkeiten von Musik und Rhythmus anzupassen und ihre Bewegung danach einzuordnen.

Die *Reaktionsart* und *-geschwindigkeit* sind Funktionen eines intakten Sensoriums (Empfindung — Wahrnehmung) und zugleich abhängig von der Sicherheit der auszuführenden Bewegungen. Zu üben sind daher das schnelle Reagieren auf Zuruf, auf variable Spielsituationen mit Gerät, Partner oder in der Gruppe. Hier muß die Vielseitigkeit der Übungsformen die für jede derartige Bewegungsleistung erforderliche Sicherheit und Reaktionsgeschwindigkeit erbringen.

Geschicklichkeit und *Gewandtheit* sind Ausdruck der Feinkoordination, die sich im Zuge der zunehmenden Lust am Können und nach Erreichen des Leistungsgefühles sehr oft von selbst einstellen. Vielfältige Anreize zur Verbesserung der Bewegungsqualitäten sollen diese Ansätze unterstützen und die Kinder schrittweise für das sportlich-spielerische Turnen bei Beherrschung ihrer Bewegungsfunktionen zu gewinnen suchen.

Unter verständnisvoller und geduldiger Übungsbehandlung lassen sich bei allen Erscheinungsformen der Koordinationsschwächen erfreuliche Besserungen erzielen, zumal man davon ausgehen kann, daß in vielen Fällen auch durch die Beeinflussung ursächlicher Faktoren der unheilvollen Entwicklung auf diesem Gebiet entgegengewirkt werden kann.

Ist das erreicht, so drückt sich der Erfolg nicht nur im motorisch-funktionellen, sondern ebenso im geistig-sozialen Bereich aus: diese Kinder werden insgesamt harmonischer, angepaßter und gemeinschaftsfähiger, wodurch zugleich vom Ursächlichen her der Fortentwicklung der Koordinationsschwäche entgegengewirkt werden kann.

Bemühungen um Verbesserung der Haltungs-, Organleistungs- und Koordinationsschwächen sind daher eine dankenswerte pädagogische Aufgabe, denn noch kümmert sich — da an der Grenze zwischen Gesundem und Krankem gelegen — kein Anderer darum als der Erzieher in Schule und Kindergarten. Mit der Intensivierung des körperlichen Trainings in den Kindergärten und im Schulsonderturnen ist uns eine Möglichkeit gegeben, die Betreuung dieser Kinder zu fördern, um einen wesentlichen Fortschritt in der Entwicklung der Gesundheitserziehung zur Sicherung der Zukunft unserer Jugendlichen zu erreichen.

Teil III
Zur Didaktik und Methodik des Sonderturnens

Seit sich die Erkenntnis Bahn gebrochen hat, daß heute jedes Kind hinsichtlich seiner Haltung gefährdet ist[1]) und gezielter Reize bedarf, um in einer bewegungsarmen Umwelt die Kräfte zu entwickeln, die ihm helfen, sich richtig zu halten, wird Sonderturnen nicht mehr als Krankenbehandlung, sondern als Leibeserziehung[2]) gesehen. Alle Überlegungen zur Didaktik und Methodik der Leibeserziehung gelten darum auch für das Sonderturnen.

Bevor auf dessen spezielle Probleme eingegangen wird, scheint eine Vorüberlegung unerläßlich zu sein: die Besinnung auf die simple Tatsache, daß der Mensch ein Ganzes ist und daß Haltung und Bewegung nicht aus dieser Ganzheit gelöst werden können. Zwar ist die mechanistische Vorstellung, mit der Kräftigung bestimmter Muskelpartien einen Einfluß auf die Gewohnheitshaltung ausüben zu können, in der Theorie überwunden; wie aber ändert sich die Praxis, wenn wir von der Vorstellung ausgehen, daß Haltung und Bewegung vom Ganzen der Person[3]), von ihrem Empfinden, Wollen, Erleben, nicht abgelöst werden können?

Haltung betrifft dann den ganzen Menschen, seine seelische wie seine körperliche Aufrichtung[4]), ist einerseits abhängig von den aktiven und passiven Haltevorrichtungen des Körpers, von der Muskulatur, dem Bandapparat, von Form und Lagebeziehungen der Knochen, anderseits aber auch von der Lebensgrundstimmung des Menschen, von seinem aktuellen Gestimmtsein, seinen Erfahrungen und Erlebnissen. Haltung wird dann nicht statisch, sondern dynamisch verstanden, meint nicht willkürliches „Haltung einnehmen", sondern Einspielen in eine Gleichgewichtslage[5]) in der Anpassung an die jeweilige Situation. Aufgabe des Sonderturnens ist dann, diese Situationen möglichst vielfältig erleben zu lassen, um das Gefühl für die Haltung zu aktivieren. In der Anpassung an gezielte Reize soll es Mängel ausgleichen. Im Erlebnis des Könnens und Leistens soll es den seelischen Grund für das rechte „Sich-Halten" lockern, denn es besteht ein sichtbarer Zusammenhang zwischen der aktuellen Haltung des Menschen und seinem Leisten bzw. Versagen. Das Gefühl, etwas gekonnt zu haben, beglückt den Schüler und verändert seine Haltung gelegentlich mehr als gezielte Haltungsübungen. Andererseits „drückt" nichts so, wie häufiges Mißlingen, Üben ohne Erfolg, ohne Anerkennung.

Diese Überlegung legt nahe, im Sonderturnen nicht nur der Haltung dienliche Übungen aneinander zu reihen, sondern Lernziele zu setzen und den Erfolg des Übens durch ein methodisches Vorgehen zu sichern, bei dem der Schüler auch durch das Erreichen der Lernziele „aufgerichtet"[6]) wird.

Entscheidend für den Erfolg des Sonderturnens ist die Intensität des Übens. Sie muß durch die Motivation[7]) gesichert werden. Im Kindes- und Jugendalter ist der Hinweis auf Gesundheit und gute Haltung noch kein ausreichendes Motiv, um sich anzustrengen. Wir müssen darum die entwicklungs-

1) Schede, F., Über das orthopädische Schulturnen, Gutachten im Auftrag der Deutschen Orthopädischen Gesellschaft 1952.

2) Maier, E., Zur Problematik der Haltungsschwäche und ihrer Bekämpfung, in „Das öffentliche Gesundheitswesen" 1967/12.

3) Dazu Diem/Scholzmethner, Ausgleichsgymnastik und Schulsonderturnen, Frankfurt 1961, S. 9 „Eine Teilschwäche bedingt immer eine Störung im Gesamtverhalten".

4) Mit Recht nennt darum Mehl, M. sein Buch „Haltung, Übungen zur inneren und äußeren Aufrichtung", Heidelberg 1956.

5) Dazu Streicher, M., Die Erziehung zu guter Haltung, in „Erziehung und Unterricht" 1952/3.

6) Dazu Laberke, J.A., Biologische Bedeutung des Sports, in „Gesundheit, Haltung, Leistung", 1974/1, S. 4.

7) Dazu Gabler, H., Zur Motivation des Lernens im Sportunterricht, in Koch/Bernhard/Ungerer, Motorisches Lernen-Üben-Trainieren, Schorndorf 1972.

spezifischen und die individuellen, interessenbedingten Motive für körperliche Anstrengung kennen und sie dann für das Sonderturnen einsetzen.

Für die Bereitschaft, sich anzustrengen, sind Erlebnisse oft wichtiger als die Belehrung. Niemand kann jedoch erwarten, daß jede Fußkräftigung ein Erlebnis wird. Erlebnisse lassen sich im Unterricht nur anbahnen. In der Leibeserziehung ist die Sphäre des Spielens und die des Leistens durch ihren hohen Erlebnisgehalt ausgezeichnet.

Soll die Motivation durch die Spielfreude im Sonderturnen genützt werden, so müssen Spiele so verändert werden, daß sie zu intensiven, zielgerichteten Reizen für die Haltemuskulatur aller beteiligten Spieler führen. Es genügt nicht, sich nur auf die Spielfreude zu verlassen. Sie entsteht auch beim Üben, wenn sich der Schüler in eigener Aktivität und nach eigenem Entwurf bewegen kann. Diese Überlegung führt zur Bevorzugung der Bewegungsaufgabe. Sie fordert den Schüler auf, ein Problem selbständig und sachgerecht zu lösen[8]).

Der Schüler erhält keine Anweisung für eine Übung, die er dann nur besser oder schlechter ausführen kann, sondern er bekommt eine Aufgabe, die er mit seinen Mitteln und Möglichkeiten lösen kann. Da das Lösungsergebnis ungewiß ist wie der Ausgang eines Spiels, erhalten sich Übungsfreude und Anstregungsbereitschaft länger.

Soll die Motivation durch die Leistungsfreude im Sonderturnen genützt werden, so müssen die sportlichen Leistungsaufgaben und -formen so verändert werden, daß sie der Haltungsformung dienen. Wenn dieses Leisten zum Wetteifern führt, darf es keine ,,Verlierer" geben; schon gar nicht dürfen die Schwächeren ,,ausscheiden", denn sie bedürfen der Übung ja mehr als die anderen. Der präzisen Bewegungsausführung im körper- und haltungsformenden Üben wird es dienlicher sein, wenn weniger in der Quantität der Bewegung (Zeit) und mehr in ihrer Qualität (Punkte) gewetteifert wird.

Hauptinhalt des Sonderturnens waren lange Zeit sog. partielle Funktionsübungen. So lassen sich z.B. zur Kräftigung der Schulterblattanzieher Übungen finden (kleine Armkreise an der Körperseite im Schneidersitz), die zwar wirkungsvoll sind, den Schüler aber nur partiell beanspruchen und schnell ermüden. Es fehlt diesen Übungen der Lebensbezug, denn partielle Funktionsübungen kommen im natürlichen Bewegungsleben des Menschen nicht vor. Sie sind konstruiert ,,formersonnen"[9]). Die kleinsten, sinnvollen Bewegungsganzheiten sind ,,Tätigkeiten"[10]) (Werfen, Klettern, Schwimmen ...). Treten sie in den Dienst größerer und komplexer Bewegungsganzheiten, so eröffnen sie dem Übenden die Möglichkeit zu handeln (z.B. im Spiel). Wir nennen sie darum Handlungen. Für die Funktionsübung, die im Sonderturnen nach wie vor geübt werden muß, suchen wir darum Tätigkeitsformen und Handlungsganze, die Situationen schaffen, in denen die richtige Ausführung durch die Situation gesichert ist bzw. erzwungen wird. Auch die Erkenntnis der Gestaltpsychologen[11]), daß die ganze Bewegung genauer abläuft als ihre Teile, führt zur Bevorzugung von Bewegungsganzheiten.

Schließlich ist zu bedenken, daß im Sonderturnen, wie im Sportunterricht auch, Schüler mit höchst unterschiedlichen Leistungsvoraussetzungen vereint sind. Bei der im Sonderturnen üblichen Zusammenfassung mehrerer Schuljahrgänge werden diese Differenzen noch größer, Da aber, wenn wir Haltung als Ganzes betrachten, für den Schüler und seine Haltung entscheidend ist, sich den Aufgaben gewachsen zu fühlen, bedarf es der Differenzierung dieser Aufgaben, je nach den individuellen Voraussetzungen des Schülers.

Aus der Sicht der Ganzheit des Menschen und seiner Haltung ergab sich:

Sich-halten sollte nicht mehr als ,,Einnehmen einer Haltung", sondern als Einspielen in die Gleichgewichtslage, als ,,situationsgerechtes Verhalten[12]) gelehrt werden.

Um die Langeweile und Unsicherheit der partiellen Funktionsübungen zu beenden, sollten diese einem sinngebenden Ganzen, einer Tätigkeit, einer Handlung eingefügt werden, die dem Bewegungsablauf die nötige Sicherheit geben und das Interesse wecken.

Um die notwendige Intensität des Übens zu sichern, muß die geforderte Anstrengung auch im Sonderturnen motiviert, müssen entwicklungsspezifische Motive und individuelle Interessenstrukturen berücksichtigt werden.

8) Bernett, H., (Hrs.) Zum Begriff der Bewegung, Schorndorf 1966, S. 43.

9) Groll, H., Idee und Gestalt der Leibeserziehung von heute, 2. Wien 1962, S. 172.

10)Dazu Streicher, M., Natürliches Turnen, in Groll, H., (Hrs.) ,,Zeitgemäße Leibeserziehung der Jugend", Wien 1955, S. 63.

11)Dazu Klemm, O., Gedanken über Leibesübungen, in ,,Neue Psychologische Studien", Band 5, München 1930.

12)Sportwissenschaftliches Lexikon a.a.O., S. 109.

Die im Spielen und Leisten erleichterte Motivierung legt Methoden nahe, die dem Übenden das Erlebnis des Selbsttuns und Selbstfindens vermitteln (induktive Methoden, Bewegungsaufgaben).

Um den Schüler mit dem Erlebnis des Könnens und der Freude am Erfolg „aufzurichten" bedarf es auch im Sonderturnen umgrenzter Leistungsziele und besonders sorgfältig gewählter kleiner Leistungsschritte zu ihnen, deren Erreichen der Schüler selbst überprüfen kann.

Soll dieses durch Leistungsziele stimulierte Üben auch für den schwächeren Schüler eine optimale Wirkung haben, bedarf es der Differenzierung der Aufgaben, die den individuellen Leistungsvoraussetzungen gerecht werden.

Diese Vorüberlegungen und ihre Folgerungen weisen auf vier didaktisch-methodische Probleme des Schulsonderturnens hin, die im folgenden kurz beleuchtet werden sollen:

1. auf die Motivierung, um eine günstige Ausgangslage zu schaffen,
2. auf die Erfolgssicherung durch den methodischen Aufbau des Übens,
3. auf die Differenzierung, um bei unterschiedlichen Voraussetzungen optimale Übungsmöglichkeiten bereitstellen zu können,
4. auf die Intensivierung, um die Effektivität des Unterrichts zu erhöhen.

1. Zur Motivierung

Im Vertrauen darauf, daß gesunde Jugend sich bewegen und etwas leisten wolle, daß sie durch Sport und Spiel fasziniert werde, begann man sich in der Leibeserziehung erst spät[13]) mit den Fragen der Motivation auseinanderzusetzen. Auch im Sonderturnen wurden sie, der Tradition der „Verordnung" und „partiellen Behandlung" zufolge, nur wenig beachtet. Sie sind aber gerade im Sonderturnen entscheidend, da ja das in der Turnstunde Angeregte zu einer Haltungs- und Verhaltensänderung führen soll, die die aktive Mitarbeit des Schülers voraussetzt. Die Motivation für diese Mitarbeit ändert sich aber im Laufe der Schulzeit.

Die Erkenntnis, daß sich schon beim Schulanfänger Zeichen der Haltungsschwäche zeigen und Sonderturnen darum folgerichtig schon in der Grundschule beginnen[14]) und sich bis zur Festigung der maturen Form fortsetzen sollte, läßt es zweckmäßig erscheinen, die besonderen Bedingungen zu skizzieren, die das Sonderturnen in diesem Zeitraum als Voraussetzungen des Übens vorfindet.

1.1. Primärmotivation

Zunächst wirkt die primäre Motivation: der explorative Bewegungsdrang[15]), das Wohlbefinden in der Bewegung, die Freude am Darstellen, Spielen und Tanzen.

Die Neugierde, die Welt zu erfahren und das eigene Können zu erproben, motivieren in diesem Alter jede körperliche Anstrengung, auch die im Sonderturnen. Der naive Leistungsoptimismus läßt das Kind noch unkritisch und voll Eifer jede Aufgabe angehen. Diese Ausgangslage stellt uns die Aufgabe, im Sonderturnen der 6- und 7-jährigen bewegungsreiche Formen zu wählen, die mit ausgiebiger Beanspruchung den Bewegungshunger stillen. Jetzt sollte das seiner Bedeutung wegen unerläßliche und später unbeliebte Kriechen und Krabbeln (die Klappschen Kriechübungen und ihre Abwandlungen) auf dem Boden, auf schrägen Ebenen, hinauf und hinunter, auf und über die Geräte im Schwerpunkt stehen.

13) Siehe Kongreß des ADL 1970 in Münster: Motivation im Sport, Kongreßbericht, Schorndorf 1971.

14) Maier, E., a.a.O. „Rund 40 % der von uns untersuchten Schulanfänger boten Befunde, die wir als orthopädisch „auffällig" bezeichnet haben".

15) Die Neugierde, herauszubringen, was man schon kann, wie die Geräte erstiegen und erklettert werden können, wie die Aufgaben zu lösen sind usw. darf der Unterricht nicht vorzeitig abwürgen, indem er feste Bewegungsmuster anbietet und trainiert. Dazu auch Seybold, A., Erstunterricht in der Leibeserziehung in Rabenstein, R. (Hrs.) Erstunterricht, München 1974, S. 277f.

Hinzu kommt dann, in der Mitte der Grundschulzeit etwa, das Leistungs- und Auszeichnungsbedürfnis, der Reiz des Wetteifers. Das Bedürfnis, sich auszuzeichnen, sich hervorzutun, um im Kreis der Gleichaltrigen Anerkennung zu finden, wird vorrangig. Das spannungsreiche Verhältnis der Schüler untereinander, die schnell wechselnden Freundschaften usw. sind der soziale Hintergrund dieses „Neckalters". Die noch uneingeschränkte Geltung körperlicher Leistungen (zu Beginn der Phase) und der latente Wetteifer motiveren auch das Sonderturnen. Im Schwerpunkt stehen jetzt Kunststücke, (Klettern, Radschlagen, Handstand, Felgaufzug usw.) zur Kräftigung des Schultergürtels bzw. der Rumpfmuskulatur, die in kleinen Leistungsschritten dem Schüler das Maß seines Könnens zeigen, sowie Aufgaben, die Kraft und Gewandheit fordern. Nur was schwierig genug, aber noch erreichbar ist, wirkt jetzt, insbesondere bei den Buben, motivierend.

Die wichtigste Aufgabe ist jetzt, registrierbare Fortschritte anschaulich zu machen. Sie zwingt zum sorgfältigen Aufbau größerer Unterrichtseinheiten, bei denen „verschiedene Leistungsniveaus für das Kind erkennbar gemacht werden „... damit" es das Ergebnis seiner Bemühungen erfährt und zuordnen kann"[16]).

Jenseits des Grundschulalters, gegen Ende des 5. und 6. Schuljahres, beginnt die Primärmotivation durch den explorativen Bewegungsdrang allmählich zu versiegen. Der naive Leistungsoptimismus weicht zunehmend einer realistischen Einschätzung des eigenen Könnens. Darum behält die Motivation durch das Leistungs- und Auszeichnungsverlangen ihre Wirsamkeit meist nur noch bei den Schülern, die dank guter Veranlagung Aussicht haben, sich mit ihrer sportlichen Leistung tatsächlich auszuzeichnen. Wenn es jeodch im Grundschulalter gelingt, dem Schüler zu zeigen, daß er etwas lernen und was er schon alles leisten kann, erhält sich die Primärmotivation durch die Bewegungs- und Leistungsfreude auch bei Schülern mit bescheideneren Leistungsvoraussetzungen länger. Bei einem Teil der Schüler entwickeln sich jetzt spezielle Sportinteressen. Die Primärmotivation durch diese kommt auch dem Sonderturnen zugute, wenn beim Üben der Zusammenhang mit diesen Sportarten deutlich gemacht wird.

1.2. Sekundärmotivation

Gegen Ende des 6. Schuljahres muß die Sekundärmotivation bei vielen Schülern die versiegende Primärmotivation ersetzen bzw. ergänzen. Zwar zeigt sich ein frühes, allgemeines Interesse an Gesundheit und Haltung schon im 3. Schuljahr[17]), doch wendet sich das Interesse jetzt primär der eigenen Person, der äußeren Erscheinung und damit sekundär auch der Gesundheit, Haltung und Bewegung zu[18]).

Die wachsende Empfindlichkeit gegenüber Mißerfolg und Kritik sowie das Zurücktreten des sportlichen Engagements bei einem Teil der Schüler, vor allem bei den Leistungsschwächeren, läßt im Sonderturnen eine Bevorzugung gymnastischer Aufgaben ratsam erscheinen. Die Handgeräte Ball, Seil, Reifen[19]), Keule u.a. schaffen eine Atmosphäre des Spiels und lenken den jungen Menschen von seinen Schwierigkeiten ab. An der Reaktion der Geräte erlebt er sinnfällig, ob und wie er eine Aufgabe meistert und wird von der Kritik des Lehrenden unabhängig. In ähnlicher Weise kommt das Schwimmen der psycho-physischen Gesamtlage dieser Entwicklungszeit entgegen und bietet sich als Hilfe im Sonderturnen an.

Der junge Mensch beginnt jetzt über sich und sein Tun zu reflektieren. Damit gewinnt die Information an Bedeutung.

Wenn die Fremderziehung in Selbsterziehung übergehen und das Sonderturnen „Hilfe zur Selbsthilfe" (Pestalozzi) werden soll, stellen sich der Sekundärmotivation durch die Information vor allem drei Aufgaben:

Die erste: Der Schüler soll jetzt fähig werden, funktionelle Zusammenhänge zu erfassen[20]) und selbst geeignete Aufgaben für die Kräftigung der Haltemuskulatur zu finden. Wie lösen wir diese Auf-

16) Oerter, R., Moderne Entwicklungspsychologie, Donauwörth 1969 (4), S. 146.

17) Dazu Widmer, K., Die Entwicklung des Leibes- und Gesundheitsbewußtseins des Kindes und die Thematik der Gesundheitserziehung, in „Pädagogische Rundschau" 1965/12.

18) Dazu Seybold, A., zur Leibeserziehung im Grundschulalter, Bericht nach 4 Schuljahren, in „Sportunterricht" 1973/3, S. 89.

19) Dazu Seybold, A., Schulgymnastik 2, mit Ball, Seil und Reifen, Frankfurt 1975.

20) Dazu Diem/Scholzmethner, a.a.O., S. 13 „Kinder und Jugendliche sollen ihrem Verständnis entsprechend, Interesse für die Wirkungslehre gewinnen: Herz-Kreislaufleistungen, Atemtätigkeit . . .".

gabe? Eine Dreiergruppe sucht 3 Übungen zur Bauchmuskelkräftigung ohne Handgerät; eine zweite: Bauchmuskelkräftigung mit Handgeräten, und eine dritte sucht dasselbe Ziel an den Großgeräten zu erreichen. Welche Übungen sind intensiver? Welche sind besser aufgebaut? Wo liegt die Hauptbelastung? Die geistige Mitarbeit, von Anfang an angebahnt, muß nun Früchte tragen. Das wird sie nur, wenn der Unterricht Fragen provoziert und die Schüler schrittweise an Selbsttätigkeit gewöhnt.

Die zweite Aufgabe könnte als „Berufsberatung" bezeichnet werden. Welche Belastung für den Halteapparat bringt der Beruf, den du dir erwählt hast (Berufsschule) oder wählen wirst (Oberschule)? Welchen Ausgleich brauchen „Sitzberufe" (Sekretärin, Kontrolleur, Straßenbahner, Verwaltungsbeamter . . .), welchen „Steh- und Laufberufe" (Zahnarzt, Apotheker, Verkäufer, Dirigent, Schutzmann, Friseuse . . .)? Welche Belastung für den Halteapparat bringen spätere Schwangerschaften? Welche Übungen kräftigen die Beckenbodenmuskulatur? Welchen Übungskanon können wir für die einseitige Belastung an der Schreibmaschine zusammenstellen? Wie helfen wir uns später beim Tragen, beim Abspülen, beim Staubsaugen? Arbeitshaltungen sind jetzt zu klären und ihre physiologisch richtige Ausführung zu demonstrieren. Bild- und Filmmaterial könnte diese Aufgabe wirksam unterstützen.

Die dritte Aufgabe: Wie unterstützen die verschiedenen Leibesübungen und Sportarten die Haltungsschulung? Wenn die Schulsituation aufhört, sollte der Freizeitsport die Funktion des Sonderturnens übernehmen. Darum ist es nicht gleichgültig, ob sich der junge Mensch das Kegeln wählt oder das Schwimmen, ob er Fußball oder Tischtennis spielt. Er sollte jetzt möglichst viele Freizeitsports hinsichtlich ihres Effektes für die Haltung erproben.

Auch im Sonderturnen soll der junge Mensch selbständig werden, soll ein Lebensstil angebahnt werden, der Sport und Leibesübungen so nutzt, daß sie der Stabilisierung der Haltung und Gesundheit dienen. Was in der Schule angeregt wurde, soll der junge Mensch nun aus eigener Einsicht zu seiner Aufgabe machen.

Die Motivierung wird um so wichtiger, je älter der Schüler wird. Im Sonderturnen geht es darum, die gute Haltung in ihrem Zusammenhang mit der Gesundheit sehen zu lehren und die Entscheidung für sie im vernünftigen Argumentieren anzubahnen. Wenn die Primärmotivation zum Bewegen, Üben und zur körperlichen Anstrengung versiegt, muß die Sekundärmotivation für sie einspringen.

2. Zur Erfolgssicherung durch den methodischen Aufbau des Übens

Wenn wir Haltung vor dem Hintergrund des ganzen Menschen sehen und gerade im Sportunterricht immer wieder erleben, wie der Erfolg den Schüler aufrichtet, so werden wir diese Hilfe durch den Erfolg vor allem dem Schüler wünschen, der zum Sonderturnen kommt. Wie können wir dem Üben dieser Schüler den Erfolg sichern?

2.1. Methodisches Vorgehen in Lernschritten

Für das Sonderturnen gibt es einen Kanon wirksamer Übungen. Eine dieser Übungen für die Kräftigung der Rumpfmuskulatur, die in keiner Übungssammlung fehlt, ist das sog. „Klappmesser", siehe Abbildung: Aufrichten aus der Rückenlage zum Schwebesitz, bei dem die Hände flüchtig die Fußriste berühren. Diese Übung ist sicher wirksam – aber sie ist auch schwierig. Noch schwieriger für Kinder mit schlecht ausgebildeter Bauchmuskulatur und diese kommen ja zum Sonderturnen. Sie schaffen die Übung nicht. Meist hören Kinder auf, wenn sie die Erfolgslosigkeit ihrer Mühe sehen oder sie gewöhnen sich daran, ungenau, „schlampig" zu üben. Beide Folgen sind für das Sonderturnen verhängnisvoll.

Abb.: „Klappmesser"

Dies ändert sich, wenn wir die Übung „Klappmesser" als Lernziel betrachten, das in mehreren Lernschritten erreicht werden kann. Entscheidend ist dabei, daß der Schüler jeden Lernschritt als Erfolg erleben und selbst registrieren kann, und daß jeder zur beabsichtigten Kräftigung der Rumpfmuskulatur beiträgt.

1. Lernschritt: Wer kann sich aus der Rückenlage zum Langsitz aufrichten und mit den Händen die Fußriste berühren?

2. Lernschritt: Wer kann in der Rückenlage die Hände am Boden lassen und mit den Füßen die Hände berühren? Wer kann die Beine dann wieder leise auf den Boden legen? Wer kann sie leise und gestreckt auf den Boden zurücklegen? Wer schafft dies langsam und im Atemrhythmus?

3. Lernschritt: Wer kann sich aus der Rückenlage zum Schwebesitz aufrichten, mit den Armen die gebeugten Beine umfassen und sich wieder leise in die Rückenlage senken?

4. Lernschritt: Wer kann die Beine beim Aufrichten aus der Rückenlage zum Schwebesitz strecken und mit den Händen die Knie berühren?

5. Lernschritt: Wer kann sich aus der Rückenlage zum Schwebesitz aufrichten und mit den Händen die Fußriste berühren?

In diesem methodischen Vorgehen wird der Schüler Schritt für Schritt an die schwierige Übung „Klappmesser" herangeführt. Dabei erwirbt er im länger dauernden Üben von Lernschritt zu Lernschritt die Voraussetzungen, um diese Übung meistern zu können. Jeder Lernschritt kann vom Schüler als Erfolg erlebt werden. Dieser Erfolg ermutigt ihn zum nächsten Lernschritt. In diesem methodischen Vorgehen wird der Übungsprozeß verlängert und diese längerdauernde Reizwirkung braucht das Sonderturnen ja gerade.

Erfolgsicherung im Sonderturnen fordert, Übungen, die nicht auf Anhieb richtig ausgeführt werden können, in Lernschritten so vorzubereiten, daß auch schwächere Schüler in diesem Üben Erfolge erleben: einmal den Erfolg, die einzelnen Lernschritte zu meistern, zum andern den Erfolg, die so vorbereitete Übung zu schaffen.

2.2. Methodische Übungereihen

Bei vielen turnerischen Fertigkeiten, die die Haltemuskulatur gut trainieren, wie z.B. beim Stangenklettern, genügt dieses Vorgehen über Lernschritte nicht. Hier brauchen wir methodische Übungsreihen[21]), die die Zielübung über vorbereitende- und Vorübungen erreichen.

Die vorbereitenden Übungen

sollen die physischen und psychischen Voraussetzungen für die Zielübung schaffen. Sie erschließen sich dem Lehrenden auf die Frage „was muß können, wer . . . z.B. Stangenklettern will?" Er muß sich selber ziehen können und er darf in der Höhe keine Angst bekommen. Die vorbereitenden Übungen werden darum die Kraft und Griffestigkeit üben, die man braucht, um sich selber ziehen zu können und sie werden dem Schüler die Angst vor der Höhe nehmen. Physische Voraussetzungen: Wer kann sich mit den wenigsten Zügen über alle vier Langbänke ziehen? Wer kann es noch, wenn immer zwei Langbänke nebeneinander stehen? Diese Kräftigung der Schulterblattanzieher gibt jedem Schüler ein Erfolgserlebnis und ein Ziel. In der nächsten Stunde ziehen wir uns rücklings am Tau entlang. Wer benötigt die wenigsten Züge?

Psychische Voraussetzungen: wir steigen und klettern zunächst an der Sprossenwand mit den engen Sprossenzwischenräumen, dann an der Gitterleiter mit den großen Zwischenräumen. Dabei gewöhnt sich das Kind an die Höhe und lernt, sich festzuhalten. Es gewinnt die Voraussetzungen für das Klettern an den Stangen und erhält zugleich intensive Reize für die Schultermuskulatur.

Die Vorübungen

sollen den Schüler Schritt für Schritt erfolgsichernd zur Zielübung führen. Sie erschließen sich auf die Frage „wie kann die Zielübung erleichtert werden?"

Herunterklettern ist leichter als Hinaufklettern. Darum werden Kästen vor die Stangen geschoben, die das Kind ersteigt. Vom Kasten aus ergreift es die Stangen:
Wer kann sich an der Stange festhalten und leise herunterklettern – nicht rutschen! Jedes Kind erlebt diesen Erfolg. Wer kann sich festhalten, bis 5 zählen und dann erst herunterklettern?
Wer kann dreimal an seinen Händen „riechen" (Verkürzen der Hebel, Arme beugen) und dann erst herunterklettern? Wer bringt beim Herunterklettern 10mal eine Hand unter die andere?

21) Fetz, F., Allgemeine Methodik der Leibesübungen, 5. Wien 1972.

Hat der Schüler bei diesem Üben die nötige Kraft und Geschicklichkeit erworben, bringen die nächsten Vorübungen das Hinaufklettern – zunächst nur bis zum Nahziel „Kasten".

Wer erreicht den Kasten mit Hilfe von vier Stangen? . . . mit Hilfe von drei Stangen? . . . mit Hilfe von zwei Stangen? Wer erreicht ihn mit einer Stange?
Wer kann drei Züge hochklettern? Jetzt brauchen wir die Kästen nicht mehr, die meisten Kinder schaffen die drei Kletterzüge. Wer sie noch nicht schafft, erhält die Hilfe seines Partners, der die Stange unter den Füßen umgreift und dem Kletternden damit einen Halt bietet.

Bei diesem methodischen Vorgehen in einer Übungsreihe über vorbereitende- und Vorübungen geht es immer darum, die Haltemuskulatur zu kräftigen, aber dabei registrierbare Leistungsfortschritte zu zeigen, die jedem Kind ein Erfolgserlebnis geben. So wichtig wie die muskuläre Kräftigung ist dabei der Gewinn an Selbstvertrauen.

Die Übungsreihe führt den Schüler über vorbereitende Übungen und Vorübungen zur Zielübung und sichert ihm den Erfolg, der ihn „aufrichten" soll. Bei diesem Vorgehen erwirbt vor allem der schwächere Schüler die Voraussetzungen für das Erreichen der Zielübung. Dabei erlebt er schon in den vorbereitenden und in den Vorübungen stimulierende Erfolge. Die Zielübung wird dabei auch für den schwachen Schüler erreichbar, denn in der ständigen Anpassung an die Aufgaben erwirbt er die für die Zielübung spezifische Kraft und Geschicklichkeit. Er kennt den Weg zur Zielübung und er wird auf diesem Weg immer erneut durch Erfolge „verstärkt".

3. Zur Differenzierung

3.1. Differenzierung nach der individuellen Haltungsschwäche

Die Differenzierung nach der individuellen Schwäche bestimmt in der Krankengymnastik die Zuweisung zur Gruppe. Kinder mit ausgeprägten Fußschwächen bedürfen anderer Aufgaben als Kinder mit Organschwächen. Diese Differenzierung nach der Schwäche ist um so wichtiger, je ausgeprägter bestimmte, genau definierbare Haltungsschäden auftreten. Sie verliert ihre Bedeutung, wenn, wie im Sonderturnen, mehr ein allgemeiner Haltungsverfall vorliegt, der noch zu keinen ausgeprägten Fehlformen geführt hat, sondern sich mehr als allgemeine Disposition für Haltungsschwächen und motorisches Ungeschick zeigt. Je mehr daher „das Schulsonderturnen Leibeserziehung und nicht Krankenbehandlung"[22]) wird, desto wichtiger wird die Beachtung des folgenden Punktes:

3.2. Differenzierung nach der individuellen Leistungsfähigkeit

Leistungsunterschiede können auf unterschiedlichen körperlichen Voraussetzungen, auf unterschiedlicher motorischer Reife und unterschiedlicher Übung beruhen. Sobald der Schüler die Phase des naiven Leistungsoptimismus verlassen hat, können wir ihm die Erfahrung, daß andere mehr leisten als er, nicht ersparen. Ersparen aber können wir ihm Enttäuschung und Beschämung, wenn der Unterricht rechtzeitig und nicht erst nach vergeblichen Versuchen und u.U. schmerzlichen Erfahrungen differenzierte Aufgaben anbietet.

Beispiel Balancieren zur Fußkräftigung: Wir bieten verschiedene Übungsmöglichkeiten an, ein Seil am Boden (eine Linie), eine Langbank, den Balken einer Langbank und einen Rundbalken oder verschiedene hohe Balken und überlassen dem Schüler die Wahl des Gerätes, ohne ihn zu klassifizieren. Hat er in einigen Durchgängen das Maß seines Könnens erprobt, so muß er ausreichend Zeit haben, an seinem gewählten Gerät zu üben, ehe ihn die nächste Frage auffordert: „Wer kann zum nächsthöheren Balken wechseln?" oder: „Welche Gruppe kann ihren Balken erhöhen?"

Eine andere Möglichkeit der Differenzierung bietet die Methode der „Gerätehilfe". Beispiel: Wir benützen den Felgaufzug zur Bauchmuskelkräftigung. Auf dem Weg zu dieser Zielübung bieten verschiedene Stationen unterschiedliche Schwierigkeiten. Die erste Station (ein Barrenholm vor der Sprossenwand): Wer kann, wenn er den Holm faßt, mit den Füßen an der Sprossenwand hochsteigen und um den Holm schwingen? Wer kann es noch, wenn er nur 5 (4, 3 . .) Sprossen hochsteigt? Zweite Station (Stufenbarren): Wer kann mit Hilfe des höheren Holmes um den niederen herumschwin-

22) Maier, E., a.a.O.

gen? Wer kann mit Hilfe des niederen um den höheren Holm schwingen? Dritte Station (Reck mit vorgestellter schiefen Ebene, Kastendeckel . .): Wer kann mit dieser Hilfe den Felgaufzug? Vierte Station (Reck ohne Erleichterung): Wer kann den Aufschwung hier? Wer findet eine flüssige Bewegungsverbindung?

Jeder Schüler kann den Felgaufzug üben, denn jeder sucht sich in selbständigem Erproben die Station, die seinen Möglichkeiten entspricht. Jeder kann selbständig seinen Übungserfolg registrieren.

Der Einwand, die selbständige Zuordnung der Schüler beschränke diese auf das bequem zu Leistende, hat sich in einem langjährigen Schulversuch widerlegt. Kinder wollen lernen und sie wollen heute mehr fertigbringen als gestern. Der Trieb zur Selbstvervollkommnung und die Faszination der sportlichen Leistung sind Antrieb genug für den Schüler, sich immer erneut anzustrengen.

Probleme ergeben sich eher, wenn Schüler in einem sehr auszeichnungs- und konkurrenzorientierten Unterricht über das Maß dessen hinausgehen, was sie schon leisten können. Aufgabe des Lehrenden ist es, die Selbstentscheidung der Schüler durch die ständige Auszeichnung der Besten nicht zu erschweren, sondern die individuelle Leistung anzuerkennen und auch die Klasse zur Erkenntnis zu führen, daß die Leistung des Schwächeren durchaus keine schwächere Leistung sein muß.

Dies gilt vor allem für das Zirkel- oder Kreistraining[23]). Es eignet sich zur Individualisierung im Sonderturnen ganz besonders jenseits des Grundschulalters.

Zwar üben alle Schüler an den gleichen Aufgaben, aber je nach ihren individuellen Voraussetzungen bestimmen sie selbst die Zahl der Wiederholungen bzw. das Zeitmaß. Der Zirkel eignet sich besonders gut für das Sonderturnen, weil hier auch spezifische Kräftigungsübungen, Funktionsübungen, erfahrungsgemäß gern geturnt werden. Was im gemeinsamen Üben öde wäre, wird im Trainingseifer[24]) des Zirkels spannend, sobald das Interesse an der individuellen Leistung und ihrer Steigerung geweckt ist.

Dieses Interesse an der eigenen Leistung ist der Motor des individualisierenden und differenzierenden Unterrichts. Es wird gefördert, wenn der Schüler schon früh lernt, seine eigene Leistung zu beurteilen und über längere Zeit hin zu verfolgen.

Dazu braucht er Aufgaben, deren Gliederung in Lernschritte ihm die Zuordnung seines Könnens ermöglicht. Dazu braucht er Informationen[25]), die ihm die Kriterien für die richtige Ausführung liefern und die Rückmeldung aufschlüsseln (Beispiel: der Ball klatscht beim Fangen auf die Hand, weil du dich nicht genügend entgegengestreckt hast usw.). Dazu braucht der Schüler schließlich auch Anlagen, die ihm das selbständige Messen seiner Leistung ermöglichen, z.B. eine Wurfwand, vor der die Abstände 5m-weise markiert sind. Jeder Wurf, der die Wand trifft, gilt. Der Schüler sieht nun selbst, ob er bei der Schulterkräftigung mit dem Medizinball (Kernwurf) die Wand von der 5 m oder 10 m Marke aus getroffen hat und ist nicht mehr auf die seltene Gelegenheit angewiesen, bei der sein Wurf mit dem Bandmaß gemessen wird.

Wie beim Werfen lassen sich beim Laufen und Springen, beim Schwimmen, beim Turnen und in der Gymnastik Leistungsziele setzen, an deren Erreichen der Schüler interessiert ist und das er selbst registrieren kann. Die Aufmerksamkeit des Lehrenden muß bei diesem individualisierenden und differenzierenden Unterricht denjenigen gelten, die aus Ängstlichkeit unter dem Maß ihres Könnens bleiben und denen, die es aus Renommiersucht gern überschreiten. Ziel der Differenzierung im Sonderturnen ist, jedem Schüler optimale Übungsmöglichkeiten zu geben, ihn nicht durch eine vorzeitige Klassifizierung zu entmutigen und seine Stellung im sozialen Gefüge der Klasse nicht zu gefährden.

3.3. Differenzierung nach der individuellen Neigung

Mit der Ausbildung und Festigung individueller Interessen wird die Differenzierung nach der individuellen Neigung wichtig. In der Leibeserziehung verweist die nüchterne Betrachtung ihres Erfolges in der Schule sowie ihre Freizeitrelevanz immer nachhaltiger auf die Berücksichtigung der jugendlichen

23) Dassel/Haag, Circuit-Training in der Schule, Schorndorf 1975 (4) Graunke/Koch, Circuittraining, Schorndorf 1973.

24) Der im Zirkeltraining ausgelöste Wettkampf gegen sich selbst führt trotz der Möglichkeit, die Leistung den individuellen Voraussetzungen anzupassen, gelegentlich zu Kreislaufbelastungen der Schüler, die sich erst nach dem Zirkeltraining zeigen und schon zu schweren Unfällen geführt haben. Diese Übungsform sollte darum nicht im Grundschulalter benützt werden, denn sie setzt das Verständnis für diese Belastungsart und ihre Folgen, sowie die Fähigkeit, das eigene Anstrengungsmaß zu beobachten, voraus.

25) Dazu Seybold, A., Zur verbalen Information in der Leibeserziehung, Didaktischer Brief Nr. 61, Päd. Institut der Stadt Nürnberg 1975.

Interessen. Der Vorteil der Differenzierung nach der Neigung des jungen Menschen, der Zuwachs an Interesse, Aktivität, Initiative ist so groß, daß überlegt werden sollte, ob nicht auf der Oberstufe das Ziel des Sonderturnens sowohl in gymnastischen Aufgaben, die heute dominieren, wie auch im Schwimmen oder in ausgewählten Formen des Geräteturnens oder der Leichtathletik erreicht werden kann. Selbstverständlich müssen diese differenten Wege immer spezifisch Sonderturnen bleiben. Dieses Sonderturnen könnte sich dann jedoch mit individuellen Interessen verbinden, etwa dem Erwerb des Sportabzeichens (Organkräftigung — in der Ausdauerleistung, Schulterkräftigung — in der Wurfleistung usw..), dem Erlernen des Kraulens, der gymnastischen Bewegung usw. Wir erreichen die Dehnung der Brustmuskulatur und die Kräftigung der Schulterblattanzieher sowohl in gymnastischen Aufgaben wie beim Rückenkraulen, beim Schaukeln an den Ringen wie beim Werfen, wenn wir wirksame Übungsformen in diesen Bereichen suchen.

Diese Differenzierung nach der individuellen Neigung könnte realisiert werden, wenn der Schüler sich die Gruppe für einen Lehrabschnitt wählen darf. Um Einseitigkeit zu vermeiden, sollte er innerhalb eines Jahres drei verschiedene Gruppen wählen.

Auch innerhalb der üblichen Sonderturnstunde bietet sich jedoch die Möglichkeit, der individuellen Neigung der Schüler Raum zu geben. Wer zweimal einen vielseitigen Zirkel zur speziellen Kräftigung der Schulterblattanzieher, der Rückenstrecker, der Bauchdecke und der Fußmuskulatur hinter sich gebracht hat, sucht sich das Großgerät seiner Wahl. Die Gerätebahnen, die dabei zur Verfügung stehen, Ringe-Kasten-Matten, Wanderklettern, Rundbalken, sind unter dem Gesichtspunkt „Sonderturnen" ausgewählt; die erste zur Rumpfkräftigung und zur Mobilisierung der Lendenwirbelsäule, die zweite zur Kräftigung der Schulter- und Rumpfmuskulatur und die dritte zur Gleichgewichtsschulung, zur Mobilisierung der Lendenwirbelsäule und zur Arm- und Schulterkräftigung. Die Aufgabe ist nicht Geräteturnen, sondern Sonderturnen, aber dieses Sonderturnen nutzt die Freude am Geräteturnen.

Eine dritte Möglichkeit, im Unterricht je nach der individuellen Neigung zu differenzieren, setzt ein hohes Maß an Selbständigkeit, Begreifen der Zusammenhänge und die Fähigkeit zur Zusammenarbeit voraus:

Nach einer gemeinsamen allgemeinen, intensiven Rumpfkräftigung im 1. Drittel der Stunde sucht sich im 2. Drittel jeder nach freier Wahl ein Handgerät zur Fußkräftigung und im letzten Drittel ein Großgerät zur Gleichgewichtsschulung. Die Schüler sind gezwungen, Stellung zu nehmen, zu überlegen, zu entscheiden, selbständig zu werden, sich geistig mit dem bisher Erlernten auseinanderzusetzen, und sie können ihre individuelle Neigung im Rahmen der durch das Sonderturnen klar bestimmten Aufgabe befriedigen.

Diese Differenzierung ist jedoch nur vertretbar, wenn auch im selbsttätigen Üben eine hohe Reizintensität erreicht wird. Sie wird sinnlos, wenn sie zu langen Diskussionen führt.

Während die Differenzierung nach der individuellen Haltungsschwäche in der Krankengymnastik ihre Bedeutung behält, tritt sie in einem Sonderturnen, das sich als Leibeserziehung versteht, zurück. Wichtiger wird hier die Differenzierung nach der individuellen Leistungsfähigkeit, um jedem Schüler eine optimale Übungsmöglichkeit zu schaffen. Die Differenzierung nach der individuellen Neigung ist erst auf der Oberstufe möglich, wenn der Schüler bereits hinreichend mit Zielsetzung, Aufgaben und Übungsweise des Sonderturnens vertraut ist.

4. Zur Intensivierung

Der Erfolg des Sonderturnens hängt von der Intensität des Unterrichts ab. Für diese Intensität gibt es mehr oder weniger objektive Maßstäbe: den vom Schularzt festgestellte Ausgleich der Haltungsschwäche, den meß- und vergleichbare Übungs- und Trainingserfolg, die Bewegungszeit[26]), d.h. die Zeit, in der sich der Schüler in der Unterrichtsstunde planvoll und zielgerechts bewegt.

Die Intensität des Turnunterrichts hängt von vielen Faktoren ab, von der Wahl des Lehr- und Übungsgutes, von Interesse und Stimmung der Gruppe, von der Wahl der Methoden, vom Lehrgeschick, vom Unterrichtsstil usw. Daneben aber gibt es auch didaktisch-methodische „Handgriffe", die zu einer merkbaren Intensivierung führen:

26) Zur „Bewegungszeit" siehe Dietrich W., Intensivierung des Turnunterrichts, Berlin 1964.

- Intensivierung durch Aufgabenerweiterung,
- Intensivierung durch Leistungsaufgaben und Wetteifer,
- Intensivierung durch Zusatzaufgaben,
- Intensivierung durch bessere Organisation der Unterrichts,
- Intensivierung durch Wahl sachgerechter Betriebsformen.

4.1. Intensivierung durch Aufgabenerweiterung

Die Fußkräftigungsübung, im Sitzen das Seil mit den Zehen hochheben, wird intensiver, wenn der Schüler dabei im Schwebesitz übt und sich nicht mit den Händen stützt. In der Gefährdung des Gleichgewichts wird die gesamte Haltemuskulatur beansprucht. Jede partielle Übung kann durch Ergänzungshinweise und Erweiterungsaufgaben auf die gesamte Haltung wirken und damit intensiviert werden.

Eine zusätzliche Fußkräftigung wird erreicht, wenn bei allem Üben in der Bauchlage die Füße geschlossen und die Riste auf den Boden gedrückt werden, wenn beim Gehen vor-, rück- oder seitwärts die Zehen den Boden greifen (schlurfst du?), wenn beim Seilspringen die Füße geschlossen werden und die Zehen das Körpergewicht abdrücken und auffangen . . . usw. Der Unterricht im Sonderturnen wird intensiver, wenn beim Üben immer auf die Gesamthaltung geachtet und die zusätzliche Mitübung gerade nicht beanspruchter Muskelgruppen angeregt wird.

Weiter muß überlegt werden, daß ein Kind, das sein Seil allmählich mühelos mit den Zehen greifen kann, vielleicht geduldig, nicht aber mit dem Interesse und der ursprünglichen Intensität weiterübt wie zu Beginn, als noch Schwierigkeiten zu überwinden waren. Der Zeitpunkt, an dem eine Übung beherrscht wird, muß erkannt werden, um ein neues Ziel zu stecken und mit der erneut ungewissen Ausgangslage wieder neue Spannungsmomente zu schaffen: Wer kann das Seil im Schwebesitz von einem Fuß zum anderen geben? Wer kann aufstehen, ohne es zu verlieren? Sobald das Üben automatisiert ist, müssen neue Situationen und neue Aufgaben mit erneut ungewissem Ausgang die geistige Mitarbeit wieder herausfordern, wenn die Intensität des Übens gesichert bleiben soll.

4.2. Intensivierung durch Leistungsaufgaben und Wetteifer

Spannungsmomente, die das Üben intensivieren, schaffen in den Leibesübungen vor allem Wetteifer und Leistungsaufgaben. Im Sonderturnen werden sie selten genützt, denn zweifellos gefährdet der bedenkenlose Gebrauch des Wetteifers oder die Übertragung des sportlichen Wettkampfes auf dieses Gebiet den Übungserfolg[27]). Überlegt verwendet, geben sie aber dem Üben auch im Sonderturnen erhöhte Intensität. Oft bedarf es nur der Gliederung des Lernprozesses in kleine Lernschritte, um das freudlose Üben zu einem spannungsreichen Leisten werden zu lassen (vgl. 2.1).

Beispiel: Zur Mobilisierung der Lendenwirbelsäule soll im Sitz über das vierfach zusammengelegte Seil gestiegen werden.

1. Lernschritt: Wer kann 5 x aus- und einsteigen, ohne am Seil hängen zu bleiben? 2. Schritt: Wer kann es mit gespanntem Seil? 3. Schritt: Wer kann es dreimal, ohne irgendwo am gespannten Seil zu streifen? 4. Schritt: Wer kann mit beiden Beinen über sein Seil und wieder zurückkommen? 5. Schritt: Wer kann die Beine über dem Seil strecken? (Bauchmuskelkräftigung und Gleichgewichtsschulung) 6. Schritt: Wer kann die Beine über und unter dem Seil strecken, ehe er sie lautlos auf den Boden legt? Und jetzt die Meisterschaft: Wer kann die Beine über und unter dem Seil strecken und nicht mehr auf den Boden legen? Wer kann es 3mal, 5mal, 10mal ...?

Eine bloß „verordnete“ Übung erreicht selten die notwendige Intensität. Wird ihr Ausgang durch eine Frage ungewiß, so kommt der Wetteifer ins Spiel. Die Übung kann dann zur spannenden Aufgabe werden.

Wichtig ist oft die Begrenzung des Übens: Wer kann 10mal ein- und aussteigen? Weiß der Schüler nicht, wie lange er üben muß, so strengt er sich weniger an, um sich nicht vorzeitig zu verausgaben.

27) Dazu Bernett, H., Veränderungen der Bewegungsgestalt durch Wettkampfsituationen, und Paschen, K., Grenzsituationen des Wetteifers in der Leibeserziehung, in „Der Wetteifer“ Kongreßbericht, Frankfurt 1962. ebenfalls Seybold, A., Zum Problem des Wetteifers in der Leibeserziehung, in „Die Leibeserziehung“ 1961/11.

Stark beanspruchende Übungen werden reizvoller, wenn sich der Lehrende mitplagt und mit wetteifert. Es ist gut, wenn er die Aufgaben, die er stellt, selbst meistert; aber es ist kein Schaden, wenn er von seinen Schülern geschlagen wird. Das hebt die Stimmung und den Eifer.

Weil das bloße Üben schnell ermüdet, müssen Variationsformen für die gleiche Belastung gefunden werden, die das Üben zum Spielen, zum Wetteifern werden lassen, um den gleichen Reiz so lange setzen zu können, bis eine optimale Wirkung erreicht ist.

Dabei ist das Wetteifern im Sonderturnen nur ein methodisches Mittel zur Intensivierung, zwanglos, entschärft, ohne „Verlierer". Es geht nicht wie beim sportlichen Wettkampf um die drei Besten oder die minutiöse Leistungsfeststellung, sondern um ein Wetteifern mit sich selbst: „Was kann ich eigentlich?"

Die gedankenlose Übernahme sportlicher Wettkampfformen im Sonderturnen ist sicher ungeeignet. Wettkampf im Sport soll eine Leistungselite auslesen – Sonderturnen aber soll jeden Schüler fördern. Sportlicher Wettkampf zeichnet die Besten aus – im Sonderturnen sollen aber gerade die schwächeren Schüler ermutigt werden. Im sportlichen Wettkampf scheiden die Schwachen aus – im Sonderturnen sollen sie aber zu vermehrtem Üben veranlaßt werden.

Wenn das Wetteifern im Sonderturnen das Üben intensivieren, die negativen Folgen des sportlichen Wettkampfes aber vermeiden soll, müssen für das Sonderturnen andere Wettkampfformen und -aufgaben gesucht werden.

Wetteifern im Sonderturnen soll jedem Schüler eine Chance geben. Wir fragen darum nicht, wer springt am höchsten? sondern wer hat zuerst eine mittlere Höhe 10mal hintereinander fehlerfrei übersprungen? Diese Leistung ist allen erreichbar, aber Schüler mit Fehlsprüngen müssen nun mehr üben, denn sie müssen ihre Serie ja öfter von vorn beginnen – und das gerade ist wichtig.

Beim Werfen fragen wir nicht, wer am weitesten wirft, sondern „wer hat an der Wurfwand (s.o.) zuerst 100 m überworfen, wenn er seine Würfe zusammenzählt?" Der schwächere Werfer muß nun öfter werfen – aber das gerade soll er ja.

Wer im Wetteifer möglichst schnell fertigwerden will, bewegt sich meist ungenau. Im Sonderturnen ist aber gerade die genaue Bewegungsausführung entscheidend. Darum sollte Wetteifern im Sonderturnen weniger nach der Quantität der Bewegung und mehr nach ihrer Qualität fragen. Wir fragen dann nicht, welche Gruppe ist zuerst mit der Rolle fertig, (Bewegungsquantität), sondern: welche Gruppe erwirbt die meisten Punkte, wenn es für das richtige Aufsetzen des Nackens einen und für das Aufstehen ohne Gebrauch der Hände 2 Punkte gibt? (Bewegungsqualität).

Schließlich soll Wetteifern im Sonderturnen nicht zu Konkurrenz, sondern zur Kooperation führen: Nicht: Wer klettert am höchsten? Sondern: welche Gruppe erwirbt die meisten Punkte, wenn wir in 14 Tagen prüfen, wieviel in jeder Gruppe drei Züge hochklettern und leise herunterklettern können. . . .Diese Beispiele sollen zeigen: Das Wetteifern tritt in den Dienst des Sonderturnens, nicht umgekehrt. Es ist ein Mittel der Intensivierung[28]).

4.3. Intensivierung durch Zusatzaufgaben[29])

Zusatzaufgaben sind Aufgaben, die nach der Hauptaufgabe und ohne Aufsicht des Lehrenden geturnt werden. Dabei wird von der Tatsache ausgegangen, daß die durch große Gruppen und den Mangel an Geräten verursachten Wartezeiten den Übungseffekt mindern, zu anderweitiger Beschäftigung, zu Unruhe und Unaufmerksamkeit führen und immer erneut eine Einarbeitungsphase (Kapillarisierung) notwendig machen. Zusatzaufgaben sollen di Wartezeiten auf das notwendige Maß verkürzen. Sie können entweder die Hauptaufgabe unterstützen (Beispiel: Schulter- und Rumpfkräftigung beim Klettern an den Stangen – Zusatzaufgabe: Ziehen über die doppelte Langbank) oder deren einseitige Belastung ausgleichen (Beispiel: Schulterkräftigung beim Schaukeln an den Ringen – Zusatzaufgabe: Seilspringen 5mal links, 5mal rechts, 10mal beide . . .).

Für die Zusatzaufgabe gelten folgende methodische Überlegungen: Sie müssen so gewählt werden, daß keine Unfallgefahr mit ihnen verbunden ist, denn sie spielen sich meist hinter dem Rücken des Lehrenden ab. Seine Aufmerksamkeit muß der Hauptaufgabe gelten. Sie müssen bekannt, exakt be-

28) Dazu Seybold, A., Didaktische Prinzipien der Leibeserziehung, Schorndorf 1973, S. 73 f.

29) Dietrich, W., a.a.O. hat diesen Begriff geprägt und in die Schulpraxis eingeführt.

nannt und genau terminiert sein. Der Schüler muß wissen, was und wie lange er üben soll. Schließlich sollen sie möglichst wenig Lärm verursachen, damit die Aufmerksamkeit bei der Hauptaufgabe nicht gestört ist (keine Partner- und Gruppenübungen).

4.4. Intensivierung durch bessere Organisation des Unterrichts

Die gute Organisation des Unterrichts soll vor allem der Sicherheit dienen und Zeitverluste vermeiden. Diese ergeben sich meist bei der Verwendung von Groß- und Kleingeräten sowie bei der Gruppierung der Schüler (Einteilung in Mannschaften, Riegen, Gruppen usw.).

Die Zeit für das Herbeiholen und Aufstellen der Geräte kann verkürzt werden, wenn in einer einführenden Stunde alle Schüler mit den Geräten, ihren Namen, ihrem zweckmäßigen Transport, ihrem Bestimmungs- und Aufbewahrungsort bekannt gemacht werden. Thema der Stunde: Wir lernen unsere Turnhalle kennen . . . Das Aufbauen der Geräte geht schneller, wenn je eine geschulte Mannschaft für jedes Gerät bzw. jede Gattung zur Verfügung steht. Als hilfreich erweist sich auch eine Skizze für die Geräteaufstellung[30]), die vor jeder Stunde an der Turnhallentür hängt und den Schülern gleich zu Beginn zeigt, was sie heute erwartet, wo die Geräte aufgestellt werden und wo sie selbst stehen sollen. Schüler, die beim Herbeiholen der Geräte nicht gebraucht werden, erhalten eine Zusatzaufgabe: Bis die Geräte stehen, versucht jeder am Aufbau nicht Beteiligte 10 Handstände oder 10 Räder oder läuft 3 mal in mittlerer Geschwindigkeit um die Halle . . .

Das Geräteturnen selbst beschäftigt die Schüler oft nicht intensiv genug. Wir können die Möglichkeit der Zusatzaufgabe (s. o.) nützen oder nach dem Grundsatze ‚kurzer Weg zum Gerät, langer Weg vom Gerät' eine Intensivierung erreichen. Zur Verlängerung des Übungsweges eignen sich rhythmische Reihen[31]), bei denen die gleiche Übung an mehreren gleichen oder ähnlichen Geräten in rhythmischen Intervallen geturnt wird, oder Übungsketten, bei denen verschiedene Übungen oder Aufgaben zu einem rhythmischen Ganzen verbunden werden. Diese Verlängerung des Übungsweges ist immer möglich und kann jeder Könnensstufe gemäß variiert werden. Sie verkürzt die Wartezeiten, erhöht den Übungs- und Trainingseffekt, erhält die Arbeitseinstellung des Organismus, vermindert die Unfallgefahr und erhöht die Intensität des Unterrichts.

Zeitverluste entstehen häufig durch die Wahl der Gruppen. Abgesehen von der im Zusammenhang der Differenzierung besprochenen aktuellen „gleitenden" Gruppierung je nach der Schwierigkeit oder dem Maß der Belastung, die sich der Schüler nach eigenem Entschluß wählt, sind für die Ökonomie des Unterrichts feste Gruppen günstig. Dabei erhält die „Lebensgruppe", bei der, wie im Leben auch, mehr und weniger begabte Schüler miteinander auskommen müssen, ihrer besseren sozialerzieherischen Möglichkeiten wegen den Vorrang vor der im Turnen meist üblichen Leistungsriege, die Schüler gleicher Leistungsfähigkeit zusammenfaßt. Auf die Problematik beider Gruppierungen kann hier nicht eingegangen werden[32]), wichtig ist jedoch, daß der Schüler weiß, welcher Gruppe er zugehört, daß er seinen Platz und seine Funktion in der Gruppe kennt.

Wenn sich innerhalb der Gruppe ein fester Zusammenhalt ergibt, fühlt sich auch der schwächere Schüler in ihr angenommen. Gruppenaufgaben führen zur Zusammenarbeit und zum gegenseitigen Helfen, wenn erzieherisch darauf hingearbeitet wird.

Da nur gleichstarke Gruppen die nötige Ambivalenz im Spielen und Wetteifern sichern, ist es nötig, die Gruppen in gemeinsamer Absprache zu bilden. Soweit wie möglich sollten dabei Sympathiebindungen berücksichtigt werden. Darüber hinaus aber müssen sachliche Kriterien für die Zuordnung zur Gruppe gefunden werden wie z.B. beim Spiel die Anzahl der Ballberührungen u.a.

Entscheidend ist, daß die Gruppen über einen längeren Zeitraum, möglichst das ganze Schuljahr, beieinander bleiben. Zum einen ergibt sich dabei die Möglichkeit der Sozialerziehung, weil so-

30) Kretschmer, J., Grundlagen und Methoden zur Intensivierung des Unterrichts im Geräteturnen, Schorndorf 1970. S. 33. Reinfrank, V., Lehr- und Lerntafeln für den Sportunterricht, in „Lehrhilfen für den Sportunterricht", Schorndorf 76/5, Riehm, H., Geräteaufstellplan — ein organisatorisches und didaktisches Hilfsmittel, in „Lehrhilfen für den Sportunterricht, Schorndorf 75/10.

31) Die Begriffe rhythmische Reihe und rhythmische Kette hat Hanebuth, O., Grundschulung zur sportlichen Leistung, Frankfurt 1961 (3) eingeführt.

32) Dazu Seybold, A., Pädagogische Prinzipien in der Leibeserziehung, Schorndorf 1970 (6), S. 75.

ziale Konflikte vernünftig gelöst werden müssen, zum andern dienen stabile Gruppen der Intensivierung, weil sie den Zeitverlust durch das immer neue Wählen oder Bestimmen der Gruppen vermeiden und die Organisation des Unterrichts erleichtern.

4.5. Intensivierung durch die Wahl sachgerechter Betriebsformen

Betriebsformen regeln den Ablauf des Übens. Von ihrer sachgerechten Wahl hängt die Intensität des Sonderturnens ab.

Unterrichtsstunden, in denen der Schüler mit einer für ihn neuen Bewegung konfrontiert wird, fordern andere Betriebsformen als Stunden, in denen er schon Bekanntes übt, festigt, anwendet, ausbaut oder gestaltet.

Für das Einführen eines neuen Bewegungsablaufs erweist sich der Frontalunterricht, bei dem *alle* Schüler ihre Aufmerksamkeit der neuen Aufgabe bzw. dem neuen Bewegungsablauf zuwenden und *alle* die Erklärungen hören, als günstigste Betriebsform. Als Frontalunterricht kann auch der Parallelbetrieb, bei dem verschiedene Gruppen an gleichen oder verschiedenen Geräten das Gleiche üben, bezeichnet werden.

Für Übungsstunden, in denen der Schüler ihm bereits bekannte Bewegungsabläufe wiederholt und festigt, eignet sich der Gruppenunterricht. Dabei können die Übenden in heterogene (Lebensgruppen) oder homogene (Leistungsriegen) Gruppen gegliedert werden, die an gleichen oder verschiedenen Geräten das Gleiche üben (Parallelbetrieb) oder sich an verschiedenen Geräten mit verschiedenen Aufgaben abwechseln (Wechselbetrieb). Besonders hohe Intensität wird dabei beim ,,Üben im Strom'' erreicht. In dieser Betriebsform lösen sich die Übenden in der Gruppe in dem, durch die Übung vorgegebenen Rhythmus, in einer vorher festgelegten Anzahl von Durchgängen ab. Für das Üben im Strom sollte die Gruppe möglichst homogen sein, d.h. die gleichen Leistungsvoraussetzungen haben, um den rhythmischen Ablauf erhalten zu können.

Für die Verbesserung der allgemeinen wie der speziellen Kondition sowie für die speziellen Kräftigungs- und Schmeidigungsübungen im Sonderturnen erweist sich der Kreis- oder Zirkelbetrieb (Zirkeltraining) als höchst intensive Betriebsform. Die Schüler wechseln in kleinen Gruppen von einer zur andern, der in Kreisform angeordneten Übungsstationen. Für diese Betriebsform gibt es verschiedene Modelle[33]). Meist wird die Zeit vorgegeben und der Schüler selbst bestimmt die Anzahl der Wiederholungen an jeder Übungsstation. Dabei wird von 30 Sekunden Belastung und 30 Sekunden Pause ausgegangen. Es kann aber auch die Anzahl der Wiederholungen vorgegeben werden und der Schüler, bzw. die Gruppe wählt das Zeitmaß selbst.

Obgleich das Zirkeltraining den Schülern die Möglichkeit gibt, ihren individuellen Leistungsvermögen entsprechend zu üben (vgl. 3.8) verlockt diese Betriebsform sie gelegentlich, über das Maß ihrer optimalen Kreislaufbelastung hinauszugehen. Da das Zirkeltraining schon zu Unfällen geführt hat, müssen die Schüler während und nach der Leistung beobachtet werden, um erste Anzeichen einer Überanstrengung zu erkennen bzw. angehalten werden, sie selbst zu beachten.

Da der Erfolg des Sonderturnens von der Intensität des Übens abhängt, wurden hier einige Möglichkeiten skizziert: die Intensivierung durch Aufgabenerweiterung, durch Leistungsaufgaben und Wetteifer, durch Zusatzaufgaben, durch bessere Organisation z.B. des Gerätetransports, durch kurze Wege zum und lange Wege vom Gerät, durch stabile Gruppen, durch die Wahl sachgerechter Betriebsformen.

Alle diese Maßnahmen helfen jedoch nichts, wenn die Schüler sie nicht unterstützen. Nur wenn die Schüler einen Zeitverlust nicht begrüßen, sondern vermeiden wollen, wenn sie am Unterricht und seinem Ergebnis interessiert sind und sich für den reibungslosen Ablauf selbst veranwortlich fühlen, erreichen wir die Intensivierung. Diese Mitarbeit ist immer nur das Ergebnis sorgfältiger Erziehung, die die Schüler motiviert, indem sie ihnen Erfolgserlebnisse vermittelt.

33) Dassel, H., Haag, H., Circuit-Training in der Schule, Schorndorf 4.1975, von den gleichen Verf., Circuit-Training – Bildtafeln für Schule und Verein, Schorndorf 1975.

5. Zusammenfassung

Didaktik und Methodik des Sonderturnens stellen uns vor die gleichen Probleme, die wir auch in der Leibeserziehung zu bewältigen haben. Erschwert wird die Lage hier aber einmal durch die Tradition der „Krankenbehandlung", die lange Zeit das Vorbild für das Sonderturnen gab und zum andern durch die spezifische Aufgabe der gezielten Einwirkung auf die Haltung des jungen Menschen, die die Auswahl des Lehr- und Übungsgutes bestimmt.

Von der anthropologischen Ganzheit her wurde versucht, die Voraussetzung für ein Sonderturnen zu klären, das sich nicht mit der partiellen Einwirkung auf die Haltemuskulatur begnügt, sondern von der Einheit des Menschen in seiner Haltung und Bewegung, in seinem Wollen und Erleben ausgeht. Nach diesen Vorüberlegungen wurden vier Problemkreise aus der Fülle möglicher didaktisch-methodischer Überlegungen herausgegriffen, die für den Erfolg des Sonderturnens bestimmend zu sein scheinen: die Fragen der Motivierung, der Erfolgssicherung, der Differenzierung und der Intensivierung.

Die *Motivierung* muß die Übungs- und Anstrengungsbereitschaft sichern. Erzwungenes Üben, Üben ohne Einsicht in die Zusammenhänge, ohne Kenntnis und Bejahung des Ziels, kann vielleicht den Muskelquerschnitt vergrößern, aber es wird ihm kaum gelingen, den Menschen aufzurichten, seine Haltung zu beeinflussen.

Die *Erfolgssicherung* durch den methodischen Aufbau des Übens soll mit Hilfe kleiner Lernschritte, deren Ergebnis der Schüler selbst registrieren kann und mit Hilfe methodischer Übungsreihen den Schüler überzeugen, daß er den Anforderungen gewachsen ist und daß er etwas leisten kann, wenn er übt.

Die *Differenzierung* muß den unterschiedlichen Voraussetzungen der Schüler gerecht werden, damit jeder eine optimale Übungsmöglichkeit findet, jeder seine individuellen Möglichkeiten entwickeln kann.

Die *Intensivierung* schließlich soll helfen, im Schulsonderturnen Leerlauf zu vermeiden und seine Effektivität zu erhöhen.

Teil IV
Praktischer Teil – Übungen und Übungsformen zum Ausgleich von funktionellen Leistungsschwächen

Dieser Teil enthält eine gezielte Übungsauswahl und Trainingshinweise. Er erhebt keinen Anspruch auf einen methodischen Aufbau.

Alle Übungen und Übungsformen sind vielfach variierbar und modifizierbar.

Zur Bewegungsunterstützung können Handgeräte (Bälle, Reifen, Stäbe, Seile, Tennisringe etc.) verwendet werden; auch kleine rhythmische Bewegungsabläufe sind sinnvolle Bewegungshilfen.

Das Bewegungsangebot kann durch Übungen an Großgeräten wesentlich erweitert werden.

1. Haltungsschwächen — Muskelschwächen

1.1. Trainingshinweise:

Muskelschwächen können durch ein entsprechendes Krafttraining verbessert werden. Die verbesserte Muskelleistung fördert den Haltungsaufbau.

Es werden zwei Grundformen der Muskelkraft unterschieden:
— die statische Kraft (isometrische Kraft, Haltekraft)
— die dynamische Kraft (isotonische Kraft, Schnellkraft)
Die statische Kraft ist die Kraft (Spannung), die ein Muskel gegen einen fixierten Widerstand auszuüben vermag, ohne sich bei der Kontraktion zu verkürzen.

Die dynamische Kraft ist die Kraft, die ein Muskel willkürlich innerhalb eines gezielten Bewegungsablaufes auszuüben vermag. Der Muskel verkürzt sich bei der Kontraktion (nach Hollmann).

Dementsprechend werden zwei Hauptformen des Krafttainings unterschieden:
— das statische Krafttraining = Verbesserung der Haltekraft der Muskulatur
— das dynamische Krafttraining = Verbesserung der Bewegungsleistung der Muskulatur

Beide Muskelleistungen sind bei der Schulung des Haltungsaufbaus gleichwertig zu fördern.

Intensität, Dauer und Häufigkeit der Reizsetzung bestimmen entscheidend den Trainingserfolg.

Für das statische Krafttraining gibt Hettinger hierzu nachstehende Werte an:
Belastungsbedingungen für einen optimalen Trainingseffekt:
- Trainingsintensität = 40 – 50 % der maximal möglichen Muskelspannung
- Trainingsdauer = mindestens 30 % der bis zur Erschöpfung möglichen Anspannungszeit
- Trainingshäufigkeit = 3 – 5 x täglich

Wechselwirkungen zwischen Trainingsintensität und Trainingsdauer:

Trainingsintensität in % der Maximalkraft	notwendige Trainingsdauer in sec
40 – 50	15 – 20
60 – 70	6 – 10
80 – 90	4 – 6
100	2 – 3

Beim dynamischen Krafttraining liegt die optimale Trainingsintensität bei 50 – 70 % der maximalen Muskelleistung.
Mit 6 – 10 Übungswiederholungen innerhalb einer Serie und 3 – 6 Serien mit Pausen von 2 – 4 Min. zwischen den Serien kann je nach Leistungsfähigkeit geübt werden.

Die notwendigen Trainingsbelastungen zur Verbesserung der Halte- und Schnellkraft werden im Schulsonderturnen mit dem Widerstand des eigenen Körpergewichtes erbracht (Klettern, Hangeln, Springen, etc.), sowie durch Partnerübungen (Ziehen, Schieben, Tragen etc.) oder durch Geräte (Medizinball, Sandsack, etc.).

Zur Kontrolle der Leistungsfähigkeit der Haltemuskulatur wird der Matthiass-Test auf Seite 41 und 42 empfohlen.

Verkürzte Muskeln und Muskelgruppen werden aktiv und passiv gedehnt, um den normalen Bewegungsausschlag eines Gelenkes und die Elastizität der Muskulatur wieder herzustellen.

Vor Dehnübungen wird die Muskulatur gelockert.
Lockerung, Dehnung und Kräfigung werden im stetigen Wechsel geübt.

Eine Haltungsverbesserung wird einerseits durch Muskelkrafttraining erreicht, genauso wichtig ist aber die Schulung eines Haltungsgefühls durch entsprechende Koordinationsübungen, bzw. das Bewußtmachen und das Vorbild einer guten Haltung.

1.2. Rumpfschwächen – vorbeugende und ausgleichende Übungen

1.2.1. Totalrundrücken

Der Schultergürtel ist nach vorn verlagert. Die Wirbelsäule weist eine verstärkte kyphotische Krümmung auf. Zum Ausgleich wird der Rumpf in den Hüftgelenken zurückverlagert. Der Beckengürtel gerät dadurch in eine betont aufgerichtete Stellung. Die Lendenlordose ist abgeflacht.

Der Brustkorb verengt sich. Atmungs-, Herz- und Kreislauffunktionen werden behindert.

Geeignete Ausgleichsmaßnahmen:
a) Lockerung und Beweglichmachung des Schultergürtels,
b) Dehnung der Brustmuskulatur und Weitung des Brustkorbs,
c) Kräftigung der Rückenstreck- und Schultergürtelmuskulatur.

a) Übungen zur Lockerung und Beweglichmachung des Schultergürtels (teilweise haben die Übungen auch dehnende Wirkung).

1* Recken und Strecken der Arme in die Hochhalte.

2 Anheben und entspanntes Fallenlassen des Schultergürtels.

3 Schulterkreisen vorwärts und rückwärts (mit Betonung der Rückwärtsbewegung).

4 Aus- und Eindrehen der Innenhandfläche aus der Seithochhalte der Arme.

5* Seitrückpendelschwung der Arme aus der Vorhochhalte.

6 Parallelrückschwung der Arme neben dem Körper in die Rückhochhalte.

7* Trichterkreisen seitwärts rückwärts, Hände wenig über Schulterhöhe.

8 Parallelarmkreisschwung seitwärts und rückwärts.

9* Achterkreisschwung seitwärts – rückwärts.

10 Mühlarmkreisschwung rückwärts.

11 Gegenarmkreisschwung seitwärts durch die Hochhalte.

12* Parallelkreisschwung der Arme vor dem Körper.

1

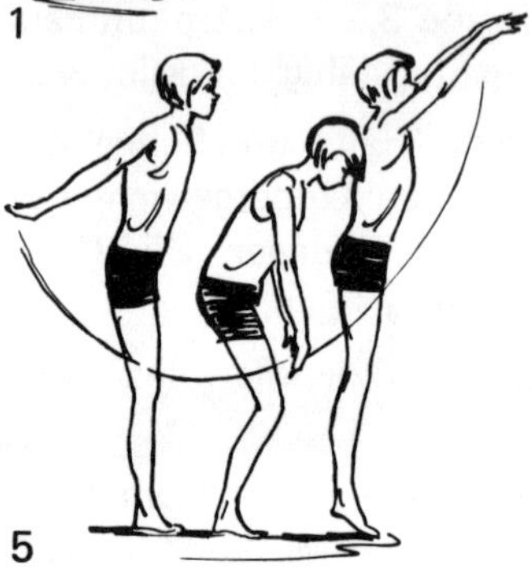

5

7

9

12

Die mit einem Sternchen * gekennzeichneten Übungen werden durch eine Zeichnung erläutert.

13 Gegenarmkreisschwung vor dem Körper aus der Seithochhalte ein- und auswärts.

14* Aus der Tiefhalte der Arme schnellkräftiges Aufschwingen der Arme durch die Hochhalte, dabei klatscht die rechte Hand auf das linke Schulterblatt.

15 Aus der Tiefhalte Aufschwingen der Arme und weiches Rückfedern in der Hochhalte.

16* Aus der Hochhalte der Arme Rumpfseitfedern: Arme parallel, Kopf zwischen den Armen.

17 Dasselbe nach einem Parallelarmkreisschwung vor dem Körper mit Nachfedern.

18 Rumpfkreis- und Drehschwünge, die in der ersten Phase eine Entspannung, in der zweiten eine Aufrichtung des Schultergürtels zur Folge haben.

14

16

Übungen mit dem Stab

19* Aus der Hochhalte, kreisen des Stabes hinter dem Rücken in die Hochhalte, im Wechsel nach links und rechts.

20 Stab aus der Tiefhalte über die Hochhalte in die waagerechte Stellung hinter den Rücken bringen (Arme gebeugt) und nachfedern.

21* Stab aus der Hochhalte links seitwärts hinter dem Rücken in die Senkrechte bringen (linker Arm gestreckt nach unten, rechter Arm gebeugt hinter dem Kopf). Wechsel über die Hochhalte.

22 Stab in der Hochhalte, Rumpfseitbeugen nach links und rechts, mit Nachfedern.

23 Stab aus der Tiefhalte über die Hochhalte in die Rücktiefhalte schwingen (auskugeln) und zurück in die Ausgangsstellung.

19

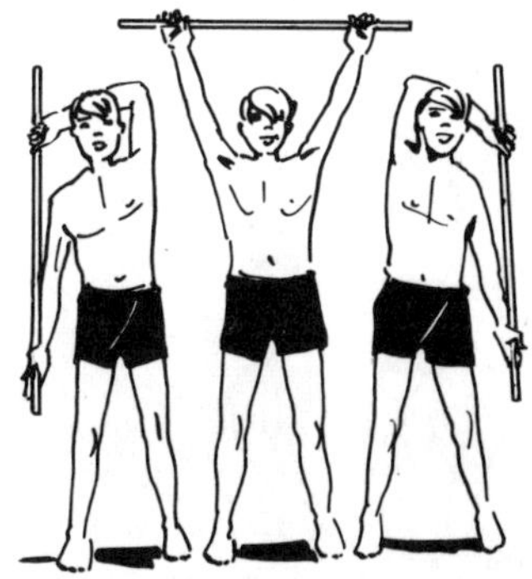

21

b) Übungen zur Dehnung der Brustmuskulatur und Weitung des Brustkorbes.

Übungen mit dem Partner

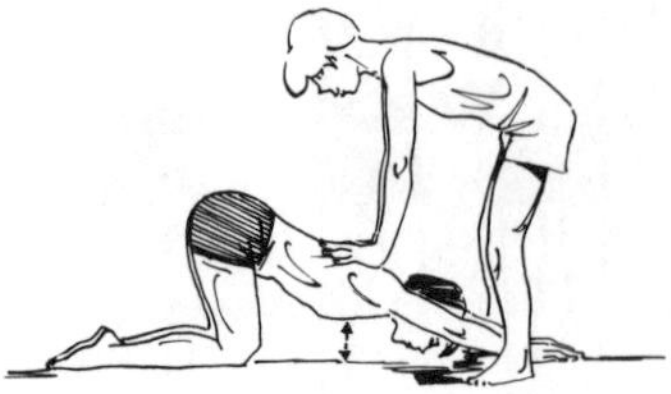

24

24* Rutschhalte, Partner unterstützt am Rücken.

25* Partner stehen mit dem Gesicht zueinander, Hände fassen in der Hochhalte, Schwingen der Arme durch die Tief-Hochhalte mit einer gleichzeitigen 1/1 Drehung.

26 Partner stehen mit dem Gesicht zueinander in der Seitgrätschstellung. Senken in die Rumpfvorhalte (Schulterfassung) und Rumpffedern.

27 Partner stehen Rücken an Rücken, Arme in der Hochhalte. A erfaßt B an den Handgelenken, leichtes Überziehen des Partners über die Schulter (Fußspitzen nur leicht vom Boden bringen) – Wechsel.

25

28* Wie Übung 27. A geht aus leichter Kniebeuge unter die Schulterblätter von B und zieht diesen bei gleichzeitigem Strecken der Knie über den runden Rücken in die Waagehalte – Wechsel.

28

29* Partner A in der Rückenlage mit aufgesetzten Füßen, wobei A mit den Händen über die Schulter nach hinten den Fußrist von B erfaßt. B ergreift mit den Händen von außen die Schulter von A und zieht ihn weich nach oben.

29

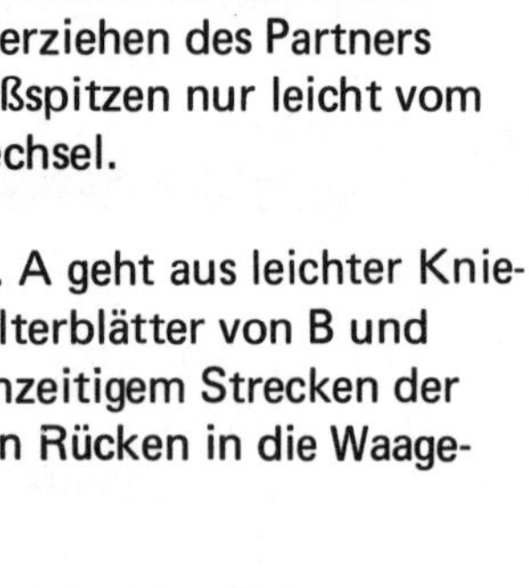

30 Partner A im Strecksitz, Arme in der Schräghochhalte, B in Schrittstellung stellt das Bein seitlich gegen den Rücken von A, erfaßt dessen Hände und federt die Arme weich nach hinten aufwärts.

31 Partner A ist in der Bauchlage, Arme in Schräghochhalte. B erfaßt in der Schrittstellung die Hände von A und hebt den Rumpf langsam an.

32* Partner im Strecksitz Rücken an Rücken, wechselseitiges Rumpfüberziehen mit Fassung an den Handgelenken.

32

33* Partner im Kniestand mit dem Rücken zueinander, beidhändiges Fassen in der Schräghochhalte, beide nehmen eine leichte Bogenspannung ein.

Übungen mit dem Stab

34* Partner stehen hintereinander. Partner A hält den Stab quer in der Hochhalte, Partner B erfaßt den Stab im Ristgriff und versucht, gegen den Widerstand von A diesen wegzuziehen.

33

35* Partner A in Bauchlage, erfaßt den Stab an beiden Enden. B in Schrittstellung von A, zieht den Stab bis in Hüfthöhe zu sich heran.

36 Partner A im Kniestand, B mit dem Gesicht zu A hält den senkrecht am Boden stehenden Stab, A erfaßt den Stab mit beiden Händen und gestreckten Armen und federt in die Rumpfsenkhalte.

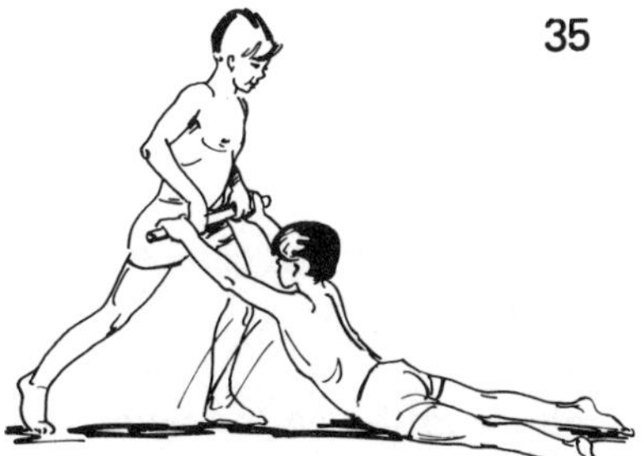

35

34

c) Übungen zur Kräftigung der Rückenstreck- und Schultergürtelmuskulatur.

Übungen ohne Gerät

37 Vierfüßlergang (vorlings)

38 Vierfüßlergang rücklings, (gestreckte Hüfte zeigt nach oben).

39 In Bauchlage mit Händen und Füßen anschleichen.

40 In Bauchlage: Füße geschlossen, sich mit den Händen vorwärtsziehen.

41 In Bauchlage: Anheben des Rumpfes, Handklatsch vor und hinter dem Körper.

46

42 Liegestütz vorlings – wechselseitiges Anhocken und Strecken der Beine.

43 Liegestütz vorlings – 1/1 Drehung über Liegestütz seit-, rücklings in die Ausgangsstellung.

44 Liegestütz vorlings – Abfedern von den Händen – Klatschen – Stützen.

45 Liegestützkreiswandern: Füße stehen, Hände wandern und umgekehrt.

46* Aus der Bankstellung: weites Verlagern in die gebeugten Arme, vorwärts (Kreisbewegung) über Fersensitz in die Bankstellung.

47 Zappelhandstand.

48* Aus dem Fersensitz: Stütz der Hände vor dem Körper. Abfedern vom Fußrist – Hüfte über Schulter – weiches Abfangen in den Hocksitz oder Fersensitz.

48

Übungen mit dem Partner und in Dreiergruppen

49 Partner versuchen sich mit gefaßten Händen wegzuziehen.

50 Partner, mit Handflächen gegeneinander, versuchen sich wegzuschieben.

51* Partner in Bauchlage zueinander: Fassen der gestreckten Arme in der Schräghochhalte – Heben des Rumpfes – verharren – entspannen.

52 Partner in Bauchlage zueinander: Fassen der gestreckten Arme in der Vorhochhalte – ganze Drehung seitwärts und zurück (ohne Bodenberührung der Hände).

51

53 Partner A in der Bankstellung, Partner B mit Absprung beider Beine hockwenden, mit Stütz auf den Schulterblättern von Partner A.

54* Partner A im Liegestütz mit gegrätschten Beinen, Partner B steht dazwischen und hebt die Beine von A, in der Hüfte erfassend, in seine Hüfthöhe. A versucht B durch Hand- und Schulterdruck nach hinten wegzuschieben.

54

55 Wie Übung 54: Partner A versucht, auf den Händen wegzulaufen.

56 Wie Übung 54 Schubkarrenfahren. Wichtig: der „Fahrer" muß den Partner an der Hüfte erfassen und aufgerichtet sein (kurze Schritte).

57 Partner A geht in den Winkelstand (Hände stützen kurz vor den Füßen), Partner B mit Gesicht zu A, erfaßt A in der Hüfte im Klammergriff und hebt die Beine über Hand- und Schultergürtel in das Handstehen – langsames Senken.

58

58* Partner A setzt aus der Schrittstellung die Hände weit und parallel vor dem Körper auf. Partner B und C erfassen früh „Schwung- und Druckbein" nahe der Hüfte und führen A in den Handstand.

59

59* Partner B und C stehen mit Schulterschluß vor A. Erfassen mit der Innenhand den Oberarm (Achselhöhle), mit der Außenhand das Handgelenk von A und heben ihn nach zweimaligem Federn in die Senkrechte (Stützgriff). Im rhythmischen Ablauf üben!

60

60* Partner A ist in der Kerze, Partner B und C links und rechts neben A erfassen die Oberschenkel, federn die Beine rückwärts-abwärts (Rumpf senkrecht). A setzt die Hände über die Schulter neben dem Kopf auf (Fingerspitzen zur Schulter). Mit einer Hüftstreckung (Kippschwung) und gleichzeitigem Einsatz von Hand und Schulter von A unterstützen B und C den Bewegungsaufschwung (Kippe rücklings) in den Handstand.

Übungen mit dem Gymnastikball

61 Prellen des Balles in der Bauchlage; Arme lang im Wechsel links-rechts und mit beiden Händen.

62* Prellen des Balles im Liegestütz, links-rechts; im Wechsel Bauchlage – Liegestütz.

63 In Bauchlage: Ball mit gestreckten Armen von links nach rechts rollen.

62

64* In Bauchlage: Ball ohne Bodenberührung unter dem Körper über den Rücken kreisen lassen.

65 In Bauchlage: Ball gegen die Wand rollen oder stoßen.

66 In Bauchlage: Ball mit beiden Händen über Kopf gegen die Wand werfen.

67 In Bauchlage: Prellen des Balles – ganze Drehung seitwärts – weiterprellen in Bauchlage.

68 Im Stand: Pritschen des Balles über dem Kopf (Volleyball).

64

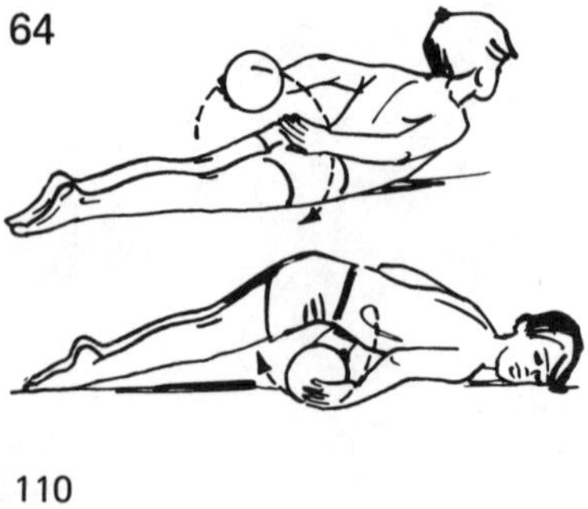

Übungen mit dem Medizinball

69 Kräftiges Prellen in den verschiedensten Formen.

70 Hochwerfen des Balles aus der Tiefhalte, und beim Auffangen weiches Abfedern mit dem Körper.

71* Pendel- und Rumpfkreisschwünge. (Spannung und Entspannung sollen zum Ausdruck kommen).

72 Überkopfwurf an die Wand (Arm- und Schultereinsatz) aus der Schrittstellung.

73 Stoßen des Balles links und rechts mit Hüft-, Schulter- und Armeinsatz.

74* Partner im Grätschstand – Rücken an Rücken: Ball über die Hochhalte, dann durch die gegrätschten Beine übergeben (auf Abstand achten).

75* Wie Übung 74. Partner A schwingt mit langen Armen über die Seithochhalte (Füße bleiben stehen) mit Verwringung aus Hüfte und Schulter in die Seitrückhalte. Partner B dreht sich gegengleich und übernimmt den Ball.

76 Partner A und B im Abstand von 2 m in der Bauchlage: Prellen des Balles mit beiden Händen von A zu B und zurück.

77 Wie Übung 76. Zuwerfen des Balles ohne Bodenberührung.

78* Partner mit Gesicht zueinander, 4 Schritte Abstand: Partner A wirft im Bogenwurf vorwärts B den Ball zu. B geht über die Schrittstellung rückwärts in die Rückenlage (Arme in der Hochhalte) und wirft daraus A den Ball zu. – Partner B aufrichten – Wechsel.

71

74

75

78

1.2.2. Hohlrücken

Beim Hohlrücken sind Bauch- und Gesäßmuskulatur geschwächt. Das Becken ist nach vorn gekippt, die untere Rückenstreck- und Hüftbeugemuskulatur verkürzt, dadurch kommt es zu einer verstärkten Lendenlordose.

Geeignete Ausgleichsmaßnahmen:

a) Lockerung und Beweglichmachung der unteren Rumpfhälfte (Lendenwirbelsäule).
b) Dehnung der unteren Rückenstreckmuskulatur und der Hüftbeuger.
c) Kräftigung der geraden und schrägen Bauchmuskulatur und der Gesäßmuskulatur.

a) Übungen zur Lockerung und Beweglichmachung der unteren Rumpfhälfte (Lendenwirbelsäule).

Übungen ohne Gerät

79 Gehen in der Rumpfvorbeuge mit lockerem Nachfedern; Arme hängen entspannt nach unten.

80* Gehen mit lockerem Rumpftiefschwung und -hochschwung im Wechsel.

80

81 Gehen und Laufen seitwärts, Beine abwechselnd vorn und hinten kreuzen.

82* Gehen und Hüpfen mit Vorkreuzen der Beine links über rechts und gegengleich in schnellem Wechsel mit Armgegenschwung.

83 Schlußsprünge mit schnellem Beckendrehen nach rechts und links.

84 Hüpfen und Vorhochspreizen des Beines, Handklatsch unter dem gespreizten Bein.

85* Hopserlauf.

82

85

86 Beinpendelschwünge links und rechts im Stand mit Vor-, Rück- oder Seitenbetonung.

87 Seitgrätschstellung, Arme in der Hochhalte, entspanntes Vorfallen des Rumpfes; Schwung beider Arme durch die gegrätschten Beine, die Hände berühren hinten so weit wie möglich den Boden, nachfedern und aufrichten in die Ausgangsstellung.

88 Seitgrätschstellung, Arme in der Hochhalte, schwungvolles Rumpfvorbeugen über das rechte und linke Bein, aufrichten in die Ausgangsstellung.

89

89* Seitgrätschstellung, Arme in der Hochhalte, senkrechtes Rumpfkreisen nach links und rechts.

90 Rumpfkreisen im Grätschstand.

91 Beckenkreisen in enger Grätschstellung.

92 „Twisten".

93

93* Bankstellung (Knieliegestütz): Wechsel zwischen „Hohlkreuz" und Wölbung im Lendenwirbelbereich („Katzenbuckel").

94 Bankstellung, Anhocken eines Beines (Knie an die Stirn) im zügigen Wechsel mit Beinrückspreizen.

95* Fersensitz: senkrechte Rumpfhaltung, Becken nach vorn kippen und aufrichten in zügigem Wechsel.

95

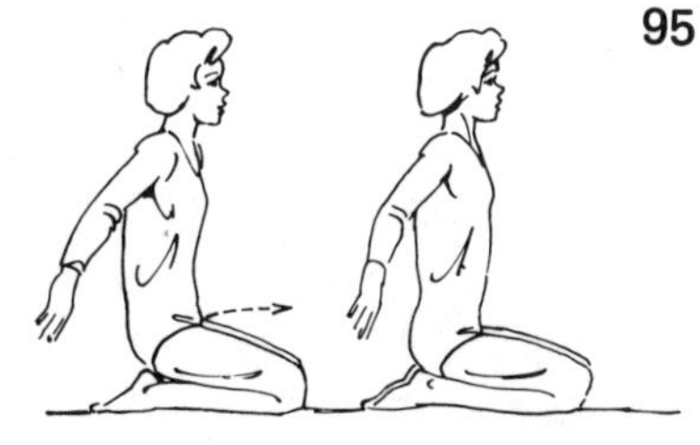

96 Seitsitz links neben den Unterschenkeln: Sitzwechsel von links nach rechts in schneller Folge.

97 Hocksitz mit Aufstützen der Hände: Wechselseitlegen der geschlossenen Knie.

99

98 Rückenlage, Arme in der Waagerechten: Beine anhocken, die gebeugten Beine schwungvoll wechselnd nach rechts und links zur Seite legen; den Arm der Gegenseite kräftig gegen den Boden drücken, um ein Mitgehen des Oberkörpers auf die Seite zu verhindern (Partnerhilfe oder Fassen der untersten Sprosse einer Sprossenwand).

99* Kerze mit Stütz der Hände in den Hüften – Wenden der gebeugten, geschlossenen Knie wechselweise zur linken und rechten Seite – nachfedern.

b) Übungen zur Dehnung der unteren Rückenstreckmuskulatur oder der Hüftbeuger.

Übungen ohne Gerät

102

100 Gehen in der Rumpfbeuge vorwärts und rückwärts; Hände fassen die Fußgelenke.

101 Hocksitz, Hände umfassen die Unterschenkel: rollen in die Rückenlage und vorrollen in den Hocksitz oder in den Streckstand mit Hochfedern.

102* Hocksitz: zurückrollen, beide Knie neben dem linken bzw. rechten Ohr auf den Boden bringen, Arme in Seithalte.

103 Hocksitz: zurückrollen, Füße hinter den Kopf führen und mit den Zehenspitzen am Boden federn.

104 Rückenlage: Füße über den Kopf zum Boden führen, sie wieder schwungvoll nach vorne bringen und weites Rumpfvorbeugen.

106

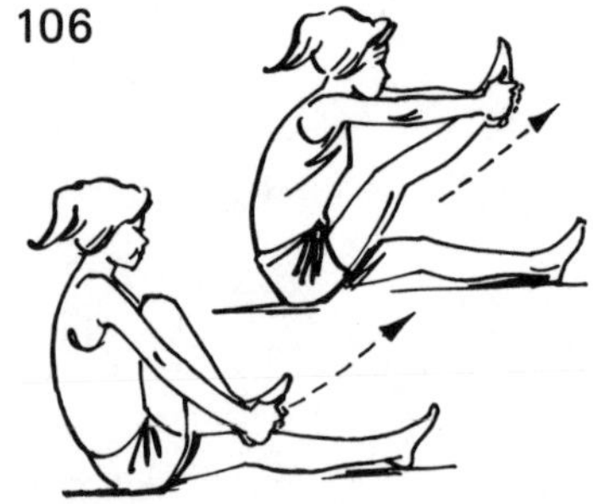

105 Strecksitz: Rumpfbeugen; Hände fassen beide Fußspitzen, beim Strecken der Fußspitzen tiefes Beugen und beim Anziehen der Fußspitzen leichtes Aufrichten; Hände bleiben an den Fußspitzen.

106* Strecksitz: ein Bein beugen, Flechtgriff unter der Fußsohle, das Knie durchstrecken und beugen im Wechsel; das gleiche auch mit beiden Beinen.

107 Grätschsitz: lockeres Rumpfbeugen zur Mitte, über das rechte und linke Bein im Wechsel.

108* Liegestütz vorlings: nach vorn zwischen den Armen in den Liegestütz rücklings laufen und Rückbewegung in die Ausgangsstellung; Hände bleiben dabei auf dem Boden.

109 Bankstellung: mit dem Becken weit nach hinten zu den Fersen federn, dabei den Kopf senken; die Hände bleiben fest am Boden. Zurückverlagern in die Ausgangsstellung.

108

110 Bankstellung, Hände dicht an den Knien: Heben der Hüfte in den Winkelstand, nachfedern in die Kniestreckung. Hände bleiben am Boden.

111

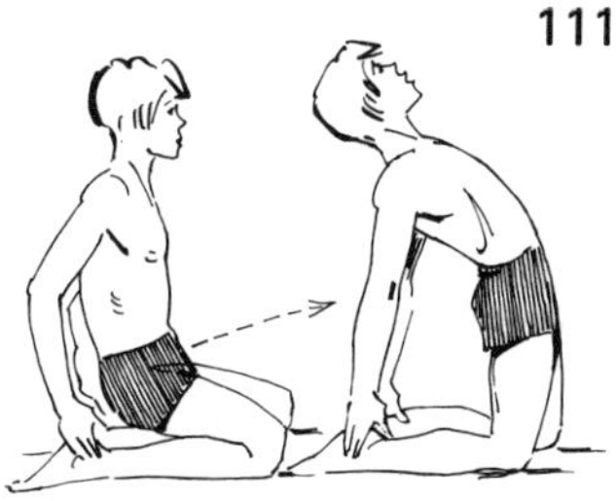

111* Aus dem Kniestand mit gegrätschten Beinen zurücksetzen, die Hände ergreifen die Fersen, Anheben des Beckens. Im Wechsel Anheben und Setzen.

112 Liegestütz rücklings, Knie gebeugt, Anheben des Beckens – Hüftstreckung.

113 Weite Ausfallschritte vorwärts, mit aufgerichtetem Rumpf; nachfedern. Spagatübungen seit und quer mit Aufstützen der Hände.

Übungen mit dem Partner

114 Partner A im Strecksitz: Rumpfbeugen vorwärts, Arme in Vorhalte; Partner B steht hinter dem Übenden und unterstützt durch nachfedernden Druck mit den Händen im Lendenwirbelbereich.

115* Partner A im Hocksitz: Partner B steht direkt hinter A, erfaßt die Fußgelenke von A und unterstützt federnd das Heranziehen der gestreckten Beine zum Kopf.

115

116 Beide Partner sitzen mit gegrätschten Beinen gegenüber, Fußsohlen gegeneinander: mit Handfassung zieht abwechselnd jeder seinen Partner soweit wie möglich zu sich heran; auch Rumpfkreisen.

117* Beide Partner sitzen im Hocksitz gegenüber, Fußsohlen gegeneinandergestellt: Handfassung, rechtes und linkes Bein im Wechsel, beide Beine geschlossen und gerade nach oben durch die Arme strecken; Fußsohlen der Partner bleiben dabei fest aneinander.

117

118 Partner A im Stand: Rumpfbeuge vorwärts, Arme hängen locker nach unten; Partner B federt durch Druck mit den Händen im Lendenwirbelbereich den Rumpf zum Boden.

119 Beide Partner im Stand, Gesicht zueinander, Arme in Vorhalte und Handfassung: beide lehnen sich nach hinten, A läßt sich in den Hockstand fallen, nachfedern (Gesäß zu den Fersen), Strecken der Knie zum Stand; Arme bleiben während der Übung gestreckt.

120* Partner A in Bauchlage, faßt mit beiden Händen gleichzeitig seine Fußgelenke und zieht die Beine vom Boden hoch. Partner B hält den Oberkörper von A durch Druck auf die Schultern am Boden.

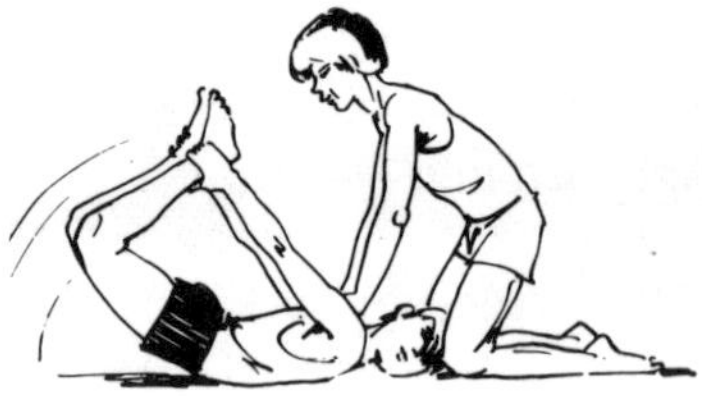

120

Übungen mit dem Gymnastik- oder Medizinball

121 Ball rollen mit einer Hand, mit beiden Händen, im Gehen und Laufen mit Richtungswechsel, um Hindernisse herum, Hand bleibt am Ball.

122 Im Stand: Ball um die geschlossenen Beine rollen; eine Acht um die gegrätschten Beine rollen;

123 In Schrittstellung: um die Beine einen Kreis, eine Acht rollen;

124

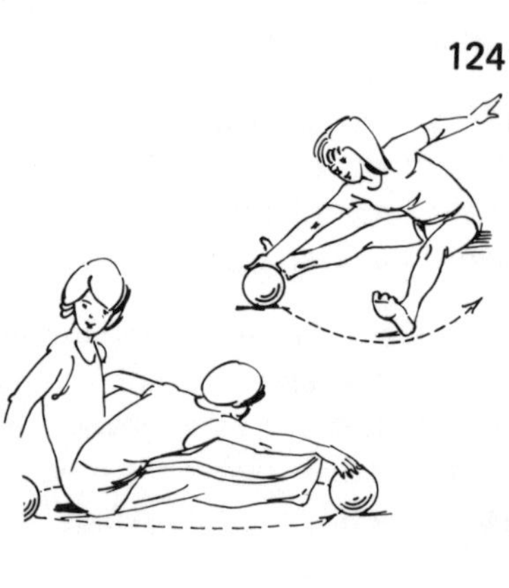

124* Im Sitz, Beine gestreckt: Ball um die geschlossenen bzw. gegrätschten Beine rollen;

125 Im Schneidersitz: Ball in einem weiten Kreis um den Körper rollen;

126 Im Stand den Ball um Fußgelenke, Knie und Becken kreisen lassen, um die gegrätschten Beine in Achten.

127 Im Schneidersitz: Ball mit den Händen auf dem Kopf halten und versuchen, mit dem Ball vorn den Boden zu berühren, dabei die Ellenbogen weit zurücknehmen.

128

128* Im Grätschstand: den Ball durch die Beine über Rücken und Kopf nach vorn werfen und auffangen (oder Partner fängt).

129* Beide Partner stehen in genügendem Abstand mit dem Rücken zueinander: Ball durchreichen, zurollen, zuwerfen durch die gegrätschten Beine.

129

130* Mit dem Rücken zur Wand: Schockwurf durch die gegrätschten Beine – ganze Drehung – auffangen.

Übungen mit dem Stab oder Seil

131 Grätschstand, Rumpfvorbeuge, den Stab um und durch die gegrätschten Beine in einer Acht kreisen lassen.

132 Strecksitz: den Stab oder das Seil hinter den Füßen auf den Bogen legen und wieder aufnehmen, dasselbe auch im Grätschsitz.

130

133* Strecksitz: Beine anhocken, Stab gegen die Fußsohlen halten, Beine strecken und beugen im Wechsel nach vorn, schräg nach oben, Handfassung am Stab nicht lösen; dasselbe auch mit einem Bein schräg zur Seite; dasselbe auch in Rückenlage.

134 Rückenschaukel, dabei den Stab oder das Seil quer in den Kniekehlen halten.

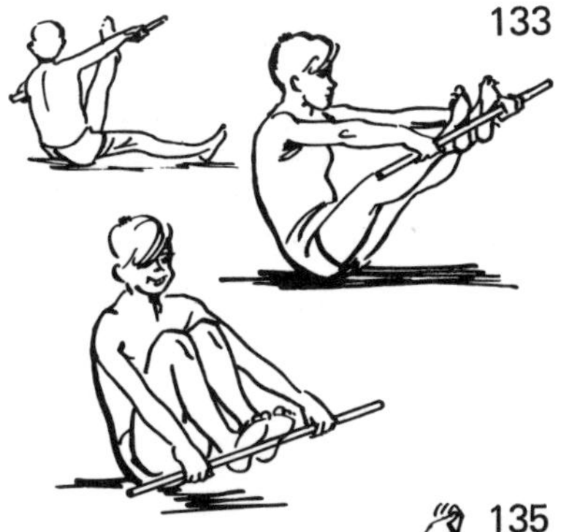

133

135* Sitz, große Rückenschaukel, dabei mit den Beinen durch das gefaltete Seil (über Schulterbreite gefaßt) hocken, das Seil unter den Rumpf führen und schwungvolles Vorrollen, dabei das Seil von hinten über den Kopf führen.

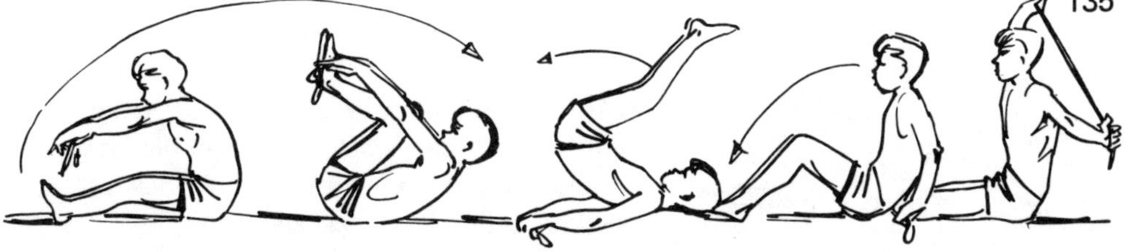

135

c) Übungen zur Kräftigung der geraden und schrägen Bauchmuskulatur oder der Gesäßmuskulatur.

136 Strecksitz mit und ohne Stütz der Arme hinter dem Körper: Heben eines Beines (auch beider Beine) gestreckt bis zu einem Winkel, senken.

137 Strecksitz: Heben der gestreckten Beine, nach links und rechts legen mit Armgegenschwung.

138 Strecksitz, Arme in Seithalte (auch verschiedene Armhaltungen): abwechselnd rechtes und linkes Bein aus der Hüfte verschieben, Vorwärts- und Rückwärtsbewegung (Beckengehen).

139

139* Schwebesitz: Scheren der gestreckten Beine über links und rechts im Wechsel, Grätschen und Schließen der gestreckten Beine, Beugen und Strecken der Knie.

140 Hocksitz, Füße über dem Boden halten: Drehen („Karussell").

141 Rückenlage, Füße aufgestellt, Hände auf den Oberschenkeln: Aufrichten des Oberkörpers; auch mit Armen in der Nackenhalte, in der Hochhalte.

142

142* Rückenlage, Arme in der Schräghochhalte: schnelles Aufrichten in den Schwebehocksitz, Hände umfassen die Unterschenkel, Senken in die Ausgangslage; dasselbe aus der Seitenlage.

143 Rückenlage, Füße aufgestellt – Aufrichten des Oberkörpers in den Sitz.

144 Rückenlage, Arme in Nackenhalte, Füße aufgestellt: Aufrichten des Oberkörpers, rechter Ellenbogen berührt das linke Knie und umgekehrt, Senken in die Ausgangslage.

145

145* Rückenlage: Aufrichten des Oberkörpers, mit der rechten Hand an die linke Fußspitze des hochgespreizten Beines fassen, senken in die Ausgangslage.

146 Rückenlage, Beine gestreckt in der Senkrechten: Wechselseitlegen nach rechts und links, Beine dabei geschlossen halten, Arme in der Seithalte, jeweils den Arm der Gegenseite kräftig auf den Boden drücken.

147 Rückenlage, Füße aufgestellt, Oberschenkel senkrecht, Arme liegen am Rumpf: Anheben des Beckens, Füße und Nacken stützen (schiefe Ebene), senken in die Ausgangslage.

148

148* Becken aufrichten aus dem Fersensitz und Heben bis in den Kniestand.

149* Bauchlage, Arme in Seithalte, Kopf liegt auf dem Boden: Anheben der gestreckten Beine
a) rechts und links im Wechsel,
b) Beine geschlossen.

149

150 Kniewaage und Standwaage, Beinheben bis zur Waagerechten.

151 Sprünge mit Anhocken, Angrätschen. Aus dem Hockstand – Strecksprung.

152 Galoppsprünge vor- und seitwärts, auch mit Drehungen.

153* Hock- und Kehrsprünge in rhythmischen Abläufen, mit Bewegungsverbindungen, über ein Hindernis.

153

Übungen mit dem Partner

154 Partner A in Rückenlage, Aufrichten des Oberkörpers in den Sitz, Partner B drückt die Füße von A auf den Boden.

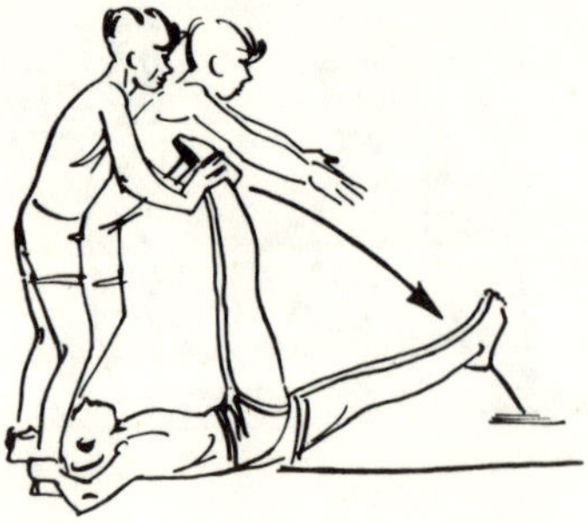

155

155* Partner A Rückenlage, hält die gestreckten Beine in der Senkrechten und faßt die Fußgelenke von Partner B. Partner B im Grätschstand mit etwas Abstand hinter Partner A: Partner B versucht, durch kurzen Druck die Beine von A abwärts zu stoßen.

156 Beide Partner in Rückenlage, Kopf an Kopf, Handfassung in Schräghochhalte, Beine in der Senkrechten und in entgegengesetzter Richtung: die geschlossenen Beine seitwärts auf den Boden senken, im Wechsel nach links und nach rechts.

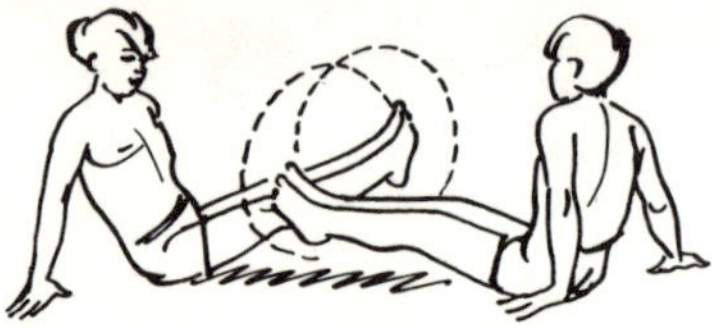

157

157* Beide Partner im Grätschsitz, mit dem Gesicht zueinander, Stütz der Hände hinter dem Körper (auch ohne Stütz der Hände):

a) Beintrichterkreisen,
b) Umkreisen mit geschlossenen Beinen,
c) Füße gegeneinander stemmen und „Radfahren".

158 Partner A in Seitenlage, Arme in der Hochhalte; Partner B hält die Beine am Boden fest, Partner A hebt den Rumpf seitwärts an.

161

Übungen mit dem Gymnastik- oder Medizinball

159 Strecksitz: den Ball unter den angehobenen Beinen von einer Seite auf die andere rollen.

160 Strecksitz: den Ball auf den Beinen von den Füßen bis in die Leistenbeuge entlangrollen; Anheben der Beine und des Beckens im Wechsel.

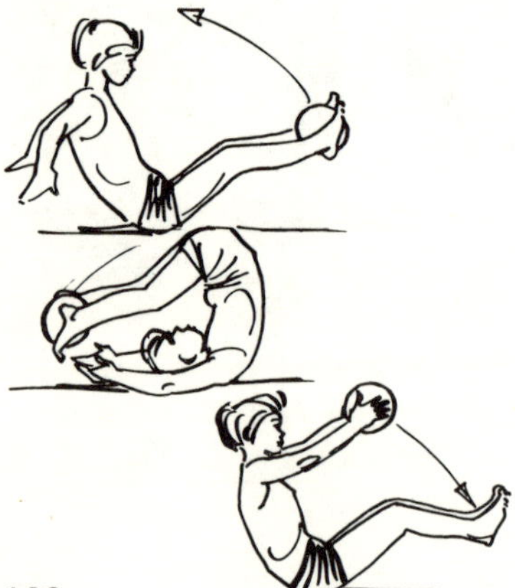

163

161* Strecksitz: den Ball mit den beiden Füßen eng an den Körper heranrollen (Hocksitz) und vorrollen; Füße bleiben auf dem Ball.

162 Strecksitz: den Ball mit den Fußsohlen halten, hochwerfen und mit den Füßen wieder auffangen.

163* Strecksitz: den Ball mit den Füßen halten und weit hinter dem Kopf in beide Hände geben (Kipplage), Hände bringen den Ball beim Aufrichten wieder nach vorn und legen ihn zwischen die Füße; im Wechsel.

164 Strecksitz: schwunghaftes Beinheben über den Ball von einer Seite auf die andere.

165* Schwebesitz: den Ball auf den Beinen balancieren.

166 Die gleiche Übung, jedoch Beine grätschen und den aufspringenden Ball fangen.

167* Schersprung über den geprellten Ball.

165

168 Den Ball unter dem gehobenen Knie hochwerfen.

Übungen mit dem Stab oder Seil

169 Schneidersitz, Stab senkrecht am Rücken halten, eine Hand über Kopfhöhe: versuchen, mit der Lendenwirbelsäule den Stab zu berühren (Beckenaufrichtung).

167

170 Vierfüßlergang auf Händen und Knien, Stab entlang der Wirbelsäule legen: Lendenwirbelsäule berührt den Stab (Beckenaufrichtung), wenn der Stab herunterrollt Partnerhilfe.

171 Strecksitz, Stab oder vierfach zusammengelegtes Seil in Vorhalte: abwechselndes und gleichzeitiges Durchhocken der Beine zum Schwebesitz.

172

172* Strecksitz: Seil fassen, einen Fuß, beide Füße in die Schlinge des Seiles legen und die Füße hochziehen; Beine bleiben gestreckt.

173* In Partnerform: Strecksitz beider Partner, Fußsohlen gegeneinander: Fassen beider Stäbe an den Enden und Schwebesitz zwischen den Stäben, grätschen außerhalb der Stäbe, Beine geschlossen zu beiden Seiten wechselweise heben.

174 Schwebesitz, Stab oder gefaltetes Seil in der Hochhalte: drehen in die Bauchlage und zurück in den Schwebesitz.

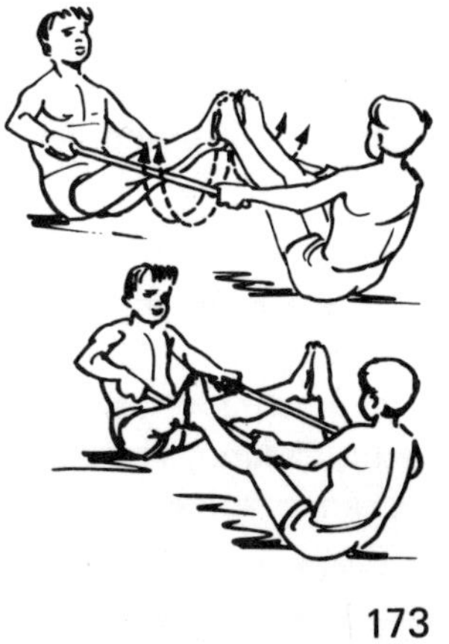

173

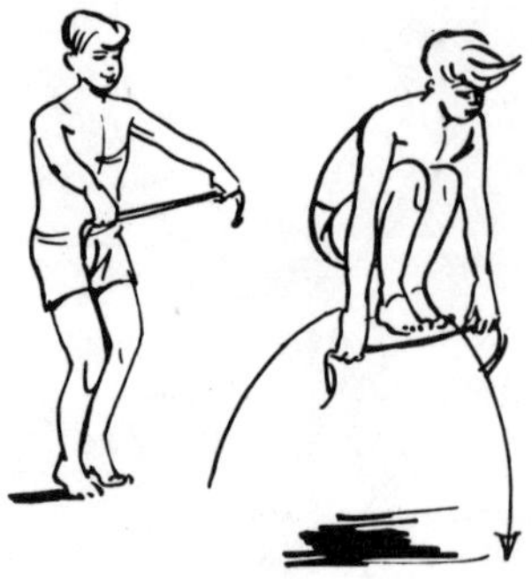

177

175 Grundstellung, den Stab oder das gefaltete Seil waagerecht halten: über den Stab oder das Seil vor- und zurücksteigen.

176 Stab mit einer Hand senkrecht auf dem Boden halten, bei Handlösen abwechselnd das linke bzw. das rechte Bein über den Stab schwingen.

177* Seil gefaltet in Schulterbreite halten, Hocksprung über das Seil vor- und zurück (mit dem Stab gefährlich).

1.2.3. Hohlrundrücken

Beim Hohlrundrücken sind Bauch- und Gesäßmuskulatur schwach und gedehnt.

Das Becken ist nach vorn gekippt, die untere Rückenstreck- und Hüftbeugemuskulatur verkürzt, dadurch kommt es zu einer verstärkten Lendenlordose

Die verstärkte Brustkyphose und der nach vorn verlagerte Schultergürtel entsprechen dem Totalrundrücken.

Geeignete Ausgleichsmaßnahmen:

a) Lockerung und Beweglichmachung der oberen und unteren Rumpfhälfte (Übungen siehe Totalrundrücken oder Hohlrücken).

b) Dehnung der unteren Rückenstreckmuskulatur, der Hüftbeuger und der Brustmuskulatur.
(Übungen siehe Hohlrücken oder Totalrundrücken)

c) Kräftigung der Bauch- und Gesäßmuskulatur, der oberen Rückenstreck- und Schultergürtelmuskulatur
(Übungen siehe Hohlrücken oder Totalrundrücken)
Die Ausgleichsmaßnahmen sollten mit den Übungen gegen den Hohlrücken beginnen.

Übungen, bei denen sich die Lendenlordose verstärkt, sind zu vermeiden, insbesondere „Nesthang“ und „Bauchschaukel“.

Körperzusammenschlußübungen sind besonders geeignete Ausgleichsmaßnahmen gegen den Hohlrundrücken (siehe Koordinationsübungen).

1.2.4. Flachrücken

Beim Flachrücken sind die physiologischen Schwingungen der Wirbelsäule abgeflacht, dadurch sind die Beweglichkeit und die Elastizität eingeschränkt. Das Becken ist aufgerichtet.

Stauchungen und frühzeitige Abnutzung der Bandscheiben und Wirbelkörper können die Folgen sein.

Geeignete Ausgleichsmaßnahmen:

a) Beweglichmachung der Wirbelsäule

b) Dehnung der verspannten Rumpfmuskulatur (siehe Dehnübungen)

c) Kräftigung der Rumpfmuskulatur (siehe Kräftigungsübungen Totalrundrücken und Hohlrücken).

a) Übungen zur Beweglichmachung der Wirbelsäule.

Übungen ohne Gerät

178 Aus dem Hochzehstand: entspanntes Fallenlassen in tiefe Hockstellung – aufrichten, in schneller Folge.

179 Aus der Grundstellung: Beckenkreisen, Schultergürtel passiv; dasselbe aus der Seitgrätschstellung.

180* Aus der Grundstellung: Arme in die Hochhalte, Rumpfdrehschwung seitwärts (Verwringung) in die Rückhochhalte, schwungvolles Aufrichten in die Ausgangsstellung.

180

181 Aus der Grundstellung: Rumpftiefschwung vorwärts mit Kniefederung, Arme in die Rückhochhalte, schwungvolles Aufrichten.

182* Aus der Seitgrätschstellung: Arme in die Seithochhalte, Rumpfdrehbeugen seitwärts, vorwärts (rechte Hand linke Fußspitze), Rumpfdrehbeugen seitwärts, rückwärts (rechte Hand linke Ferse) in flüssigem Wechsel.

182

183 Aus der erweiterten Seitgrätschstellung: Arme in Hochhalte, Armkreisschwung vorwärts und Rumpfbeugen vorwärts, aufrichten; Hände berühren Fußspitzen, in zügigem Wechsel.

184

184* Aus dem Kniestand: senken in den Fersensitz, Brust auf den Oberschenkeln – aufrichten (Kniesitzwelle), Arme in die Hochhalte.

185 Aus dem Kniestand: Wechselseitsitzen neben die Unterschenkel.

189

186 Aus dem Kniestand, rechtes oder linkes Bein seitwärts ausgespreizt: Rumpfbeugen linksseitwärts. Links und rechts im Wechsel.

187 Aus der Bankstellung: Strecken und Beugen der Brust- und Lendenwirbelsäule (Katzenbuckel oder kleine Bodenwelle).

188 Aus der Bankstellung: schwungvolles Anhocken eines Beines zur Brust, rückstoßen in die Kniewaage.

189* Aus der Bankstellung: rechter Arm schwingt Kopf und Schulter unter dem linken Stützarm hindurch.

190 Rolle vorwärts mit anschließendem Strecksprung.

191* Aus dem Hocksitz: rückrollen in die Kerze und sofortiges Abrollen in den Hocksitz.

191

195

192 Wie Übung 191, aus der Kerze die Beine anhocken, strecken und abrollen zum Hocksitz.

193 Aus der Seitgrätschstellung: Arme in Nackenhalte, Rumpftrichterkreisen.

194 In der Grundstellung, Arme in Nackenhalte, Rumpfdrehen nach links und rechts.

195* Aus der Seitgrätschstellung: Arme in Hochhalte, entspanntes Achterkreisen seitwärts; vorwärts im Wechsel.

196* Aus der Seitgrätschstellung: Arme in Hochhalte, Rumpfseitbeugen mit anschliessendem Rumpftiefschwung seitwärts, rückschwingen über die Hochhalte in die Rumpfseitbeuge (gegengleich).

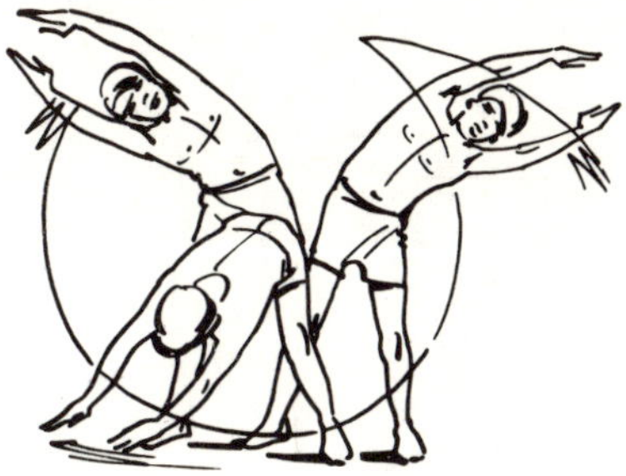

196

Übungen mit dem Partner

197* Partner A in der Bankstellung, B windet sich unter dem Körper von A hindurch.

197

198 Partner geben sich je eine Hand, steigen mit dem inneren Bein darüber und ziehen das äußere Bein nach.

199* Partner geben sich beide Hände, steigen mit dem äußeren Bein über die gleiche Seite nach innen (Handfassung bleibt), bringen die Arme über Kopf und steigen mit dem inneren Bein aus.

199

200* Partner stehen in der Seitgrätschstellung nebeneinander in Beidhandfassung über Kopf, Gegenzug in die Seitbeuge einwärts mit Verlagerung auf das äußere Bein.

200

201 Partner A in Rückenlage mit im Nacken verschränkten Händen hockt die Beine an und legt sie im Wechsel an der linken und rechten Seite ab. B drückt die Ellbogen von A gegen den Boden.

202 Partner zueinander mit Schulterfassung, Wellenbewegung mit leichter Kniefederung.

203* Partner nebeneinander im Kniestand („Tuchfühlung"), äußeres Bein abgespreizt, Arme mit Handfassung in der Hochhalte: Rumpfkreisen.

203

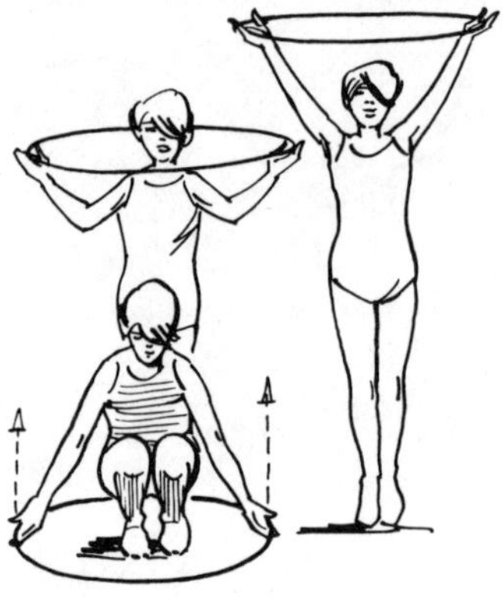

207

Übungen mit dem Reifen

204 Aus der Grundstellung: Reifen waagerecht vor den Körper halten, ein- und aussteigen.

205 Aus der Grundstellung: einsteigen in den Reifen und zur Hochhalte bringen.

206 Aus der Grundstellung: Reifen senkrecht vor den Körper halten, mit einer Hand erfassen und sich durchwinden.

207* Aus der Hockstellung im Reifen: den Reifen erfassen mit beiden Händen und schwungvoll zur Hochhalte bringen.

208 Aus der Grundstellung: rechter Arm mit Reifen senkrecht in der Seithalte, Armschwung nach links mit Einspreizen des linken Beines, Körper durch den Reifen winden und ausspreizen rechts.

210

Übungen mit Partner und Reifen

209 Partner A hält den Reifen kniehoch, B steigt ein und kriecht unten durch.

210* Partner A hält den Reifen senkrecht, B kriecht in einer Acht durch den Reifen.

211* Partner A und B stehen mit dem Gesicht zueinander, erfassen mit einer Hand den Reifen und steigen durch (auch gegeneinander).

212 Partner A hält den Reifen senkrecht in Hüfthöhe, den zweiten Reifen mit Abstand senkrecht am Boden. B steigt durch den ersten und kriecht durch den zweiten Reifen.

211

Übungen mit dem Stab

213 Halten des senkrecht gestellten Stabes mit einer Hand, Durchwinden des Körpers zwischen Stab und Hand.

214 Aus der Grundstellung, Stab waagerecht in Kniehöhe: rechtes Bein steigt von außen über den Stab nach innen, Stab über Kopf und Rücken — aussteigen links.

215* Aus der Grundstellung, Stab mit beiden Händen senkrecht vor dem Körper: mit dem linken Bein nach innen durchsteigen, Stab über Kopf und Rücken — aussteigen rechts.

216 Aus der Grundstellung mit dem Stab in der Hochhalte: den Stab abwärtsführen hinter dem Rücken und aussteigen rückwärts.

217 Aus der Grundstellung, Stab mit beiden Händen in der Vorhochhalte: Eindrehen der linken Hand nach rechts innen, der rechten Hand nach links außen; flüssiger Wechsel nach beiden Seiten.

218 Aus der Seitgrätschstellung, Stab mit beiden Händen in der Hochhalte: Achterkreisen links und rechts seitwärts.

219* Aus der Seitgrätschstellung, Stab mit beiden Händen in der Seithochhalte: rumpfkreisen seitwärts, wobei der äußere Arm gestreckt, der innere gebeugt, den Stab hinter den Rücken bringt. Das Ausschwingen erfolgt gegengleich.

215

219

1.2.5. Seitliche Haltungsabweichung

Bei der seitlichen Haltungsabweichung liegt eine einseitige Verkürzung bzw. Dehnung der Haltemuskulatur der Wirbelsäule vor, dadurch kommt es zu einer seitlichen Krümmung der Wirbelsäule, d.h. auf der konvexen Seite der Krümmung ist die Muskulatur gedehnt und auf der konkaven Seite verkürzt.

Geeignete Ausgleichsmaßnahmen:

a) Dehnung der Haltemuskulatur auf der konkaven Seite.

b) Kräftigung der Rücken- und Bauchmuskulatur.

c) Klappsche Kriechübungen sind zu empfehlen.

221

223

224

Übungen zur Dehnung

220 Übungen des Kriechens und Schlängelns.

221* Rutschhalte und seitliche Verlagerungen (Klappsches Kriechen).

222 Rumpfschwünge seitwärts.

223* Rumpfdrehschwünge seitwärts mit Gerät.

224* Hang- und Schwungübungen an ungleich hoch gestellten Ringen;

225 am schräggestellten Reck;

226 am schräggestellten Stufenbarren (hoher Holm).

Übungen zur Kräftigung der Rücken- und Bauchmuskulatur

227 Übungsformen zur Kräftigung der Rückenmuskulatur s. Übungen Nr. 37–78.

228 Übungsformen zur Kräftigung der Bauchmuskulatur s. Übungen Nr. 136–177.

1.3. Fußschwächen — vorbeugende und ausgleichende Übungen

Muskel- und Bänderschwächen am Fuß und Bein führen zum Senkfuß, Knickfuß, Spreizfuß und Großzehenschiefstand.

Um einem Absinken des Quer- und Längsgewölbes entgegenzuwirken, müssen Fuß- und Beinmuskulatur gekräftigt werden.

Geeignete Ausgleichsmaßnahmen:

a) Lockerung und Beweglichmachung des Fußes.

b) Dehnung der verkürzten Fuß- und Beinmuskulatur (insbesondere Schienbein- und Wadenmuskulatur).

c) Kräftigung der Fuß- und Beinmuskulatur.

Zu beachten sind:

Bei hohen bzw. weiten Sprüngen muß eine weiche Unterlage vorhanden sein.

Barfußlaufen, wenn möglich nur auf Rasen, Sand oder federndem warmen Fußboden.

a) Übungen zur Lockerung und Beweglichmachung des Fußes: (Strecken — Beugen — Kanten — Tasten — Greifen).

Übungen ohne Gerät

229* Im Sitzen Fuß mit den Händen am Knöchel fassen und ausschütteln — passiv; auch in Rückenlage über dem Kopf.

229

230 Mit den Händen die Mittelfußknochen und Zehen auseinanderziehen und verschieben, insbesondere die Großzehe — aktives Abspreizen.

231

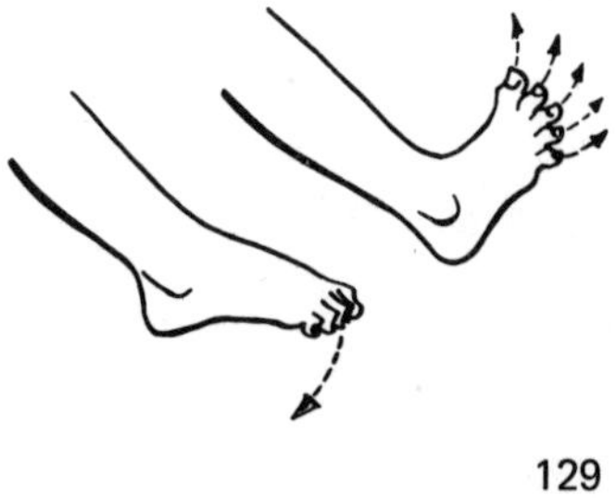

231* Zehen spreizen; die Zehen einzeln bewegen.

232 Die Füße strecken, beugen und kreisen.

233

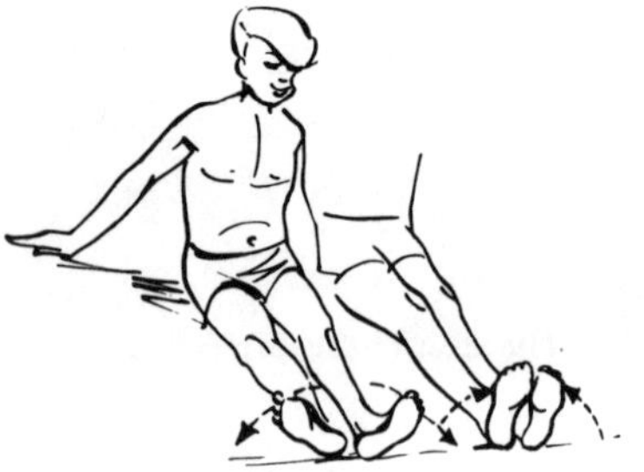

234

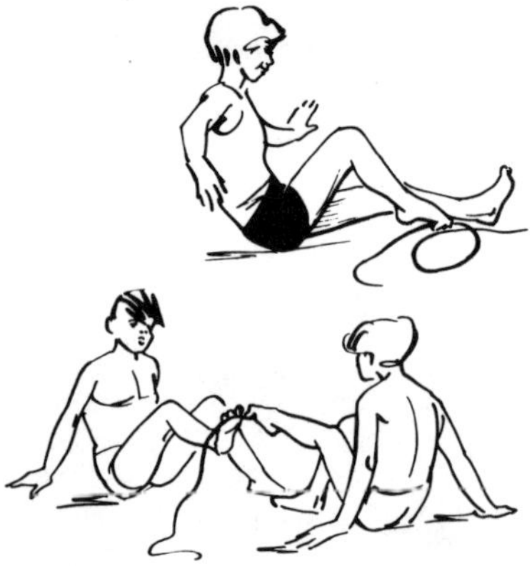

235

236

233* Strecken und Beugen (Hacke-Spitze) des Fußes über eine Linie, Seil etc., einzeln, miteinander und im Wechsel.

234* Im Sitzen, die Füße einwärts- und auswärtsdrehen (Beine gestreckt).

Übungen mit Gerät

235* Greifen eines Seils mit den Zehen und Figuren legen (Kreis, Buchstabe, Brezel etc.); hochwerfen, Knoten machen; in Partnerform: übergeben mit den Füßen.

236* Gehen auf dem Seil (Großzehenschiefstand) im Zangengriff. Wenn nicht möglich, nachhelfen mit den Händen.

237 Greifen von Schaumgummistückchen, Steinchen, Stäbchen; Grasrupfen; Papier mit den Füßen zerreißen; Sandsäckchen greifen und hochwerfen.

b) Übungen zur Dehnung der Fuß- und Beinmuskulatur (ohne Gerät).

238 Schwungvolles Hochvor- und Hochseitspreizen eines Beines im Stand und im Gehen.

239* Mit Ausfallschritten vorwärtsgehen mit umgelegten bzw. aufgestellten Zehen, nachfedern.

240 Entspanntes Fallen in den Sohlenhockstand (keine X-Beinstellung; Füße parallel aufsetzen).

239

241 Gehen im Vierfüßlergang mit durchgedrückten Knien (Elefantengang) und auf der ganzen Fußsohle.

242* Im Kniestand, Zehen flach auf den Boden gelegt: Fersen geschlossen halten und federnd auf die Fersen setzen.

243 Mit Aufstützen der Hände auf dem Fußrist federn.

242

244* Oberkörper nach hinten legen, Hände stützen rückwärts (hohe Kniebrücke).

245 Wechsel zwischen Sohlenhockstand und Fersensitz.

246 Im Strecksitz, Grätschsitz, Hürdensitz: Rumpfvorbeugen über die gestreckten Beine.

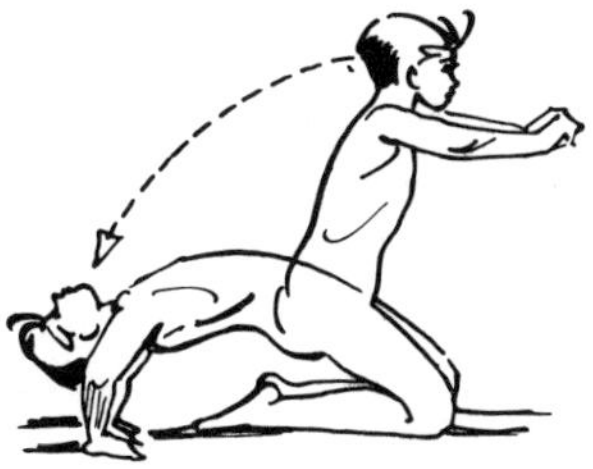

244

c) Übungen zur Kräftigung der Fuß- und Beinmuskulatur (Federn – Hüpfen – Springen)

Übungen ohne Gerät

247 „Raupengang"

248* Langsames Hochdrücken in den Hochzehenstand, dabei Fersen zusammenführen.

249 Gehen auf Fersen und Zehen im Wechsel.

250 Extrem die Füße beugen und strecken (Fersenstand – Zehenstand).

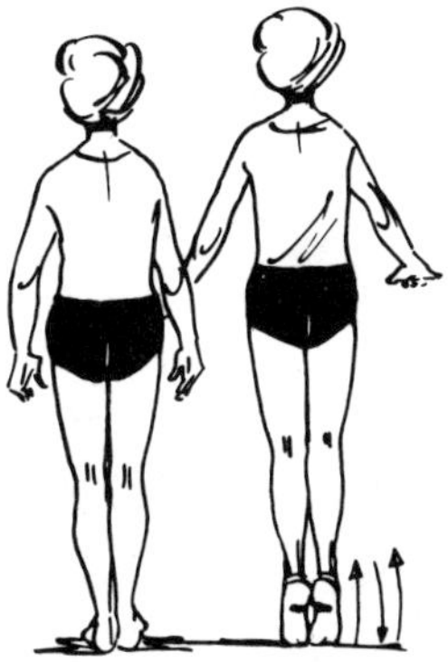

248

251 Im Hochzehenstand Gewichtsverlagerung auf den linken und rechten Fuß.

252* Gehen in der Hocke, Oberkörper dabei aufrecht halten, über die Sohle und auf den Zehen.

253 Federn in der Schluß-, Schritt- und Grätschstellung, auf einem Bein und in der Hocke.

252

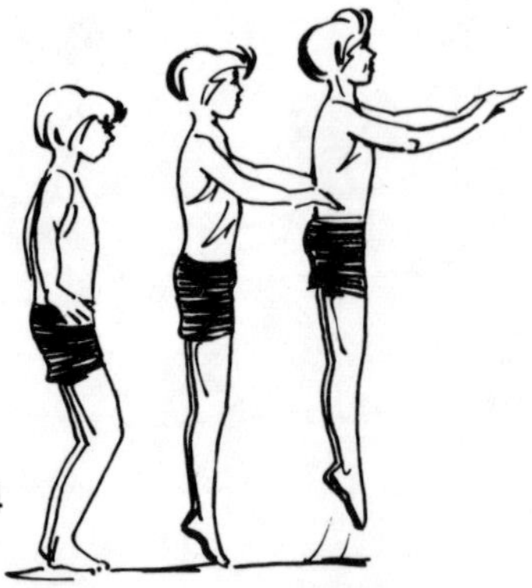

254

256

258

259

254* Federn aus den Knien heraus; bis zum Hochzehenstand mit leichtem Lösen vom Boden.

255 Doppelfedern im Stehen, in der Hocke, in der Bewegung; vorwärts, rückwärts, seitwärts, über Kreuz.

256* Hüpfen hoch – flach, weit – kurz, vorwärts – rückwärts – seitwärts und mit Drehungen.

257 Schlußsprung mit Wechsel in der Schrittstellung, Hocken und Grätschen.

258* Sprünge weit-hoch und tief-hoch;

259* Galopphüpfen seitwärts, vorwärts, rückwärts und mit Drehungen.

260 Springen über Reifen, Bälle, Seile, Stäbe, Partner.

261 Springen auf Bänke, Kasten, Matten.

Übungen mit dem Partner

262* Gesicht zueinander, Handfassung: ein Partner geht langsam bis in den Sohlenhockstand und langsam wieder in den hohen Zehenstand; auch nur auf einem Bein.

Dasselbe, jedoch von beiden Partnern gleichzeitig ausgeführt.

262

263* Dieselbe Stellung, nur springt der eine Partner aus dem Sohlenhockstand in den Strecksprung hoch, der andere Partner untersützt.

264 Schulterfassung: beide Partner versuchen, einander wegzustemmen.

265 A steht vor B, B hält Partner um die Taille: A versucht wegzulaufen, B leistet Widerstand.

266 Rücken an Rücken gemeinsam in die Hocke gehen und wieder zum Stand; untergehakt und frei.

267 Rücken an Rücken: versuchen, den Partner wegzudrücken; im Stand und in der Hocke.

268 Gesicht zueinander, Partner geben sich die rechte Hand: durch Sprung Platzwechsel.

269* Im Kniestand Gesicht zueinander; gleichzeitiges Abdrücken der Hände und gespanntes Rückfedern.

270* Partner A in der Bank, Partner B stützt sich auf Schulterblätter oder Becken und überspringt aus der tiefen Hocke seitwärts wieder in die tiefe Hocke.

271 Einfaches Überspringen und Unterkriechen im Wechsel.

272 Kosakentanz vorwärts und seitwärts.

273 In der Rückenlage, Anheben des gestreckten Beines gegen Partnerwiderstand.

274* In der Rückenlage, Anziehen des Oberschenkels gegen Partnerwiderstand.

275 „Kanonenball“: Partner setzt sich auf die angehockten Beine und läßt sich wegstoßen.

276* A in Rückenlage mit angehockten Beinen. B legt sich mit dem Oberkörper auf die Füße und läßt sich nach oben und unten stemmen.

263

269

270

274

276

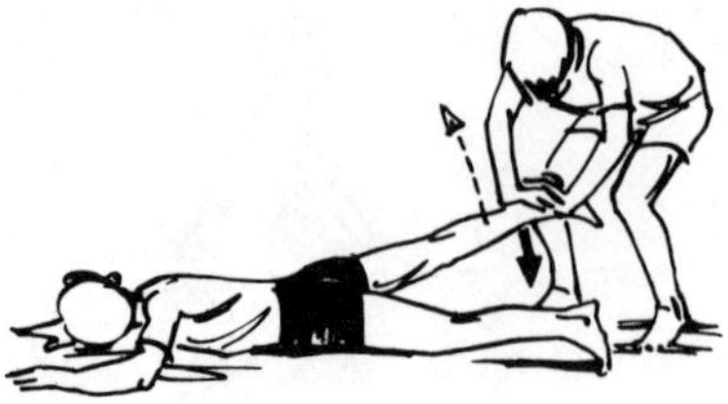
277

277* Partner A in der Bauchlage, Anheben des gestreckten Beines gegen Partnerwiderstand.

278 Partner A in der Bauchlage, Anziehen des angewinkelten Unterschenkels gegen Partnerwiderstand.

279 Partner A Arme und Beine weit gespreizt: Partner B überspringt im Schlußsprung.

280

280* Im Grätschsitz, mit Gesicht zueinander: ein Partner hat die Beine außen, der andere innen. Der äußere versucht, seine Beine gegen Partnerwiderstand zu schließen.

Übungen mit dem Seil

281 Seile im Raum verteilt: umlaufen, überspringen, hüpfen, quer und längs.

282 Seile im gleichen Abstand ausgelegt (Seilstraße): rhythmisches Überlaufen, Hüpfen und Springen.

283

283* federn, hüpfen, laufen, springen und schwingen im Seil;
– auf der Stelle und in der Vor-, Rück- und Seitbewegung, mit und ohne Zwischenfedern, verschiedene Laufrhythmen und Sprünge in der Vorwärtsbewegung.

284 Zu Paaren federn, laufen, hüpfen und springen in den o. a. Formen.

285 Federn, hüpfen und springen in der Dreiergruppe in den aufgeführten Übungsformen.

286

Übungen mit der Zauberschnur

286* Überspringen:
– überspringen mit Drehungen;
– im Schlußsprung;
– im Pferdchensprung;
– im Schersprung.

287* Zwei und drei Zauberschnüre als rhythmische Sprungschulung mit den o. a. Sprüngen.

287

288 Grabensprung; auch in V-Form.

289* Fenstersprung.

290 Die hochgespannte Zauberschnur mit der Hand bzw. Stirn berühren.

291* Sprung- und Hüpfformen, jeder von seinem Platz in den Kreis hinein und heraus bzw. im Kreis herum.

292 Stützsprünge über die Schnur, im Wechsel mit Unterkriechen.

289

291

2. Organleistungsschwächen – Spiele, Spiel- und Übungsformen

Funktionelle Schwächen des Atmungs-, Herz- und Kreislaufsystems setzen die Leistungsfähigkeit bei Belastungen stark herab; insbesondere ist die Ausdauerleistung verringert.

Spiel-, Übungs- und Trainingsformen des Laufens, Schwimmens, Radfahrens, Skilaufens, Kleine und Große Spiele, Staffeln etc. sind geeignete Maßnahmen zur Verbesserung der allgemeinen, sowie speziellen Ausdauerleistung.

2.1. Trainingshinweise

Entsprechende biologische Reize werden gesetzt nach den Belastungsprinzipien der:
a) Dauerleistungsmethode
b) Extensiven Intervallmethode
c) Intensiven Intervallmethode
d) Circuittraining (eine Form der Intervallarbeit)

2.1.1. Dauerleistungsmethode

In der Folge: Belastungen mit geringer bis mittlerer Intensität, von mehr als 50 % der maximalen Kreislaufleistung bei einer Arbeitspulsfrequenz von ca. 140/Min. und einer Übungsdauer von mindestens 3 – 4 Min.

Die Dauerleistungsmethode sollte Grundlage der Ausdauerschulung im Schulsonderturnen sein.
Ziel des Ausdauertrainings: Kinder sollten für jedes ihrer Lebensjahre je eine Minute im individuellen, gleichmäßigen Tempo ausdauernd laufen können. Also ein 10-jähriges Kind 10 Min. usw.

2.1.2. Extensive Intervallmethode

In der Folge: Belastungen mit mittlerer bis submaximaler Intensität von 50–70 % der maximalen Kreislaufleistung, bei einer Arbeitspulsfrequenz bis 170/ Min.
Belastungsdauer: relativ lang, bei relativ kurzen Pausen.

Beispiel: 60 – 90 sec Belastung
15 – 30 sec Pause
5 – 8 Wiederholungen
je nach individueller Leistungsfähigkeit

2.1.3. Intensive Intervallmethode

In der Folge: Belastungen mit hoher Intensität von 70 –90 % der maximalen Kreislaufleistung, bei einer Arbeitspulsfrequenz von 180/Min. und höher.
Belastungsdauer: relativ kurz, bei relativ langen Pausen.

Beispiel: 10 – 20 sec Belastung
40 – 80 sec Pause
4 – 6 Wiederholungen
je nach individueller Leistungsfähigkeit

Besonders charakteristisch für das Intervalltraining ist die unvollständige Erholungspause (lohnende Pause), d.h. die Pulsfrequenz soll bei Beginn der neuen Belastung nicht unter 120/ Min. liegen. Bei Organleistungsschwächen sollte am Anfang der Schulung mit der echten Pause gearbeitet werden, d.h. die Pulsfrequenz sollte bei Beginn der neuen Belastung annähernd den Ausgangs- oder Ruhewert erreicht haben, dadurch wird eine Überbelastung vermieden.

Kontrolle der Leistungsfähigkeit bzw. der Erholfähigkeit: 30 sec maximale Belastung durch intensives Laufen (Sprint). Die Pulsfrequenz sollte bei guter Erholfähigkeit nach 1 – 2 Min passiver Pause um die Hälfte des Zuwachswertes zum Ruhepuls zurückgegangen sein.

2.1.4. Circuittraining (CT)

CT ist eine vielfach variierbare, modifizierbare und differenzierbare Organisations- und Trainungsform, in der im wesentlichen nach dem Intervallsprinzip geübt wird.

Mit dem CT lassen sich auch im Sonderturnen bei entsprechender Belastungsdosierung die motorischen Grundeigenschaften – insbesondere Kraft und Ausdauer – mit relativ einfachen Mitteln wirkungsvoll verbessern.

Ein Hauptmerkmal des CT ist der Belastungswechsel unterschiedlicher Muskelgruppen an den aufeinanderfolgenden Stationen und die Möglichkeit, das Prinzip der steigenden Belastung einfach anwenden zu können.

a) Spiel- und Übungsformen nach dem Prinzip der Dauerleistungsmethode (geringe bis mittlere Intensität über mindestens 3 – 4 Min.).

Schulung des Zeit-, Tempo- und Streckengefühls

293

293* Dauerläufe im Gelände und auf dem Sportplatz, im individuellen Tempo.

294 Dauerlaufen in der Halle mit Aufgaben wie: Linien ablaufen, Wände anschlagen, Ecken aufsuchen etc. (anfangs Temporegulierung durch Klatschen des Laufrhythmus).

295 Dauerlaufen, in der Einzel-, Partner- oder Gruppenform, mit Zeitangabe (Die Übenden hören mit dem Laufen auf, wenn sie meinen, die angegebene Zeit ist erfüllt).

296 Dauerlaufen, in Form eines „Autospiels" – angegebene Zeiten oder Strecken im 1. 2. 3. Gang „fahren" (4. Gang anfangs vermeiden).

297 Dauerlaufen, dabei oftmals das Tempo wechseln (hohe Intensität vermeiden).

298* Führen und Folgen in Partner- und Gruppenform.

298

299 Aus dem freien Lauf heraus formiert sich die Gruppe auf ein Zeichen zu einem Kreis. Das Laufen wird dabei nicht unterbrochen, auch im Wechsel mit anderen Ordnungsformen.

300 Aus dem freien Laufen auf Zuruf: Gruppen bilden (z.B. Dreier-Fünfergruppen) und wieder auflösen, ohne das Laufen zu unterbrechen.

301* Durch das geschlagene Seil laufen — große Raumwege laufen — ohne stehenzubleiben.

302* Alle folgen im Prellen dem roten, gelben und grünen Ball im Wechsel, ohne das Laufen zu unterbrechen.

303 Prellen des Balles auf verschiedenen Raumwegen (Kurven, Kreise, Achten, etc.).

304 Dauerschwimmen — bis zu 15 Min. — in beliebiger Schwimmlage.

301

302

b) Spiele, Spiel- und Übungsformen nach dem Prinzip der extensiven Intervallmethode (regelmäßig — unregelmäßig). Der Wechsel von Belastungen und Pausen kann mit allen nachfolgenden Übungsbeispielen organisiert werden.

305* „Haltet den Korb voll!" In einem Korb oder Kastenteil liegen eine große Anzahl von Bällen, die von einem Schüler herausgeworfen werden. Die Gruppe versucht durch Einsammeln der Bälle den Korb immer voll zu halten, während der Schüler versucht, den Korb vollständig zu leeren.

305

306 Soviel Basketballkörbe wie möglich werfen. Jeder neue Versuch beginnt an dem gegenüberhängenden Korb.

307 Soviel Treffer wie möglich mit dem Ball durch aufgehängte Reifen erzielen. Jeder neue Versuch beginnt auf der gegenüberliegenden Seite.

308 Den Ball auf möglichst langen Raumwegen prellen, im Wechsel mit der linken und rechten Hand .

309 Haltet die Seiten frei! Möglichst viele Bälle werden gleichmäßig auf beide Felder verteilt. Welche Gruppe hat nach einer bestimmten Zeit weniger Bälle in ihrem Feld?

310 Einholen bzw. überholen aus dem leichten Traben: Die beiden letzten der Gruppe laufen auf ein Zeichen an die Spitze; weitertraben.

311* Auf Pfiff versucht die hintere Reihe der Gruppe die vordere einzuholen; auf einen zweiten Pfiff hin wird wieder getrabt.

311

312* 6 Spieler laufen in der Gruppe hintereinander, auf ein Zeichen übernimmt der letzte die Führung (die Gruppe darf nur langsam laufen).

312

313 Mehrere Gruppen werden gebildet, denen jeweils eine Matte zugeordnet ist. Aus dem freien Laufen heraus suchen sie diese auf Zuruf auf; anschließend sofort weiterlaufen.

314 Dreiecks- und Vierecksläufe in der Einzel-, Partner- oder Gruppenform. Umlauftempo durch Zeitmaß angeben (Laufstrecke – 1 Umlauf = 40–120 m).

c) Spiele, Spiel- und Übungsformen nach dem Prinzip der intensiven Intervallmethode (regelmäßig – unregelmäßig). Der Wechsel von Belastungen und Pausen kann mit allen nachfolgenden Übungsbeispielen organisiert werden.

315 „Schwarzer Mann", auch in Gruppenform und Partnerweise spielen.

316 „Schwänze fangen."

317* Räuberzeck:
Es beginnt mit einem Fänger, daraus entsteht eine 2er-Gruppe mit Handfassung und dann eine 3er-Gruppe, in der gefangen wird. Jede 4er-Gruppe spaltet sich in zwei 2er-Gruppen.

317

318* Ein „Polizist" regelt den Verkehr:
a) durch Handzeichen;
b) durch Zuruf.

318

320

319 Welche Gruppe wechselt am schnellsten den Platz?

320* Jägerball.

321 Schnappball:
Zwei Gruppen werden gebildet. Innerhalb der einen Gruppe wandert der Ball so lange hin und her, bis ihn die andere „weggeschnappt" hat.

322 Sitzball:
Kreisaufstellung. Auf Zuruf laufen die genannten Spieler um den Kreis. Wer sitzt als erster auf dem Ball?

323* Startball:
Auf ein Zeichen versucht der gegenüberstehende Spieler einen der Läufer abzutreffen. Dieser wird der nächste Werfer.

323

324 Den Ball im schnellen Sprint von einer zur anderen Seite der Halle prellen.

325

325* Im Sprint den Ball zum gegenüberliegenden Partner prellen. Dieser übernimmt den Ball, ohne den Ablauf zu unterbrechen (Abstand 10 – 15 m).

326 Die Schüler befinden sich an den beiden Schmalseiten der Halle. Die Plätze werden gewechselt:
a) im Laufen, Hüpfen, Hinken;
b) aus dem Sitz, der Bauchlage, der Rückenlage;
c) auf vorgeschriebenen Raumwegen.

327 Das geteilte Paar:
Die Spieler versuchen ohne Gebrauch der Hände zu verhindern, daß die Spieler A und B zusammenkommen.

329 a

328 Wer berührt alle 4 Wände und ist als erster wieder im Mittelkreis?

329* Fangen:
a) ein Fänger; b) mehrere Fänger;
c) Partnerweise fangen.

330* Fangen auf Zeit:
Es werden 2 Gruppen gebildet, die eine bewegt sich frei in einem abgegrenzten Feld. Der Spieler Nr. 1 versucht, einen Läufer abzuschlagen. Ist das gelungen, startet Nr. 2. Der Wechsel erfolgt in Form einer Staffel.
Welche Gruppe hat die niedrigste Gesamtzeit?

330

331 Paarweise hintereinanderlaufen und auf ein Zeichen hin versuchen, den Partner zu fangen.

332 Je zwei Schüler traben mit Seilfassung hintereinander. Auf Pfiff läßt der Partner das Seil los und versucht, den Spieler vor sich zu fangen.

333* Zwei Kreise laufen gegeneinander. Auf Pfiff versuchen die Spieler des inneren Kreises die anderen zu fangen.

333

334 b

334* Nummernwettläufe in der Einzel-, Partner- und Gruppenform
a) im Kreis;
b) in der Reihe;
c) im Viereck;
(Laufstrecke 20 – 30 m).

335 Staffellaufen (Laufstrecke 20 – 40 m)
a) Pendelstaffel;
b) Abholstaffel;
c) Umkehrstaffel ;
d) Endlose Staffel;
e) Rundenstaffel;
(siehe Kleine Spiele Dr. Döbler Verlag Volk u. Wissen, Berlin).

d) Übungsbeispiele an Stationen für den Aufbau eines Zirkels. (Die Übungsreihenfolge ist kein methodischer Aufbau.)

336

338

336* Station.
Überlaufen einer Kastentreppe.

337 Station: Laufen um Slalomstangen (Laufstrecke 10–20 m).

338* Station: Überwinden und Unterkriechen von Kastenteilen, Bänken, etc.

339 Station: Stützsprünge über eine Langbank.

340 Station: Sprünge an kleinen Kästen.

341 Station: Ballwürfe in einen Basketballkorb.

342 Station: Überkopfwürfe des Balles an die Wand.

343 Station: Rückenlage, mit aufgesetzen Füßen, schnelles Aufrichten in den Hocksitz.

344 Station: Bauchlage, Arme in Nackenhalte, schnelles Aufrichten des Oberkörpers.

3. Koordinationsschwächen – Spiel- und Übungsformen

Die Koordinationsschulung will eine Verbesserung des Bewegungsflusses in Ökonomie und Harmonie innerhalb eines gezielten Bewegungsablaufes.

Nach Hollmann ist Koordination das Zusammenwirken von Zentralnervensystem und Skelettmuskulatur innerhalb eines gezielten Bewegungsablaufes.

Schwächen und Störungen im sensomotorischen Funktionskreis sollen durch häufiges Üben ausgeglichen werden.

Bewegungsfähigkeiten sollen verbessert und Bewegungsfertigkeiten erlernt werden.

Viele Übungswiederholungen, konzentriertes und ausdauerndes Üben verbessern die Koordinationsleistung und bringen den Übungserfolg.

Durch Übung bilden sich Bewegungsmuster; es erfolgt eine vielfältige Bahnung und damit ein Einschleifen des s.g. „motorischen, dynamischen Stereotyps".

Das motorische Lernen erfolgt über 3 Phasen: (n. Pawlow)
- Irradiation (kennenlernen, erproben der Übung – Grobformung)
- Konzentration (bewußter, kontrollierter Bewegungsablauf – Feinformung)
- Automation (beherrschte Technik – Feinstformung)

Zu beachtende methodische Prinzipien sind:
- vom Leichten zum Schweren
- vom Einfachen zum Zusammengesetzten
- vom Bekannten zum Unbekannten

Zur Feststellung und Kontrolle der Koordinationsleistung wird der Körper-Koordinationstest für Kinder (KTK) von Schilling empfohlen. (Beltz-Verlag, Weinheim)

Schwerpunkte der Koordinationsschulung sind:
a) Gleichgewichtsübungen
b) Körperzusammenschlußübungen
c) Anpassungsübungen
d) Reaktionsübungen
e) Rhythmisches Bewegen

345

a) Gleichgewichtsübungen.

345* Auf Zeichen wie versteinert stehen bleiben; auf den Zehen stehen bleiben;
auf einem Bein stehen bleiben;
auf einem Bein mit geschlossenen Augen stehen bleiben.

346* Einbeinstand; Standwaage; Hochzehstand; Hockstellung.
Alle Formen sind mit geschlossenen Augen besonders wirksam.

Gleichgewichtsübungen auf der Schwedenbank oder dem Schwebebalken

346

347* Gehen vorwärts – rückwärts;
in der Hocke;
auf allen Vieren;
in der Kniebeuge;
gehen mit einer halben Drehung;
gehen mit einer ganzen Drehung.

348* Ball über die Bank rollen;
Ball prellen neben der Bank;
Ball hochwerfen und fangen;
Ball auf die Bank prellen;
Ball unter der Bank hindurch geben;
mit dem Ball auf die Bank aufspringen aus der Seitgrätschstellung;
mit dem Ball von der Seite auf die Bank aufspringen und ausbalancieren;
auf die Bank aufspringen, ein Partner spielt den Ball von der Seite her zu;
den Ball zuprellen.

347

348

349* Durch den Reifen steigen und balancieren;
einen hochgehaltenen Reifen übersteigen;
einen dahinterstehenden Reifen durchkriechen;
(erschweren mit Sandsäckchen auf dem Kopf!)
mehrere Reifen durchkriechen.

349

350* Den Stab übersteigen vorwärts und rückwärts;
Stab auf verschiedenen Körperstellen balancieren, unter der Bank durchgeben.

350

351* Den Partner übersteigen;
am Partner vorbeigehen;
mehrere Partner übersteigen.

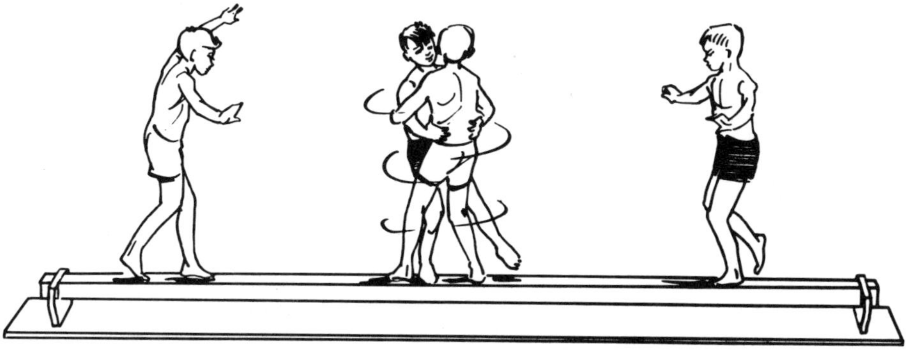

351

352

b) Körperzusammenschlußübungen.

352* Aus dem Gehen, Federn oder Laufen: schnelles Aufbauen in den Hochzehstand, weiterlaufen.

353 Aus der Bewegung: Schlußsprünge mit 1/4, 1/2 und 1/1 Drehung, weiterlaufen.

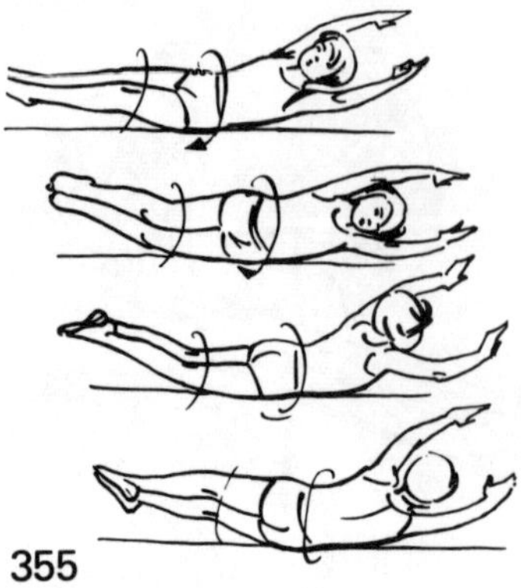

355

354 Aus dem Lauf: Rückenlage einnehmen, an- und entspannen im Wechsel; dasselbe in Bauch- und Seitlage.

355* Aus der Rückenlage: Wälzrolle, auf Zeichen spannen und entspannen.

356 Aus der Bauch- und Rückenlage: heben in den Liegestütz vor- und rücklings.

Übungen in Zweier- u. Dreier-Gruppen

357* Partner A steif in Rückenlage: B hebt A an Füßen oder Nacken in die Schräglage.

358* Partner A steht zwischen B und C; hin- und herpendeln über die Senkrechte, frühes Entgegennehmen und Abfangen.

357

359 „Toter Mann" im stehenden und sitzenden Kreis (wichtig: „Tuchfühlung" halten).

360* „Toter Mann": tragen in Dreiergruppen.

361 Partner A in Rückenlage mit angehockten Beinen: B lehnt sich in Schräglage mit Brust oder Rücken auf die Fußsohlen von A, der den Körper von B hebt und senkt.

358

360

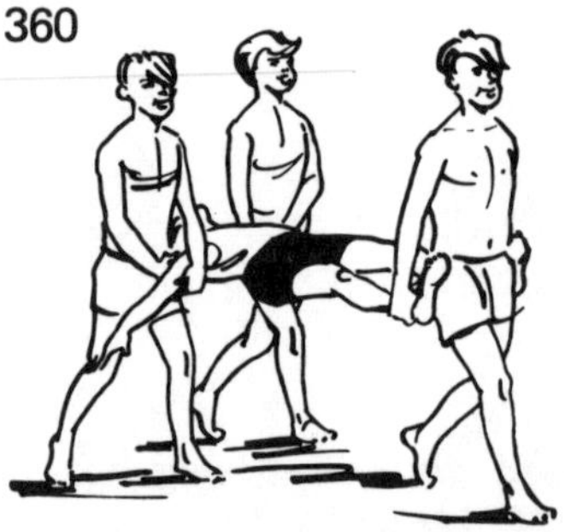

c) Anpassungsübungen mit dem Sandsäckchen und dem Ball.

362* Mit dem Sandsäckchen auf dem Kopf auf und ab gehen;
mit dem Sandsäckchen auf dem Kopf gehen;
über und auf Hindernisse steigen;
Sandsäckchen auf dem Oberschenkel ausbalancieren;
auf der Schulter ausbalancieren;
dasselbe auch im Sitzen und Liegen;
das Sandsäckchen auf die Stirn, auf die Nase rutschen lassen;
das Sandsäckchen auf dem Kopf hüpfen lassen.

362

363 Prellen des Balles im Stand mit einer und mit beiden Händen.

364* Prellen mit Unter- und Oberarm, Kopf etc.

364

365 Prellen des Balles mit der Fußsohle, wechselseitig links, rechts.

366 Prellen des Balles im Gehen, im Federn und im Laufen.

367 Prellen des Balles mit Richtungsveränderungen, in Kreisform und in Achterkreisen.

368* Prellen des Balles auf einem Punkt, um den Ball herum federn oder laufen.

368

369 Prellen des Balles in der tiefen Hockstellung, weiterprellen im Laufen, wieder in die tiefe Hockstellung gehen.

370* Prellen des Balles in der Vorwärtsbewegung mit den Füßen links und rechts.

370

371 Kräftiges Hochprellen des Balles; wer kann wie oft in die Hände klatschen und den Ball wieder auffangen?

372 Prellen des Balles um den Körper und durch die Beine.

373 Prellen des Balles aus dem Gehen – Laufen (Sitz-, Bauch-, Rückenlage einnehmen), weiterprellen.

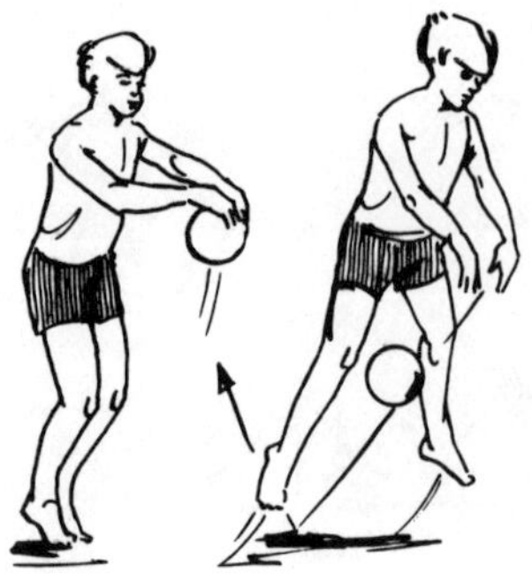

374

374* Prellen des Balles, überspringen im Schersprung, Grätschsprung.

375 Partner A prellt, B übernimmt den Ball im Stand und aus der Bewegung (zeitlicher und räumlicher Wechsel).

376* Partner A prellt den Ball, deckt ihn mit dem Körper ab. B versucht, den Ball zu erlangen.

377 Partner stehen im Wurfabstand mit Gesicht zueinander, rollen den Ball durch die Hockstellung einander zu.

378 Partner stehen im Abstand von 6 – 8 m mit dem Rücken zueinander und rollen sich den Ball durch die gegrätschten Beine zu.

376

379 Partner A versucht den Ball durch die gegrätschten Beine von B zu rollen (Abstand 8 – 10 m).

380 Partner prellen den Ball zu, Partner A rollt, B prellt den Ball.

Anpassungsübungen mit dem Reifen

381 Den Reifen durch die Halle rollen.

382 Den Reifen durch die Halle steuern.

383 Den Reifen kräftig anschieben und wieder einholen.

384* Den Reifen anschieben und umlaufen; wer kann es wie oft?

384

385 Den Reifen anschieben, daß er wieder zurückrollt, und versuchen, immer auf der Höhe des Reifens zu sein.

386 Den Reifen andrehen und umlaufen, mit Kopf und Rumpf die Bewegungen des Reifens mitmachen.

387* Den Reifen andrehen, hinein- und hinausspringen.

387

388 Den Reifen andrehen und zum nächsten Reifen laufen.

389 Mehrere Reifen andrehen und sie in Bewegung halten.

390 In Gruppenformen den Reifen von Schüler zu Schüler rollen.

391 Partner A rollt den Reifen an; B versucht, durch den Reifen zu schlüpfen.

392* Partner A rollt den Reifen an, B springt über den Reifen (Schersprung, Hocksprung, Grätschsprung).

392

Anpassungsübungen mit der Zauberschnur

393* Laufen und springen an der quer- und schräggespannten Zauberschnur.

393

394

399

394* an mehreren, in gleichmäßigen Abständen gespannten Schnüren.

395 Die wellenartig bewegte Schnur überlaufen oder überspringen.

396 Die Schnur wird von zwei Schülern über den Boden geführt, die anderen überspringen sie.

397* Die Schnur wird einmal hoch und einmal tief über den Boden geführt (beim Hochführen Bauchlage).

398 Die geschlagene Schnur unterlaufen.

399* Die geschlagene Schnur überspringen.

400* Die schlängelnde Schnur überspringen.

397

400

d) Reaktionsübungen und Reaktionsspiele.

401* Partner A steht mit Rücken zu B, B prellt den Ball zu A, der mit sofortiger Drehung den Ball zu fangen versucht.

401

402 Die gleiche Übung: B wirft den Ball und gibt akustisches Zeichen.

403* Partner A in Seitgrätschbeuge, B läßt hinter dem Rücken von A den Ball fallen. A versucht, den Ball nach dem Aufprellen zwischen den Beinen aufzufangen.

404 Partner A wirft den Ball hoch; B versucht, den Ball vor dem Boden abzufangen. Höhe und Richtung sollten sich jeweils verändern (Neckball).

403

405* Partner A und B stellen einen Stab senkrecht, A läßt den Stab los und wechselt zu B. Beide versuchen, den Stab des Partners vor dem Umfallen zu erreichen.

406 Partner A hält mit einer Hand den Stab in Vorhalte am oberen Ende und läßt ihn dann los. B versucht, mit griffbereiter Hand den fallenden Stab aufzufangen. Die gleiche Übung mit waagerecht gehaltenem Stab.

407 Aus dem Gehen oder Laufen im Raum auf akustisches Zeichen verharren – Richtungswechsel – Gruppenformationen oder verschiedene Lagen einnehmen (Sitz-, Rücken-, Bauchlage, Kerze usw.).

408 Startformen aus verschiedenen Ausgangspositionen auf akustisches oder visuelles Zeichen.

405

409 Alle bewegen sich frei im Raum und versuchen, den Mitspielern erst im letzten Moment auszuweichen.

410* Laufen mit plötzlichen Richtungsänderungen, mit schnellem Wechsel der Laufart – vorwärts, rückwärts, seitwärts. Hopserlauf, Lauf auf allen Vieren, Froschhüpfen, Einbeinlauf usw.

411 Laufen mit plötzlichen Unterbrechungen:
Stand, Hockstand, Kniestand, Hocksitz, Strecksitz, Schneidersitz, Bauchlage, Rückenlage, Liegestütz, Brücke. Aus diesen Ausgangspositionen weiterlaufen.

412 In Gruppen: Ablaufübungen aus verschiedenen Ausgangsstellungen mit Blick in Laufrichtung, gegen Laufrichtung, mit bestimmter Aufstellungsform am Zielort: Linie, Reihe, Doppelreihe, Kreis.

413 Atomspiel: laufen kreuz und quer in der Halle, auf Zuruf oder Zeichen Gruppen mit vorher festgelegter Anzahl bilden. Ruft der Lehrer laut die Zahl, finden sich die Kinder aus der freien Ordnung in den Gruppen zusammen.

414 Jeder Spieler bekommt ein Schwänzchen angehängt. Die Spieler müssen versuchen, möglichst viele zu erhaschen. Wer die meisten Schwänzchen hat, gewinnt das Spiel. Keiner darf den anderen berühren.

415 Ein Kind erzählt eine Geschichte, alle hören zu. Fällt ein bestimmtes Wort, z. B. Ball, so müssen alle weglaufen. Wer als erster gefangen wird, muß als nächster eine Geschichte erzählen.

416 Kreisaufstellung: der Läufer ruft: „komm mit" oder „lauf weg". Die abgeschlagene Mannschaft muß entsprechend laufen.
Variation: Änderung der Ausgangsstellung: liegen, sitzen usw., Änderung der Bewegungsart: hüpfen, springen, auf allen Vieren gehen, usw.

417 Eine Mannschaft ist Tag, eine Mannschaft ist Nacht. Die vom Lehrer aufgerufene Mannschaft muß weglaufen; die andere muß fangen. Die Gefangenen spielen beim Sieger mit. Variation: Änderung der Ausgangsstellung: liegen, stehen, auf dem Bauch usw.

418 Kreisaufstellung, ungerade Spielerzahl: ein Spieler scheidet abwechselnd aus. Der Zirkusdirektor in der Mitte gibt die Gangart seiner „Pferde" an. Auf „halt" sucht jeder einen Partner. Wer übrig bleibt, ist Zirkusdirektor.

410

e) Rhythmisches Bewegen.

Das rhythmische Prinzip ist ein unerläßlicher Bestandteil für eine freudvolle und gezielte Koordinationsschulung im Schulsonderturnen.

Übungshinweise:

419 Übungsformen des Laufens, Hüpfens, Federns, Springens und Gehens in verschiedenen rhythmischen Abläufen.

420 Bewegungsbegleitung mit Klanggesten – Klatschen oder Stampfen.
z.B. die Gruppe nimmt einen Rhythmus auf und beantwortet ihn mit Klatschen oder setzt ihn in Bewegung um (Laufen, Hüpfen etc.).

421 Bewegungsbeleitung mit Schlaginstrumenten, wie Tamburin, Trommeln, Klanghölzer etc. Vorgegebene Rhythmen der Schlaginstrumente in Bewegung umsetzen. (Am Anfang einfache Rhythmen des Laufens, Hüpfens, Springens etc. wählen).

422 Tänze
Freie und gebundene Tanzformen, Singspiele und Kindertänze.

423 Freies und gebundenes Bewegen nach Musik (Platten- und Tonbandmusik).

424 Schrittrhythmusübungen an Gerätebahnen und Anlaufübungen zu Sprüngen und Würfen.

4. Schwimmen – Übungsbeispiele

Das Schwimmen hat eine besondere Bedeutung für das Sonderturnen.

Spielerische und gezielte Bewegungsaufgaben im Wasser setzen umfassende Reize für die Muskulatur, für die Atmung, Herz- und Kreislauffunktionen, sowie zur Verbesserung der Koordinationsfähigkeit.

Im Wasser wird die Schwerkraft weitgehend aufgehoben, die Wirbelsäule ist entlastet und Muskelverspannungen lösen sich.

Geeignete Übungsmaßnahmen sind:

- Wassergewöhnung
- Atemübungen
- Auftriebsübungen
- Gleitübungen
- Tauchübungen
- Hinführung zu den Schwimmlagen, speziell der Rückenlage

425

Wassergewöhnungsübungen

425* Die verschiedenen Gang- und Laufarten, laufen, hüpfen auf einem oder beiden Beinen vorwärts, rückwärts in wechselnden Laufrichtungen.
(Wassertiefe beachten)

426 Alle Fang- und Neckspiele:
Fischer, wie tief ist das Wasser?
Wer fürchtet sich vor dem schwarzen Mann?
Tag und Nacht,
Schwarz – Weiß,
Verkehrsschutzmann.

427* Sehr gut eignet sich hier das Spiel mit Luftballon oder Wasserball (siehe Koordination).

427

Atemübungen

428 In der Kreisaufstellung mit Handfassung: jeder Schüler bläst mit dem Mund die Luft in das Wasser.

429* Die gleiche Übung: jeder 2. Schüler setzt sich ab, hält den Kopf unter Wasser und stößt langsam die Luft aus dem Mund. Die stehenden Schüler beobachten die heraufkommenden Luftblasen.

430 Jeder im Kreis stehende Schüler geht in den Hockstand, Hände am Boden, Kopf unter Wasser: verstärktes Ausatmen durch Summen und Zischen.

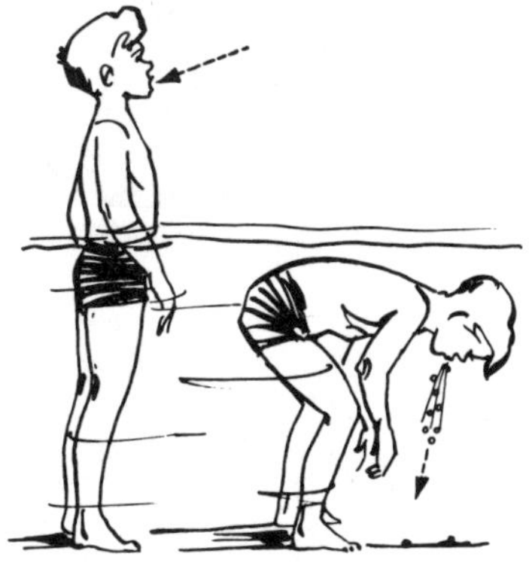

429

431 Einatmen – versuchen auf dem Grund zu sitzen – nicht ausatmen – beim Auftauchen kräftig ausatmen.

432 Ausatmen, unter Wasser in die Hocke gehen: wer bleibt am längsten unten? Durch Luftmangel nach Auftauchen tiefes Ein- und Ausatmen.

433* Hockqualle einnehmen – Körper strecken – ins Wasser ausatmen. Atmung gegen den Wasserwiderstand und durch Streckung Entlastung der Wirbelsäule.

433

434* Zwischen den Beinen des Partners durchtauchen, dabei ausatmen.

434

Auftriebsübungen

435* Hock- oder Kauerqualle:
Alle Schüler kauern bis zum Hals im Wasser, atmen tief ein, nehmen das Kinn auf die Brust, umschlingen mit den Armen die Unterschenkel und lassen sich als „Paket" mit dem Rücken nach oben treiben.

436 Karusell in der Gruppe:
Handfassung, die Zweier lassen sich hängen und schieben die gestreckten Beine zur Mitte und nach außen. Die Stehenden drehen in die Kreisbewegung.

437 Aus der Kreisaufstellung ohne Handfassung: nach hinten wegspringen und in die Rückenlage ausgleiten.

435

438

438* Unter Wasser, Hände auf dem Grund: Liegestütz einnehmen, auftreiben; vorwärts und rückwärts.

439 Handstehen unter Wasser, leichtes Wegfedern von den Händen, auftreiben (Körper gestreckt).

Gleitübungen

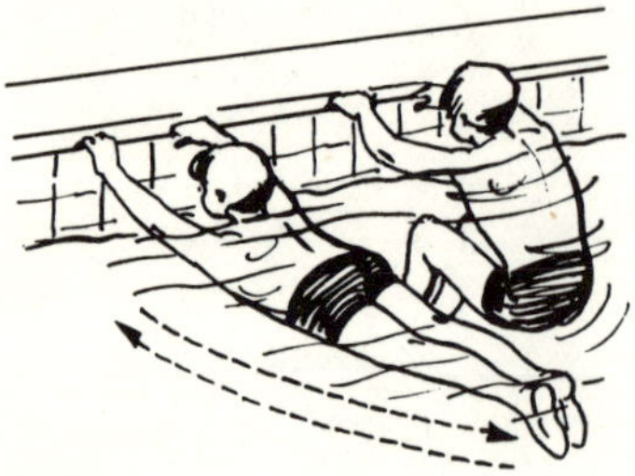

440

440* Am Beckenrand festhalten, strecken in Bauchlage und anhocken im Wechsel.

441 Mit Abstand vom Beckenrand: angleiten; Abstände erweitern.

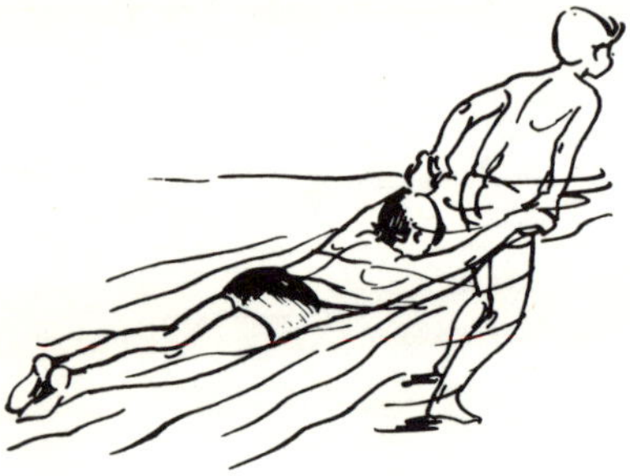

442

442* Partner A zieht B in Bauch- und Rückenlage durch das Wasser.

443 Vom Beckenrand den Partner angleiten; Abstoß mit einem oder beiden Beinen.

444 Hechtschießen aus der Hockstellung und aus dem Stand.

445 Hechtschießen mit 1/2 und 1/1 Drehung.

446* Am Beckenrand anhocken, Kopf unter Wasser: abdrücken und gleiten unter Wasser.

447* „Forellensprung" mit und ohne Partner.

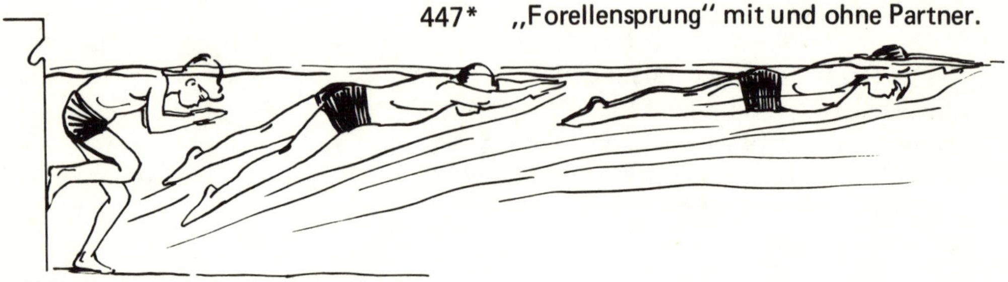

446

447

449

448 Verschiedene Lagen einnehmen, Augen offen lassen (nach Auftauchen nicht die Augen reiben).

449* Tauchen nach kleineren Gegenständen; Steigerung durch Tiefe und Entfernung.

450 Tauchen durch die gegrätschten Beine des Partners (in der Gruppe).

451 Tauchen an dem Beckenrand, drehen – weitertauchen.

452* Hechtschießen unter Wasser mit Tauchzug, Steigerung aus dem Startsprung.

453 Strecken- und Tieftauchen in Wettkampfform.

454 Durch vielseitige Bewegungsformen (gleiten vor- und rückwärts, rollen vor- und rückwärts) wird das Orientierungsvermögen geschult.

452

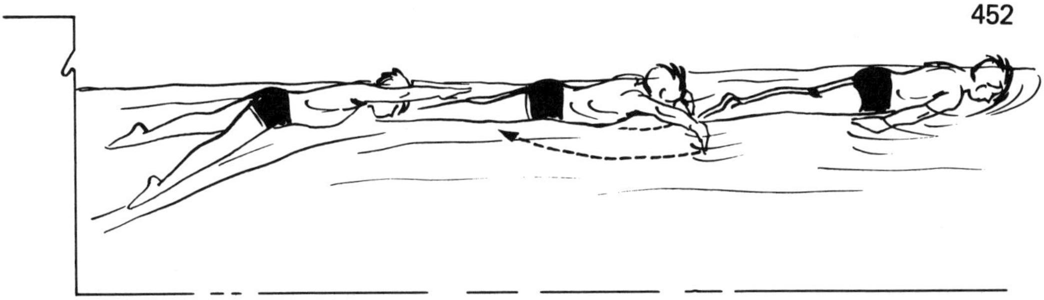

Fremdwörterverzeichnis

Abdomen	Bauch, Unterleib
Adenosin-Triphosphorsäure	beim Glykogenabbau wichtige Substanz, Energieträger
Adoleszentenkyphose	Kyphose der Brustwirbelsäule als krankhafter Prozeß = Scheuermann' sche Krankheit
aerob	unter dem Einfluß von Sauerstoff
aggressiv	angriffslustig
Akzeleration	Beschleunigung und Vorverlegung der körperlichen und geschlechtlichen Reife
Alveolen	Lungenbläschen
anaerob	ohne Einfluß (Mitwirkung) von Sauerstoff
analysieren	untersuchen, zerlegen
Antagonisten	Gegenspieler
Aorta	große Hauptschlagader im Körperkreislauf
Aponeurose	Sehnenhaut, flach ausgebreitete Sehne, Sehnenplatte
Arbeitskapillaren	kleinste Blutgefäße, die die Durchblutung im arbeitenden Muskel gewährleisten
Arterie	vom Herzen wegführendes Blutgefäß
Arteriosklerose	Arterienverkalkung
Asymmetrie	Ungleichheit, Seitendifferenz
asthenischer Typ	kraftloser, schwacher Konstitutionstyp, entspricht: leptosom
Atembreite	Luftmenge, die bei Körperruhe ein- oder ausgeatmet wird
Atemminutenvolumen	Luftmenge, die pro Minute ein- oder ausgeatmet wird
athletischer Typ	muskelkräftiger Konstitutionstyp
Atrophie	Gewebsschwund
Ausatmungsreserve	Luftmenge, die über die Atembreite hinaus bei maximaler Ausatmung aus der Lunge gepreßt wird = Reserveluft
autonomes Nervensystem	selbständiges, vegetatives (Organ) Nervensystem
Blutdruckamplitude	Spanne zwischen systolischem und diastolischem Blutdruck
Blutspeicher	erweiterte Blutgefäße von in Ruhe befindlichen Organen, die das Blut für arbeitende Organe je nach Bedarf zur Verfügung stellen
Bronchialbaum	Luftröhrenverzweigungen insgesamt
Bronchien	Luftröhrenzweige
Bronchus	Luftröhrenzweig
Cortex	Großhirnrinde
Deltamuskel	deltaförmiger Muskel am Schultergürtel
Diadochokinese	Fähigkeit, antagonistische Bewegungen in schneller Folge auszuführen, Folgebewegungen
Diastole	rhythmische Erweiterung des Herzens
Disposition	Gesamtheit der angeborenen oder erworbenen inneren (Krankheitsbedingungen) Veranlagungen, Neigung
dynamisch	auf Bewegung bezüglich

Endocard	Herzinnenhaut
Epicard	Herzüberzug
Epithelgewebe	Deckgewebe
Einatmungsreserve	Luftmenge, die über Atembreite hinaus bei maximaler Einatmung zugeführt wird, Ergänzungsluft
Ergosterin	Provitamin des antirachitischen Vitamin D
Erholungszeit	Zeitspanne bis Pulszahl vom höchsten Belastungswert bei Beendigung der Arbeit zum Ruhewert zurückgekehrt ist
extrapyramidal	außerhalb der Pyramidenbahn liegend
Feinhandgeschick	Geschicklichkeit der Hände und Finger infolge intakter Feinkoordination
Feinkoordination	Zusammenspiel feiner Bewegungen, z. B. der Finger
fixiert	festgelegt, erstarrt
fötal	der Leibesfrucht entsprechend
Fötus	Leibesfrucht
Frequenz	Häufigkeit
Glucose	Traubenzucker, Brennstoff bei der Energiegewinnung
Glykogen	ein Kohlehydrat-Makromolekül, wichtige Speichersubstanz im Körperhaushalt
Grobkoordination	Zusammenspiel gröberer Bewegungen
habituell	gewohnheitsmäßig
Hallux valgus	Schiefstellung der Großzehe, Abknickung nach der Kleinzehenseite hin
haltungslabil	haltungsschwach
hämodynamisch	im Hinblick auf die Blutzirkulation
herzdynamisch	im Hinblick auf die Herzarbeit
Herzfrequenz	Herzschlagzahl
hyperkinetisch	im Übermaß beweglich; überschießend bewegend
Hypertrophie	Vergrößerung der Zellen und damit des Gewebes bei gleicher Zellzahl
Initialbeschleunigung	Anfangsbeschleunigung
Innervation	nervale Versorgung
Insuffizienz	Schwäche der Funktion
Integration	Unversehrtheit, Zusammenfügen, Einordnen zu einem einheitlichen Ganzen
isometrische Kontraktion	Anspannung ohne Verkürzung
isometrisches Training	Training mit Anspannungs(Kraft)leistung der Muskulatur
isotonische Kontraktion	Zusammenziehung (Verkürzung) ohne Spannungsänderung
isotonisches Training	Training mit Verkürzungs(Bewegungs)leistung der Muskulatur (=Ausdauertraining)
Kapillaren	Haargefäße, kleinste Blutgefäße
Kapillarisierung	Neubildung von Haargefäßen im Gewebe
kinetische Energie	Energie, die in Bewegung umgesetzt wird
Klapp' sche Methode	bes. Form der Heilgymnastik, nach dem Orthopäden Klapp bezeichnet

Kohlehydrate	chemische Stoffe aus Kohlenstoff, Wasserstoff und Sauerstoff in bestimmter Zusammensetzung aufgebaut (Nahrungsmittel), Zucker
Koordination	Zusammenspiel
Konkavseite	ausgehöhlte Seite, Innenbogen
Konstitution	Verfassung, Summe aller angeborenen Eigenschaften und Dispositionen
Konstitutionsvariante	ein bestimmter Typ unter vielen Konstitutionsmöglichkeiten
kontrahieren	sich zusammenziehen
Kontraktion	Zusammenziehung
Kontraktur	dauernde Verkürzung
Konvexseite	erhabene, vorgewölbte Seite, Außenbogen
Korrelation	Wechselbeziehung
Latenzzeit	Wartezeit, Zeit der Verborgenheit und Versecktheit vor dem Ausbruch
leptosomer Typ	schmalleibiger Typ, entspricht: asthenisch
Lordose	physiologische Krümmungen der Wirbelsäule im Hals- und Lendenbereich
Manifestation	Äußerung, Erscheinung, Offenbarwerden z. B. einer Erbanlage
Meniskus	Knorpelscheibe im Kniegelenk, Gleitlager
Milchsäure	Abbauprodukt und Zwischenstufe des Glykogenabbaues
Mimik	durch Gesichtsmuskulatur bewirkter Gesichtsausdruck
Minusvariante	negative Form einer vererbbaren Eigenschaft
Minutenvolumen	die pro Minute aus dem Herzen ausgetriebene Blutmenge
Motorik	Bewegung, Beweglichkeit
motorisch	die Bewegung (Beweglichkeit) betreffend
Muskelspindel	sensibles Organ im Muskel zur Aufnahme des Spannungs- und Stellungssinnes (Tiefenempfindlichkeit)
Myocard	Muskelgewebe des Herzens
ökonomisch	zweckmäßig
Opposition	Gegenüberstellung (des Daumens gegen die anderen Finger)
Nervenzentralorgan	Gehirn und Rückenmark
Nesthang	äußerste Rückbiegung des Körpers, z. B. an den Ringen
Neuron	Nervenzelle mit Fortsätzen
Parasympathikus	dem Sympathikus entgegengesetzter Zügler des vegetativen Nervensystems, Vagus
Partialdruck	nach dem Gesetz von Dalton beträgt der Partialdruck eines Gases in einem Gasgemisch soviel Prozent vom Gesamtgasdruck, wie es Volumenprozent von der Gesamtgasmenge besitzt
partiell	teilweise, zum Teil
Peripherie	Umgebung (im Gegensatz zum Zentrum)
Peristaltik	Darm- und Magenbewegungen
physiologisch	normal, der gesunden Funktion entsprechend
Plantaraponeurose	Sehnenplatte auf der Fußsohle

Plantarflexion	Beugung, Senkung des Fußes um die quere Achse des oberen Sprunggelenkes, „Spitzfuß-Stellung"
Pleura	Brustfell, aus Rippenfell und Lungenfell bestehend
Pleurahöhle	von beiden Pleurablättern gebildeter, geschlossener, spaltförmiger Raum
Pneumothorax	Ansammlung von Luft in der Pleurahöhle
Prävention	Vorbeugung
primär	anfänglich, ursprünglich, erst
Prognose	Voraussicht, Vorhersage
Pronation	Senkung des inneren Hand- bzw. Fußrandes
Prophylaxe	Verhütung, Vorbeugung
psychomotorisch	von der Psyche her auf die Motorik einwirkend
Pulsfrequenz	Zahl der Pulsschläge pro Minute
Pubertät	Zeit der eintretenden Geschlechtsreife mit ihren körperlichen und geistigen Einwirkungen auf den Organismus
pyknischer Typ	stämmiger, gedrungener Konstitutionstyp
Pyramidenbahn	Bahn der motorischen Nerven durch das Rückenmark
Rautenmuskel	rautenförmiger Muskel am Schultergürtel
Refraktärzeit	Phase der Unempfindlichkeit
Retardation	Verlangsamung und Verzögerung der körperlichen und geschlechtlichen Reife
Rezeptoren	Empfänger, Aufnahmeorgane für Empfindungen
Rachitis	Englische Krankheit, Knochenerweichung
Rotation	Rollen, Drehen
Rutschhalte	Kniestand, Hände weit vor dem Körper auf dem Boden aufgesetzt, Schultergürtel und obere Rumpfhälfte durchhängend
Sauerstoffschuld	Anhäufung zu verbrennender Abbauprodukte des Glykogens in der anaeroben Phase
Sauerstofftransportkapazität	Aufnahme- und Transportmenge an Sauerstoff in den Kapillaren der Lunge beim Atmungsvorgang
Scheuermann' sche Krankheit	Kyphose der Brustwirbelsäule infolge krankhafter Deformierung der Wirbelkörper
Schlagfrequenz	Häufigkeit der Herzschlagzahl
Schlagvolumen	Blutmenge, die pro Herzschlag ausgetrieben wird
Sekrete	Drüsenabsonderungsstoffe
sensibel	empfindlich, die Sensibilität betreffend
Sensibilität	Empfindlichkeit, Empfindungsvermögen
sensomotorisch	vom Sensorium her auf die Motorik einwirkend
Sensorium	Empfindungs-, Vorstellungs-. Wahrnehmungs- und Beurteilungssphäre des Gehirns
Skoliose	Schiefwuchs, krankhafte seitliche Verkrümmung der Wirbelsäule infolge seitlicher Deformierung und Verdrehung der Wirbelkörper
somatisch	körperlich
Spannling	besondere Form der Koordinationsschwäche
Sportlerherz	Hypertrophie des Herzens beim Trainierten

statisch	auf Stehen oder Gleichgewicht bezüglich
Steifling	besondere Form der Koordinationsschwäche
Steigbügel	Muskelschlinge am Fuß, von Wadenbeinmuskel und vorderem Schienbeinmuskel gebildet
Stellreflex	reflektorischer Stell- und Haltevorgang im Organismus, auf sog. kurzen Bahnen ablaufend
strukturell	den Bau (Aufbau) betreffend
subcortikal	unterhalb der Großhirnrinde gelegen
subtil	zart, fein, sorgsam
Supination	Hebung des inneren Hand- bzw. Fußrandes
sympathikoton	die Sympathikuswirkung betreffend
Sympathikus	Lebensnerv, Teil des vegetativen Nervensystems
Symphyse	Verbindungsstück zwischen beiden Schambeinen
Synapsen	Schaltstellen zwischen zwei Neuronen
Synergisten	Mitspieler
Systole	Zusammenziehung des Herzmuskels
Taillendreieck	Luftfigur zwischen Rumpf und herabhängendem Arm bei seitlicher Haltungsabweichung und Skoliose
Tiefenempfindlichkeit	Empfindungsfähigkeit der Stellung und Spannung der Muskulatur; Aufnahmeorgane hierfür sind die Muskelspindeln.
Toleranz	Duldsamkeit
Tonus	Spannung
toter Punkt	Erreichen des Höchstwertes der Sauerstoffschuld, bevor die Verbrennungsvorgänge (aerobe Phase) einsetzen
Trapezmuskel	trapezförmiger (Viereck mit verschiedenen Winkeln) Muskel am Schultergürtel
Trauma	Verletzung
Tropfenherz	kleines Herz des Ungeübten
vagoton	die Vagus- (Parasympathikus-) wirkung betreffend
Vagus	Parasympathikus – Hauptteil
Vasomotorenzentrum	Kreislaufzentrum
vegetativ	unbewußt, selbständig, autonom
Venen	Blutadern, zum Herzen hinführende Blutgefäße
venöses Angebot	Blutmenge, die dem Herzen aus den Hohlvenen zufließt
Verwringung	Ergebnis von Supination im Rückfuß und Pronation im Vorfuß
Vestibularapparat	ein Teil des Innenohres, Gleichgewichtsorgan
Vitalkapazität	Atmungsgröße, das größtmögliche ein- und auszuatmende Luftvolumen
Vollatmung	kombinierte Brust- und Zwerchfell-(Bauch-)atmung
Zentren	Anhäufung von Nervenzellen im Gehirn zu besonderer Funktionsleistung

Literaturverzeichnis zu Teil II

Benninghoff, A./Goerttler, K.: Lehrbuch der Anatomie des Menschen. Band 1: Allgemeine Anatomie, Cytologie und Bewegungsapparat. 11. Auflage. München – Wien: Urban & Schwarzenberg 1975.

Berquet, K.-H.: Sitzschaden – Haltungsschaden. 2. Auflage. Düren: Herausgegeben von der Bundesarbeitsgemeinschaft zur Förderung haltungsgefährdeter Kinder und Jugendlicher e. V.

ders.: Schulmöbel. Geschichte – Auswahl – Anpassung. Bonn: Ferd. Dümmler Verlag 1971.

Bücker, J.: Anatomie und Physiologie. Lehrbuch für ärztliches Hilfspersonal. 18., überarb. Auflage. Stuttgart: Georg Thieme Verlag 1974.

Daniels, L./Worthingham, C.: Muskelfunktionsprüfung. 3., überarbeitete Auflage. Stuttgart: G. Fischer Verlag 1974.

Exner, G.: Kleine Orthopädie. Grundriß für Unterricht und Praxis. 8., neubearb. Auflage. Stuttgart: Georg Thieme Verlag 1973.

Faller, Ad.: Der Körper des Menschen. Einführung in Bau und Funktionen. 6., unveränderte Auflage. Stuttgart: Georg Thieme Verlag 1974.

Franke: Die gesundheitliche Situation der Jugend. München: Juventa Verlag.

Glaser, Ilse: Haltungsschulung. Stuttgart: Ferd. Enke Verlag 1937.

Groh, Herb.: Sportmedizin. Biologische und medizinische Grundlagen der Leibeserziehung. Stuttgart: Ferd. Enke Verlag 1962.

Heipertz, W.: Sportmedizin. Einführung für Ärzte, Lehrer, Trainer, Studenten und Sportler. 4., neubearb. Auflage. Stuttgart: Georg Thieme Verlag 1972.

Hellbrügge, Th./Rutenfranz, J./Graf, O.: Gesundheit und Leistungsfähigkeit im Kindes- und Jugendalter. Stuttgart: Georg Thieme Verlag 1960.

Hettinger, Th.: Isometrisches Muskeltraining. 4., überarbeitete und erweiterte Auflage. Stuttgart: Georg Thieme Verlag 1972.

Hohmann, G./ Jegel-Stumpf, L.: Orthopädische Gymnastik. 4., überarb. Auflage. Stuttgart: Georg Thieme Verlag 1967.

Hollmann, W.: Körperliches Training als Prävention von Herz- und Kreislaufkrankheiten. 2., neu bearb. und erw. Auflage. Stuttgart: Hippokrates Verlag 1974.

Hünnekens, H./Kiphard, E.J.: Heilpädagogische Leibesübung als Mittel zur Verhaltensintegration. Düren: Herausgegeben von der Bundesarbeitsgemeinschaft zur Förderung haltungsgefährdeter Kinder und Jugendlicher e. V., Mitteilungsblatt 2/1968.

Maier: Die Gesunderhaltung des Kinderfußes. München: Dr. Heilmaier Verlag.

Matthiass, H.H.: Probleme der Haltungsbeurteilung. 2. Auflage. Düren: Herausgegeben von der Bundesarbeitsgemeinschaft zur Förderung haltungsgefährdeter Kinder und Jugendlicher e. V. 1966.

ders.: Gesundheitserziehung, Haltungspflege, Sonderturnen. Düren: Herausgegeben von der Bundesarbeitsgemeinschaft.

ders.: Reifung, Wachstum und Wachstumsstörungen des Haltungs- und Bewegungsapparates im Jugendalter, Basel – Freiburg: Karger Verlag 1966.

Mellerowicz, H.: Das körperliche Leistungsvermögen der heutigen Jugend. 2. Auflage. München: Juventa Verlag 1966.

Nöcker, J.: Physiologie der Leibesübungen. 2., neu bearb. Auflage. Stuttgart: Ferd. Enke Verlag 1971.

ders.: Die biologischen Grundlagen der Leistungssteigerung durch Training. 5. Auflage. Schorndorf: K. Hofmann Verlag 1974.

Rein, Herm.: Physiologie des Menschen. 6. Auflage. Berlin: Springer Verlag 1941.

Schede, F.: Grundlagen der körperlichen Erziehung. 5., durchges. Auflage. Stuttgart: Ferd. Enke Verlag 1969.

Sobotta, J.: Deskriptive Anatomie. 1. Teil. 9. Auflage. München – Berlin: J.F. Lehmanns Verlag 1936.

Thomsen, W.: Kampf der Fußschwäche. München – Berlin: J.F. Lehmanns Verlag.

Thörner, W.: Biologische Grundlagen der Leibeserziehung. 3. Auflage. Bonn: Ferd. Dümmler Verlag 1966.

Tittel, K.: Beschreibende und funktionelle Anatomie des Menschen. 6., überarb. Auflage. Stuttgart: G. Fischer Verlag 1974.

Zeller, Wilfr.: Konstitution und Entwicklung. Anthropologie und Physiologie der Kindheit und Jugend. 2. Auflage. Göttingen: Verlag für Psychologie Hogrefe 1964.

Literaturverzeichnis zu Teil III

Ausschuß deutscher Leibeserzieher (Hrsg.): Spiel und Wetteifer, Schorndorf: K. Hofmann Verlag 1970.

ders.: Motivation im Sport. Schorndorf: K. Hofmann Verlag 1971.

Böck/Presber: Haltungserziehung. Berlin 1967.

Dassel, H./Haag, H.: Circuit-Training. Bildtafeln für Schule und Verein. Schorndorf: K. Hofmann Verlag 1975.

ders.: Circuit-Training in der Schule. 4. Auflage. Schorndorf: K. Hofmann Verlag 1975.

Dieckert, J./Kreiss, F./Meusel, H.: Turnen – Sport – Spiel. Schulbuch für Jungen und Mädchen. 2. überarb. Auflage. Frankfurt: Limpert Verlag 1974.

Diem, L.: Sport für Kinder. München: Kösel Verlag 1973.

Diem, L./Scholtzmethner, R.: Schulsonderturnen. Frankfurt: Limpert Verlag 1974.

Diem, L./Kirsch, A.: Lernziele und Lernprozesse im Sport der Grundschule. Frankfurt: Limpert Verlag 1975.

Dietrich, W.: Intensivierung des Turnunterrichts. Berlin 1964.

Dordel, H.J.: Herz- Kreislauftraining im Schulsonderturnen der Primarstufe. In: „Sportunterricht", Heft 5, 1976.

Eggert, D./Kiphard, E.J.: Die Bedeutung der Motorik für die Entwicklung normaler und behinderter Kinder. 3. Auflage. Schorndorf: K. Hofmann Verlag 1976.

Engel, R./Küpper, D.: Gymnastik – Finden – Üben – Variieren – Gestalten. 2. Auflage. Schorndorf: K. Hofmann Verlag 1975.

Fischer, M./Michael, B. (Hrsg.): Differenzierung im Schulunterricht. Weinheim: Beltz Verlag.

Franke, G. (Hrsg.): Schulturngärten. Frankfurt 1961.

Graunke, H.: Circuittraining. Schorndorf: K. Hofmann Verlag 1973.

Grössing, S.: Erziehungsstile im Sportunterricht. In Recla, J. (Hrsg.): „Beiträge zur Didaktik und Methodik der Leibesübungen". Schorndorf: K. Hofmann Verlag 1972.

Günzel, W.: Taschenbuch des Sportunterrichts. Baltmannsweiler 1975.

Hellbrügge, Th./Rutenfranz, J./Graf, O.: Gesundheit und Leistungsfähigkeit im Kindes- und Jugendalter. Stuttgart: Georg Thieme Verlag 1972.

Hünnekens, H./Kiphard, E.J.: Bewegung heilt. Psychomotorische Übungsbehandlung bei entwicklungsrückständigen Kindern. 5. Auflage. Gütersloh: Flöttmann Verlag 1975.

Kiphard, E.J.: Unser Kind ist ungeschickt. München: E. Reinhardt Verlag 1966.

ders.: Leibesübungen als Therapie. Gütersloh: Flöttmann Verlag 1970.

ders.: Bewegungs- und Koordinationsschwächen im Grundschulalter. 2. Auflage. Schorndorf: K. Hofmann Verlag 1973.

Klemm, O.: Gedanken über Leibesübungen. In „Neue Psychologische Studien", Band 5. München 1930.

Koch, K.: Konditionsschulung für die Jugend. 4. Auflage. Schorndorf: K. Hofmann Verlag 1975.

ders.: Praktische Lernhilfen im Sportunterricht. Schorndorf: K. Hofmann Verlag 1974.

ders. (Hrsg.): Motorisches Lernen – Üben – Trainieren. 2. Auflage. Schorndorf: K. Hofmann Verlag 1976.

Kochner, G.: Haltungsschäden und ihre Bekämpfung. 7., erg. und verb. Auflage. Frankfurt: Limpert Verlag 1970.

Kreidler, H.D.: Konditionsschulung durch Spiele. 2. Auflage. Schorndorf: K. Hofmann Verlag 1974.

Kretschmer, J./Koch, K.: Grundlagen und Methoden zur Intensivierung des Unterrichts im Geräteturnen. 2. Auflage. Schorndorf: K. Hofmann Verlag 1974.

Maier, E.: Zur Problematik der Haltungsschwäche und ihrer Bekämpfung. In: „Das öffentliche Gesundheitswesen", Heft 12, 1967.

Matthiass, H.H.: Probleme der Haltungsbeurteilung. 2. Auflage. Düren: Herausgegeben von der Bundesarbeitsgemeinschaft zur Förderung haltungsgefährdeter Kinder und Jugendlicher e. V. 1966.

Maurer, H.: Der Turnspielgarten. Schorndorf: K. Hofmann Verlag 1969.

Mehl, M.: Haltung. Heidelberg 1956.

Meinel, K.: Bewegungslehre. 3. Auflage. Berlin 1966.

Metzger, W.: Stimmung und Leistung. 4. Auflage. Münster: Aschendorff Verlag 1967.

Nattkämpfer, H.: Gymnastik für Jungen. Schorndorf: K. Hofmann Verlag 1971.

Netzer, H.: Haltung und Können als Ziel der Leibeserziehung. In: „Leibesübungen", Heft 11, 1967.

Oerter, R.: Moderne Entwicklungspsychologie. 14. Auflage. Donauwörth: Auer Verlag 1974.
Rieder, H.: Sport als Therapie. Berlin: Verlag Bartel & Wernitz 1971.
Röthig, P. (Hrsg.): Sportwissenschaftliches Lexikon. 3. Auflage. Schorndorf: K. Hofmann Verlag 1976.
Seybold, A.: Pädagogische Prinzipien in der Leibeserziehung. 7. Auflage. Schorndorf: K. Hofmann Verlag 1973.
dies.: Didaktische Prinzipien der Leibeserziehung. 2. Auflage. Schorndorf: K. Hofmann Verlag 1974.
dies.: Schulgymnastik I und II (2 Bände). Frankfurt: Limpert Verlag 1975.
Söll, W.: Differenzierung im Sportunterricht. 1. Teilband. 2. Auflage. Schorndorf: K. Hofmann Verlag 1976.
Streicher, M.: Die Erziehung zu guter Haltung. In: „Erziehung und Unterricht". Heft 3, 1952.
dies.: Natürliches Turnen. 1. Teil. Wien: Verlag Jugend und Volk 1971.
Widmer, K.: Die Entwicklung des Leibes- und Gesundheitsbewußtseins und die Thematik der Gesundheitserziehung. In: „Pädagogische Rundschau", Heft 12, 1965.

Literaturverzeichnis zu Teil IV

Auernheimer, A.: Übungen am Tau. 3. Auflage. Bonn: Ferd. Dümmler Verlag 1977.
ders.: Übungen mit dem Sandsäckchen. 4. Auflage. Bonn: Ferd. Dümmler Verlag 1977.
ders.: Übungen mit dem Stab. 5. Auflage. Bonn: Ferd. Dümmler Verlag 1975.
ders.: Ich spiele mit dem Ball. 5. Auflage. Bonn: Ferd. Dümmler Verlag 1975.
Böck/Presber: Haltungserziehung. Berlin: Verlag Volk und Wissen 1967.
Brinkmann, H.: Das Sonderschwimmen. Untersuchung und Methode in Leibeserziehung. Heft 12. 1961.
Diem, L.: Fußfibel. Hamburg: Herausgeber Deutsche Angestellten-Krankenkasse 1967.
ders.: Spielend helfen. Fußgymnastik des Kindes. 3., verb. Auflage. Frankfurt: Limpert Verlag 1966.
Diem/ L./Kirsch, A.: Lernziele und Lernprozesse im Sport der Grundschule. Frankfurt: Limpert Verlag 1975.
Diem, L./Scholtzmethner, R.: Schulsonderturnen. Frankfurt: Limpert Verlag 1974.
Fetz, Friedr. (Hrsg.): Grundbegriffe der Methodik der Leibesübungen. Frankfurt: Limpert Verlag 1974.
Geiger, E./Grindler, Kh.: Fröhliches Tummeln und Spielen. Grundformen und Anregungen. Stuttgart: Klett Verlag 1963.
Haag/Dassel (Hrsg.): Fitness-Tests. Lehrhilfen zum Testen im Sportunterricht für Schule und Verein. Schorndorf: Karl Hofmann Verlag 1975.
Hagedorn/Volpert/Engler/Wilke: Sport in der Primarstufe. Theoretische Grundlegung. Frankfurt: Limpert Verlag 1972.
Harre (Gesamtredaktion): Trainingslehre. Berlin: Sportverlag 1971.
Hoepke, H./Kantner, Max: Das Muskelspiel des Menschen. 6., neu bearb. Auflage. Stuttgart: G. Fischer Verlag 1971.
Hohmann, G./Jegel-Stumpf, L.: Orthopädische Gymnastik. 4., überarb. Auflage. Stuttgart: Georg Thieme Verlag 1967.
Hollmann, W.: Körperliches Training als Prävention von Herz- Herz- Kreislaufkrankheiten, 2., neu bearb. und erw. Auflage. Stuttgart: Hippokrates Verlag 1974.
Hollmann, W./Hettinger, Th.: Sportmedizin. Arbeits- und Trainingsgrundlagen. Stuttgart: Schattauer Verlag 1976.
Hünnekens, H./Kiphard, E.J.: Bewegung heilt. Psychomotorische Übungsbehandlung bei entwicklungsrückständigen Kindern. 5. Auflage. Gütersloh: Flöttmann Verlag 1975.
Jäger/Oelschläger: Kleine Trainingslehre. Berlin: Sportverlag 1971.
Jonath, U.: Circuit Training. 6. Auflage. Berlin: Verlag Bartels & Wernitz 1973.
ders.: Praxis der Leichtathletik. Eine Enzyklopädie. Berlin: Verlag Bartels & Wernitz 1973.

Kiphard, E.J.: Die Koordinationsschulung im Rahmen des Schulsonderturnens. In die „Leibeserziehung", Heft 6, 1967.
ders.: Leibesübung als Therapie. Gütersloh: L. Flöttmann Verlag 1970.
ders.: Bewegungs- und Koordinationsschwächen im Grundschulalter. 2. Auflage. Schorndorf: K. Hofmann Verlag 1973.
Kirsch, A.: Circuittraining in der Schule. In die „Leibeserziehung", Heft 1 (Beilage) 1966.
Koch, Karl (Hrsg.): Motorisches Lernen – Üben – Trainieren. 2. Auflage. Schorndorf: K. Hofmann Verlag 1976.
Kochner, G.: Haltungsschäden und ihre Bekämpfung. 7., erg. und verb. Auflage. Frankfurt: Limpert Verlag 1970.
Krodel, E.: Schwimmfibel. Ein Lehr- und Lernbuch für Anfänger und Könner. 2., erw. Auflage. Bonn: Ferd. Dümmler Verlag 1972.
Kruber, D.: Sport. Standardwerk des Lehrers. Handbuch einer wissenschaftlich begründeten Unterrichtspraxis. Bochum: Ferd. Kamp Verlag 1973.
Lorenzen, H.: Leibesübungen mit Körperbeschädigten. Band 1 und 2.
Mehl, M.: Haltung. Heidelberg: Verlag Quelle & Meyer 1956.
Meinel, K.: Bewegungslehre. Berlin: Verlag Volk und Wissen 1966.
Mellerowicz, H./Meller, W.: Training. Biologische und medizinische Grundlagen und Prinzipien des Trainings. 2., verb. Auflage. Heidelberg: Springer Verlag 1975.
Mester, L.: Grundfragen der Leibeserziehung. 3., erg. und überarb. Auflage. Braunschweig: Westermann Verlag 1969.
Müller-Gies/Lichtenberg: Atemübungen mit Kindern. Stuttgart: Georg Thieme Verlag 1955.
Nett, T.: Kraftübungen zur Konditionsarbeit in allen Sportarten. 4., veränd. Auflage. Berlin: Bartels & Wernitz Verlag 1974.
Röthig, P. (Hrsg.): Sportwissenschaftliches Lexikon. 3. Auflage. Schorndorf: K. Hofmann Verlag 1976.
Rohmert, W. (Hrsg.): Muskelarbeit und Muskeltraining. Aus „Schriftenreihe Arbeitsmedizin, Sozialmedizin, Arbeitshygiene". Band 22. Stuttgart: A. Genter Verlag 1968.
Scharrl, M.: Fußgymnastik mit Kindern. 12. Auflage. Stuttgart: Georg Thieme Verlag 1975.
ders.: So lernt sich das Kind gut halten. 9. unveränd. Auflage. Stuttgart: Georg Thieme Verlag 1976.
Schmidt, H. (Hrsg.): Sportliche Leistung und sportärztliche Betreuung. München: S. Karger Verlag 1972.
Scholich, M.: Kreistraining. 4. Auflage. Berlin: Verlag Bartels & Wernitz 1974.
Seybold-Brunnhuber, A.: Üben und Spielen mit dem Ball. 6. Auflage. Frankfurt: Limpert Verlag 1971.
Wiemann, K.: Spielt mit. 5. Auflage. Frankfurt: Limpert Verlag 1970.